1 Sombrero-Nebel, Spiralgalaxie im Sternbild Jungfrau

DER HIMMEL
WUNSCHBILD UND WELTVERSTÄNDNIS

FOTOS
TITELSEITE

Sternuhr vom Sargdeckel des Idi, Ägyptologische Sammlung | **Geomantischer Kompass aus China, Ethnologische Sammlung** | Space-Shuttle im All, vom Tübinger ASTRO-SPAS aus fotografiert, Institut für Astrophysik | **Mondgemälde von Julius Grimm, 1895, Gemäldesammlungen der Universität Tübingen** | Porträt Johann Gottlieb Friedrich von Bohnenberger, Gemäldesammlungen der Universität | **Luzidizi von Philip Loersch** | Konzeption des Motivs von Frank Duerr

Symposion und Katalog zur Ausstellung finanzierte die
Erika Völter Stiftung Tübingen

EBERHARD KARLS
UNIVERSITÄT
TÜBINGEN

MUSEUM
DER UNIVERSITÄT
MUT

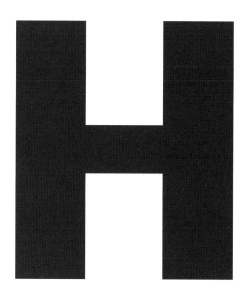

DER HIMMEL
WUNSCHBILD UND WELTVERSTÄNDNIS

Diese Publikation erscheint anlässlich der gleichnamigen Ausstellung im Schloss Hohentübingen

15. April bis 31. Juli 2011

ISBN: 978-3-9812736-2-5

HERAUSGEGEBEN VON
ERNST SEIDL
PHILIPP AUMANN
FRANK DUERR

INHALT

15	Bernd Engler Vorwort		
17	Boris Palmer Grußwort		
19	Philipp Aumann & Ernst Seidl Der Himmel über Tübingen Zur Einführung		
27	Frank Duerr Die Entstehung des *Himmels* Idee – Konzeption – Umsetzung einer Ausstellung		

EXPONATE DER AUSSTELLUNG

41	Urknall	213	Norbert Kappelmann Tübinger Weltraum-Astronomie
45	Orientierung		
55	Himmelsbild I		
69	Tübinger Astronomie	229	Günter Kehrer Vom bevölkerten Himmel der Religionen zum leeren Universum der Wissenschaften
89	Bohnenberger		
103	Standpunkt		
111	Himmelsbild II		
119	Vorstellung	239	Florian Freistetter Warum die Astrologie nicht funktionieren kann
133	Mond		

BEITRÄGE

143	Herbert Müther Die Entdeckung des Himmels	247	Steffen Zierholz Der „himmelnde" Blick nach Kopernikus und die bildkünstlerische Erneuerung des Firmaments
151	Mathieu Ossendrijver Der Himmel über Babylon Astronomie im Alten Orient	259	Alexander Honold Hölderlins Himmelswelt
161	Christian Leitz Altägyptische Sternuhren		
171	Gudrun Wolfschmidt Die Genese des modernen Weltbildes mit Copernicus und Kepler		**ANHANG**
187	Roland Müller Astronom des Königs – Johann Gottlieb Bohnenberger	278 285 287 288 289 290 291 292 295	Literatur Abbildungsnachweis Leihgeber Autoren Mitarbeit Kooperationspartner Sponsoren Dank Impressum
201	Günther Oestmann Johann Wilhelm Andreas Pfaff und die Wiederentdeckung der Astrologie in der Romantik		

2   John Grunsfeld, Astronaut der NASA, fotografiert von seinem Kollegen Andrew Feustel

VORWORT
BERND ENGLER

In den fünf Jahren seines Bestehens hat das Museum der Universität Tübingen MUT begonnen, Strukturen aufzubauen, die das dingliche Erbe unserer Hochschule bewahren helfen. Im Gegensatz zur gängigen musealen Praxis, Objekte eines bestimmten Bereichs von außen einzuwerben und systematisch zu sammeln, konzentriert sich das MUT auf Relikte, die in der Forschung, in der Lehre und im alltäglichen Leben an der Universität anfallen. Dabei bedient es sich einer dreifachen Strategie: Zunächst gilt es, die Menschen in den Instituten für das Sammeln und Bewahren zu sensibilisieren. Neben dieser ideellen Basis bedarf es auch der technischen Voraussetzungen, um die Objekte in den Instituten selbst zu erfassen und zu bewahren. Wo dies nicht geleistet werden kann, schaffen zentrale Depotmöglichkeiten und Datenbanksysteme Abhilfe. Denn an der professionellen Erschließung der Objekte hängt unter musealen Aspekten eine nachhaltige Bewahrung der dinglichen Kultur der Universität, unter finanzpolitischen Aspekten ist nur so ein Überblick über die Sachwerte und damit das öffentliche Eigentum zu erhalten und unter forschungsstrategischen Aspekten werden Objekte selbst zu Quellen der Forschung und liefern neues Wissen.

Schließlich sind auch Ausstellungen ein probates Mittel, um Dinge zu bewahren. Indem Exponate in einem fesselnden Kontext präsentiert werden und dadurch eindringlich auf ihre Bedeutung hinweisen, erhalten sie die ihnen gebührende Aufmerksamkeit. Damit ist eine Ausstellung wie *Der Himmel. Wunschbild und Weltverständnis* auch ein Weg, die Schätze unserer Universität über die wissenschaftliche Gemeinschaft hinaus einer breiten Öffentlichkeit zugänglich zu machen. So wünsche ich der Ausstellung und dem Begleitband eine weite Rezeption sowie allen Besuchern und Lesern eine erkenntnisreiche Begegnung mit ganz besonderen Objekten der Wissenschaftsgeschichte.

Professor Dr. Bernd Engler
Rektor der Eberhard Karls Universität Tübingen

GRUSSWORT
BORIS PALMER

Der Himmel hat eine große Bedeutung in unserem alltäglichen Leben. Wir freuen uns über Sonnenstrahlen, schauen besorgt, ob Wolken aufkommen, und verbringen schlaflose Nächte bei Vollmond. Wir lesen unser Horoskop oder sind gar Sternegucker und Hobby-Astronomen. Eine klare Nacht macht uns aufmerksam auf die Schönheit des Himmels; praktische Dinge wie Navigationen oder Landvermessungen hängen von der Astronomie ab. Trotz seines Einflusses auf unser tägliches Leben verkörpert der Himmel gleichzeitig die Unendlichkeit und das Unerreichbare. Das fasziniert mich sehr.

Auch Tübingen ist geprägt vom Himmel, den Himmelsbewohnern und Astronomen. Vor genau 500 Jahren konstruierte Johannes Stöffler die astronomische Uhr am Tübinger Rathaus und hinterließ somit bis heute in der Universitätsstadt seine Spuren. Der berühmte Astronom Johannes Kepler verbrachte seine Studienzeit hier. Ebenso Michael Mästlin, der später auch als Professor der mathematischen Wissenschaft an der Universität Tübingen tätig war.

Dies allein zeigt bereits, wie vielfältig und komplex das Phänomen Himmel ist. Seine Bandbreite reicht von der Mythologie über die Natur- und Kulturwissenschaft bis hin zur religiösen Auslegung und Bedeutung. Ich wünsche Ihnen eine spannende, inspirierende und erkenntnisreiche Ausstellung, mit vielen unterschiedlichen Einblicken in die Vielfalt des Himmels und seine Bedeutungen.

Ihr

Boris Palmer
Oberbürgermeister der Universitätsstadt Tübingen

PHILIPP AUMANN & ERNST SEIDL
DER HIMMEL ÜBER TÜBINGEN
ZUR EINFÜHRUNG

Die Ferne von Sonne, Mond und Sternen und die unfassbare Weite des Raums versetzen die Menschen gleichermaßen in Staunen wie sie ein Gefühl der Ehrfurcht, ja sogar des Unbehagens hervorrufen können. Jenseits des reinen Betrachtens und des Wunsches nach dem Verständnis der Strukturen und Prozesse, woraus eine moderne wissenschaftliche Astronomie erwachsen ist, wurden auch immer physikalische Einflüsse und metaphysische Kräfte vom Himmel auf den Menschen vermutet. Astronomischer Betrachtung wohnt also auch eine Zweckorientierung inne: Religiöse Traditionen sehen den Sitz von Göttlichkeit im Himmel, Mond- und Sternenkonstellationen werden als Ursachen für Fruchtbarkeit oder Naturkatastrophen verstanden und sollen sogar Auswirkungen auf Charakter und Entwicklung von Individuen haben. Doch den Himmel wollen Menschen nicht nur verstehen, um sich kulturell zu orientieren; auch ganz konkrete Navigation, Landvermessung und Kartografie fußen auf dem beobachteten Sternenhimmel.

Diese Spannweite des Blicks in den Himmel, von natur- und kulturwissenschaftlichen Ansätzen über die alltägliche und künstlerische Auseinandersetzung bis hin zu metaphysischen Vorstellungen, macht das Phänomen zu einem geeigneten Thema für das Museum der Universität Tübingen. Denn das MUT sieht seine Aufgabe darin, die buchstäbliche Universalität einer traditionsreichen Alma Mater fächerübergreifend zu erfassen. Es will mit seinem Jahresprojekt 2011 keine Geschichte der Himmelsbeobachtung und -deutung entlang disziplinärer Grenzen nacherzählen, sondern es möchte neue, übergreifende Blickwinkel öffnen, neue Zusammenhänge erhellen und dem Phänomen Himmel ungewohnte Erkenntnisenergien entlocken.

Ein beeindruckendes Zeugnis für das uralte kulturelle Phänomen des forschenden Blicks in den Himmel ist die berühmte, etwa 4000 Jahre alte Himmelsscheibe von Nebra (Abb. 3).[1] Wie diese älteste uns überlieferte konkrete Himmelsdarstellung, zeugen noch weitere Relikte davon, dass in frühen Hochkulturen der Wunsch verbreitet war, Phänomene und Prozesse am Himmel zu erklären und damit Orientierung auf der Erde zu schaffen. Eine entsprechende ägyptische Hinterlassenschaft in Tübingen ist die Sternuhr auf dem Sarg des Idi aus Assiut, die aus der Zeit um 2000

---

1 Vgl. Archäologie in Sachsen-Anhalt, hg. v. Landesamt für Denkmalpflege und Archäologie Sachsen-Anhalt und der Archäologischen Gesellschaft in Sachsen-Anhalt, N.F. 1, Halle a. d. Saale 2002; vgl. Harald Meller (Hg.): Der geschmiedete Himmel. Die weite Welt im Herzen Europas vor 3600 Jahren, Stuttgart 2004.

3   Himmelsscheibe von Nebra, um 2000 v. Chr., Landesmuseum für Vorgeschichte Sachsen-Anhalt, Halle/Saale

v. Chr. stammt und dennoch noch nicht einmal das älteste Exponat dieser Ausstellung bildet.[2] Fast möchte man sagen: das Blicken in die Ferne, die Sehnsucht, der Wille Neues zu entdecken, aber auch die Angst vor dem Unbekannten und Dunklen ist ein konstituierendes Element jeglicher Kultur.

Dieser Gedanke lässt nicht nur interessant erscheinen, was im Himmel zu sehen ist, sondern auch wie der Himmel beobachtet wird, mit welchen Medien das Wissen über den Himmel gespeichert und dargestellt wird und vor allem warum Menschen in den Himmel blicken.

Sicher ist der Reiz des Fremden ein wichtiges Moment. Neugier und Forschergeist scheinen ein urmenschlicher Trieb zu sein und ließen den Menschen schon immer seinen Wissenshorizont erweitern. Wie die historiographischen Textbeiträge in diesem Band zeigen, wuchs das Wissen über die Struktur und Entwicklung des Universums samt den zugrundeliegenden physikalischen Gesetzen in den letzten Jahrtausenden stetig an. Eine solche wissenschaftliche Erkenntnissuche wurde aber noch nie rein um ihrer selbst willen und abgesondert von der Gesellschaft, sozusagen in einem Elfenbeinturm, betrieben. Dass stets vielerlei Kopplungen zwischen Wissenschaft, Politik, Wirtschaft und Öffentlichkeit existieren, ist beinahe schon ein Gemeinplatz. Wissenschaftliche Anstrengungen erhalten Aufmerksamkeit, Zulauf und letztendlich finanzielle Förderung primär dann, wenn sie gesellschaftlich interessant und relevant erscheinen, wenn sie also irgendeinen Nutzen versprechen.[3] Dies gilt umso mehr für eine so kostenintensive Spielart wie die moderne Astrophysik, deren Experimente sich nur in Verbindung mit einem jeweils etwa 600 Millionen Euro teuren Raumflug durchführen lassen.[4]

Was also ist der gesellschaftliche Nutzen der wissenschaftlichen Himmelsbeobachtung? Gerne erwähnt wird in diesem Zusammenhang, dass für die Raumfahrt neue Materialien entwickelt würden, die in die industrielle Produktion und den alltäglichen Gebrauch einfließen, beispielsweise Karbonfasern. Aber rechtfertigen die Segnungen der Leichtbautechnik tatsächlich den Aufwand, der für die wissenschaftliche Raumfahrt vonnöten ist? Und noch wichtiger: Soll hier ein technisches Hilfsmittel für wissenschaftliches Arbeiten, beispielsweise für die Abbildung und Vermessung des Weltraums durch das Hubble-Teleskop, gleichzeitig das Ergebnis des Forschungsstrebens sein? Vielmehr müssen doch die gelieferten Bilder und Daten auf ihre Relevanz und Bedeutung hin bewertet werden. Und hierin liegt ein wesentlicher Punkt. Denn die astronomische Beobachtung liefert tatsächlich Orientierungswissen über unsere Bewegung im Raum und, weil sie ja auch Aussagen über die Entwicklung dieses Raums macht, in der Zeit. Sie geht sogar so weit, die Verschmelzung von Raum und Zeit eindringlich und nachvollziehbar zu demonstrieren, indem sie Bilder von Sternen liefert, die so weit entfernt sind, dass sie schon gar nicht mehr existieren, wenn ihr Licht bei uns ankommt.

---

2 Siehe den Beitrag von Christian Leitz in diesem Band.

3 Zentral dazu Peter Weingart: Die Stunde der Wahrheit? Zum Verhältnis der Wissenschaft zu Politik, Wirtschaft und Medien in der Wissensgesellschaft, Weilerswist 2001. Explizit zu den Nutzererwartungen siehe Christine Pieper; Frank Uekötter (Hg.): Vom Nutzen der Wissenschaft. Beiträge zu einer prekären Beziehung, Stuttgart 2010.

4 Siehe dazu hier den Beitrag von Norbert Kappelmann.

Zunächst aber und ganz konkret ist die Astronomie eine theoretische Grundlage für die Vermessung des irdischen Raums, die Geodäsie. Tübingen ist auf diesem Gebiet ein frühes Zentrum, von wo aus der Astronom Johann Gottlieb Friedrich Bohnenberger (1765–1831) basierend auf ausgefeilten Beobachtungsmethoden das Königreich Württemberg vermaß.[5] Struktur ins Leben zu bringen, war aber bereits seit alters her eine Aufgabe der Himmelsbeobachtung. Im Babylon des 7. Jahrhunderts v. Chr. finden sich in Ton gebrannte astronomische Tagebücher, in denen Mondstände, Sonnenauf- und -untergänge nicht nur systematisch notiert waren, sondern die diese Konstellationen auch vorherberechneten.[6] Diese astronomischen Daten strukturierten die Zeit, die Monate und Jahre. Mit dem Wissen um die Regelmäßigkeiten am Himmel konnten die Babylonier irdische Phänomene wie Regen- und Trockenzeiten an bestimmten Orten voraussagen und mit dem davon abgeleiteten Wissen etwa über Ernteerträge ihr ökonomisches Leben beeinflussen.

Neben diesem physischen Interesse am Himmel hatte der Blick hinauf aber immer auch eine metaphysisch-transzendentale Komponente. Dass in der Weite, Größe und kategorialen Andersheit eine göttliche Lenkungskraft vermutet wird, eint wohl alle Kulturen. Der göttliche Schöpfungsakt vollzog sich demnach auch in jedem Denken als Trennung zwischen Himmel und Erde.[7] Der anschließende Einfluss himmlischer Kräfte auf die Erde und den Menschen wurde ganz unterschiedlich bewertet. Wiederum die Babylonier hinterließen die frühesten Zeugnisse von einem Glauben, dass Sternkonstellationen den Charakter und die Entwicklung eines Menschen determinierten und dass historische Ereignisse mit himmlischen Phänomenen korrelierten. Sie begründeten also das, was wir als Horoskope und Astrologie kennen. Die damit verbundene Vorstellung einer Beseelung des Himmels spiegelt sich auch in antiker und mittelalterlicher Wissenschaft. Die Prinzipien von Gleichförmigkeit, Einfachheit und Harmonie beeinflussten beispielsweise die maßgeblichen Schriften von Aristoteles. Das christliche Denken erweiterte dessen Weltbild ins Metaphysische. Aristoteles' *Unbewegter Beweger* wurde zum christlichen Gott, in dem auch das Prinzip des Ewigen aufging, und als ausführende Instanz der Bewegung wurden Engel eingeführt.

Erst in der Ära der *Scientific Revolution* vom 16. bis ins 18. Jahrhundert wurde das wissenschaftliche Wissen von metaphysischen Traditionen getrennt, und gerade die Astronomie erhielt eine Leitfunktion auf dem Gebiet kultureller Orientierung. Tradierte Wissens- und Glaubensbestände überdauerten diesen Wandel zwar, mussten jedoch mit den neuen Wissensstrukturen konform gehen. Zu den Traditionen gehörte die Astrologie ebenso wie das christliche Weltbild, das teilweise vehement verteidigt, aber ansonsten Schritt für Schritt marginalisiert wurde, bis es nicht mehr als eine Art mythologische Parallelrealität bildete. Dass dabei ausgerechnet die Schrift *De Revolutionibus Orbium Coelestium* von Nikolaus Kopernikus (1473–1543)

---

5 Vgl. den Beitrag von Roland Müller in diesem Band.
6 Siehe den Beitrag Mathieu Ossendrijvers in diesem Band.
7 So Günter Kehrer in diesem Band.

aus seinem Todesjahr eine Revolution des Weltbildes auf den Weg brachte,[8] ist wohl mehr als ein sprachliches Bonmot. Sicherlich können Sprachwissenschaftler die Entwicklung des Wortes vom *Umlaufen* zum *Umwälzen* oder *Umstürzen* erklären. Unerhört bleibt es jedoch, dass eine Theorie von der Stellung und Bewegung der Erde im Raum eine der tiefsten Kränkungen des menschlichen Selbstbildes bedeutete. Und die Schärfe der Konflikte um astronomische Modelle untermauert auch historisch, dass sich im Begriff vom Weltbild eine räumlich-kosmographische Dimension mit einer anthropologischen trifft. Die Faktoren, wo sich der Mensch befindet und in welchem Raum er sich bewegt, prägen offensichtlich wesentlich das Bild davon, wer und was er ist. Kurz: das Weltbild bedingt unser Selbstbild. Das Zentrum der Welt jedenfalls scheint der Mensch seit Kopernikus und seinem Nachfolger Johannes Kepler (1571–1630) – nebenbei ein Student des Tübinger Stifts – nicht mehr zu sein.

Spätestens im 19. Jahrhundert trennte die Rationalisierung des Denkens die Astrologie von der Astronomie, nachdem beide Ansätze der Himmelsbetrachtung bis dahin eng miteinander verbunden waren, der Einfluss der Himmels-körper auf den Menschen und alle irdischen Phänomene mithin als bedeutendste Anwendung der mathematisch-physikalischen Beschäftigung mit dem Himmel gegolten hat.[9] Für die Astronomie als Wissenschaft bedeutete dies zweierlei: Indem sich die Zugehörigen ihres Faches darauf einigten, welche Fragen, Inhalte und Methoden sie anerkannten und welche nicht, verfestigten sie ihre Disziplin inhaltlich und sozial.[10] Allerdings schufen sie sich ein Problem, das zwar in der Zeit der sich professionalisierenden und differenzierenden Naturwissenschaften, als das Ideal reiner Grundlagenwissenschaften galt, noch nicht relevant war. Es wurde jedoch virulent, als die Wissenschaft seit der Mitte des 20. Jahrhunderts im Zeichen von Big Science und Industrieforschung immer stärker ihre gesellschaftliche Nützlichkeit nachzuweisen hatte. Denn das Versprechen, dem Leben des Menschen und der Verortung des Selbst metaphysische Orientierung zu verleihen, hatte die wissenschaftliche Himmelsbetrachtung endgültig verloren.

Diesen kulturellen Prozess spiegelte auch die bildende Kunst, wo der Blick in den Himmel immer weniger ein glaubender und auf göttliche Kraft hoffender, sondern immer stärker ein suchender und forschender wurde.[11] Und nicht nur Experten- oder Elitendiskurse wurden rationalisiert, sondern auch das populäre Denken und Handeln, wie sich anhand von Flugblättern über Himmelszeichen zwischen dem 16.

---

8 Siehe den Beitrag von Gudrun Wolfschmidt in diesem Band.
9 Siehe den Beitrag von Günther Oestmann in diesem Band.
10 Sie betreiben klassisches „Agenda-Building" oder „Boundary Work". Dazu Michael Mahoney: Computer Science. The Search for a Mathematical Theory, in: John Krige; Dominique Pestre (Hg.): Science in the 20th Century, Amsterdam 1997, S. 617–634; Thomas F. Gieryn: Cultural Boundaries of Science. Credibility on the Line, Chicago 1999.
11 Siehe den Beitrag von Steffen Zierholz in diesem Band.

und dem 18. Jahrhundert zeigen lässt.[12] Diese erreichten ein weites Publikum, waren durch ihre eindrücklichen Illustrationen auch Lese-Unkundigen zugänglich und wurden somit in der Frühen Neuzeit zum zentralen Medium, um Laien Wissen über Erscheinungen am Himmel zu vermitteln.

Hier soll aber keiner linearen oder gar teleologischen Rationalisierung der Menschheit das Wort geredet werden. Vielmehr besteht weiterhin ein Nebeneinander rationaler und irrationaler, mystischer Elemente im kollektiven Denken, wie entsprechende Medienberichte über Himmelserscheinungen immer wieder zeigen.[13] Auch der anhaltende Erfolg der Astrologie ist ein Beleg, dass Phänomene und Kräfte am Himmel weiterhin mystisch gedeutet werden, wie es schon seit Jahrtausenden geschieht.[14] Im Himmel suchen Menschen eben nach Orientierung für das individuelle und kollektive Leben, und eine gefundene Orientierung liefert Sicherheit. Ob das Wissen über den Himmel rational begründet ist oder nicht, scheint dabei von zweitrangiger Bedeutung zu sein.

Vielleicht ist auch ein umgekehrter Gedanke fruchtbar, der die rationale, wissenschaftliche Welterklärung nur unter dem Zweck sieht, Modelle zur Welterklärung zu liefern, die dann eine rationale Alternative zu metaphysischen Deutungen darstellen: Was sind Raum und Zeit? Was liegt außerhalb davon? Wie kann das Universum als räumliches Gebilde in einen Nicht-Raum expandieren? Was war eine Sekunde vor dem Urknall, wenn dieser doch erst die Zeit generierte? Wie entsteht Materie, und aus was wurde sie gebildet, wenn vor dem Urknall noch gar keine vorhanden war? Die mit dieser Frage verbundene Suche nach einem „Gottesteilchen" demonstriert wiederum die Nähe oder eine Konkurrenz zu theologischen Überlegungen. Weil diese kosmologischen Fragen auf eine individuelle Ebene übertragbar sind, berühren die astronomischen Modelle auch anthropologische Fragen und erklären den Menschen in seiner Herkunft, seinem Fortkommen, seinem Wandel in Raum und Zeit.[15] Nebenbei bemerkt, präsentieren sich die Argumentationsgänge von rationalen Kosmologen dem Laien kaum nachvollziehbarer und überprüfbarer als die der Theologie und der Astrologie.

Eine Synthese dieses rationalen und mystischen oder auf Transzendenz ausgerichteten Denkens bezüglich des Himmels bot schon Friedrich Hölderlin (1770–1843), um noch einen dritten Tübinger Geistesmenschen zu erwähnen.[16] Er verstand die Welt in holistischer Weise und postulierte, dass der Blick in den Himmel nicht über die Maßen akademisiert werden dürfe, sondern eine direkte Erfahrung bleiben müsse. Denn das „All" könne nur mit allen Sinnen aufgenommen werden.

---

12 So auch Michaela Hammerl in ihrem Referat bei dem diese Ausstellung grundlegenden Symposion am 19./20. November 2010 auf Schloss Hohentübingen. Vgl. Michaela Schwegler: „Erschröckliches Wunderzeichen" oder „natürliches Phänomenon"? Frühneuzeitliche Wunderzeichenberichte aus der Sicht der Wissenschaft, München 2002; dies.: Kleines Lexikon der Vorzeichen und Wunder, München 2004.

13 Z.B. „Himmel über Norddeutschland. Mysteriöses Leuchten", in: Süddeutsche Zeitung, 14.10.2009; „Ufos? Mysteriöse Lichterscheinungen am Abendhimmel", in: Augsburger Allgemeine Zeitung, 31.10.2010.

14 Zur Kritik der Astrologie siehe den Beitrag von Florian Freistetter in diesem Band.

15 Beispielsweise bei Stephen Hawking; Leonard Mlodinow: Der große Entwurf. Eine neue Erklärung des Universums, Reinbek 2010.

16 Dazu der Beitrag von Alexander Honold in diesem Band.

Wenn bisher einem rationalen Wissen mystische und transzendentale Glaubenssysteme gegenübergestellt worden sind, dann soll abschließend noch eine emotionale Faszination als drittes Element des Blicks in den Himmel angesprochen werden. Denn dass die Bilder der Astronomen schlicht schön sind und die Größenordnungen des Universums beeindruckend, wird niemand bestreiten: Allein die Milchstraße umfasst 300 Milliarden Sterne und erstreckt sich über 100 000 Lichtjahre. Wie sie gibt es wiederum 100 Milliarden Galaxien. Wie soll man vor diesen Zahlen anders stehen als staunend?[17] Und eben dieses Staunen wirkt so stark, dass auch öffentlich niemand die Bedeutung und Dringlichkeit astrophysikalischer Forschung infrage stellt und jede Förderungssumme gerechtfertigt erscheint. Dieses emotionale Moment im scheinbar rein rationalen Verhältnis von Wissenschaft, Politik und Öffentlichkeit beeinflusst auch die politischen Entscheidungsträger und bedingt zu einem guten Teil die großzügige Förderung der Astrophysik.

Hier tritt die Schönheit sozusagen an die Seite der Wahrheit, und sie hat ebenfalls sämtliche Rationalisierungen der Gesellschaft überstanden. Wie die antiken griechischen Göttermythen ihre Autorität weniger aus einem Anspruch auf Wahrheit als vielmehr aus ihrer Schönheit zogen,[18] so blicken wir noch immer nicht nur forschend oder glaubend nach oben, sondern eben auch staunend: Zunächst hat die Beschäftigung mit dem Himmel eine ästhetische, emotionale Motivation und erst in zweiter Linie eine rationale oder metaphysische. In diesem Sinn zeigen die Ausstellung des MUT, dieser Katalog und das Begleitprogramm nicht nur einen wissenschaftlich erkundeten Himmel, sondern auch die Menschen, die von der Erde aus forschend, glaubend und staunend auf ihn blicken. Alle Besucher und Leser sind eingeladen, sich von den Fakten, Objekten und Bildern genauso faszinieren zu lassen, wie sie diese Faszination selbst hinterfragen können.

Der Himmel ist ein großes Thema, dem sich das MUT detailliert gewidmet hat und dabei der regulären Arbeitszeit keine Beachtung geschenkt hat. Hier gilt der Dank all jenen, die weit über ihre Zeit-, Zuständigkeits- und Arbeitsgrenzen hinweggesehen haben und dieses Projekt zu verwirklichen halfen. Für die finanzielle Unterstützung bedanken wir uns bei allen Sponsoren und ganz besonders bei der Erika Völter Stiftung, Tübingen.

---

17 Vgl. den Beitrag von Herbert Müther in diesem Band.
18 Vgl. hier nochmals Günter Kehrer.

FRANK DUERR
DIE ENTSTEHUNG DES HIMMELS
IDEE – KONZEPTION – UMSETZUNG EINER AUSSTELLUNG

Warum mutet sich das Museum der Universität Tübingen ein so großes Thema wie den Himmel zu, wo doch die Wissenschaft den detaillierten Blick bevorzugt? Anders als in der wissenschaftlichen Praxis, vereint das MUT die Zugänge zur Wissensgeschichte und möchte damit Bedeutungsschichten freilegen, wie es in der Fachwissenschaft nur begrenzt möglich ist. Natürlich soll eine Ausstellung die Eigentümlichkeiten der Objekte aus den universitären Sammlungen respektieren und die den Einzeldisziplinen genuinen Perspektiven bewahren. Jede Ausstellung ist aber auch als Versuchslabor zu begreifen, in dem Objekte vereint, Disziplinen zusammengebracht, Wissen und neue Bedeutungen kreiert sowie Vorurteile konterkariert werden. Dabei ist die Museumsarbeit immer an die Bedingung geknüpft, ein Kulturerlebnis zu entwerfen, das die Besucher an die Sammlungsobjekte heranführt.[1] Die Objekte werden so als Einheit debattiert, die nicht nur die disziplinären Kontexte kommuniziert, sondern sich zusätzlich aus der übergeordneten Thematik speist. Diese soll den Besucher nicht zuletzt dazu anregen, das Leitbild des MUT zu verstehen.

Wie kam es zu der Idee, den Himmel zu thematisieren? Die ersten Gespräche fanden bereits im Spätherbst 2008 statt. Sie standen in Verbindung mit der Besichtigung des Grimmschen Teleskops aus der Sammlung des MUT durch Jürgen Kost, einem Mitglied der Tübinger Astronomischen Vereinigung. Diesem Besuch folgte zweierlei: zum einen eine Expertise über den Teleskop-Refraktor, zum anderen die Erkenntnis, welch außergewöhnliche Objekte in Tübingen die Geschichte der Astronomie per se repräsentieren. Im Jahr 2009 folgte das Internationale Jahr der Astronomie. Vor dem Hintergrund der allgemeinen Medienpräsenz des Himmels und seiner Erforschung kam in Tübingen auch die Frage nach dem Fortbestand der alten Sternwarte am Schloss Hohentübingen auf: Die provisorische Abdeckung verschleiert den maroden Zustand des kleinen Häuschens, das eng mit der Arbeit von Johann Gottlieb Friedrich Bohnenberger (1765–1831) und damit mit dem Beginn der Landesvermessung in Württemberg in Verbindung steht. Die Ausstellungsidee wurde konkreter durch die Anfrage des Museum of Fine Arts Houston, das Grimmsche Mondgemälde für die Ausstellung „The Moon: ‚Houston, Tranquility Base Here. The Eagle has landed'" zu leihen.

---

1 Vgl. David Dernie: Ausstellungsgestaltung. Konzepte und Techniken, Ludwigsburg 2006.

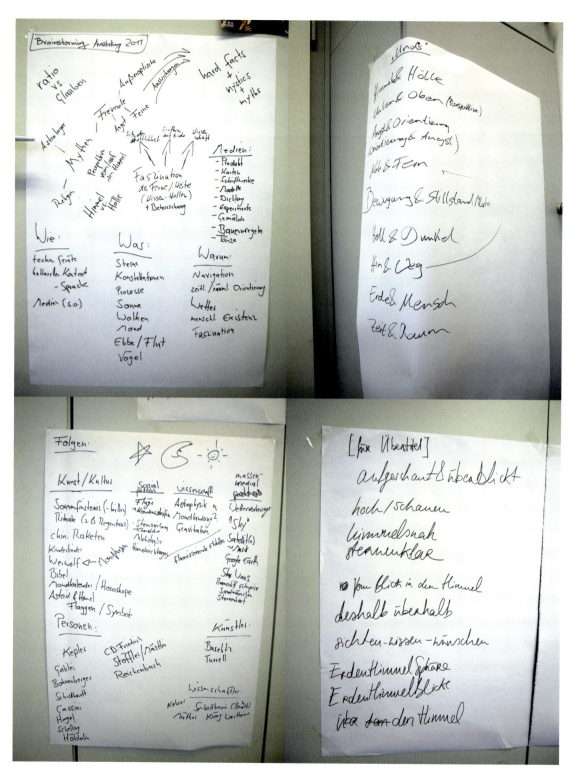

4 Notizen als Ergebnis frühen Brainstormings

Im Austausch mit den Vertretern der Astronomischen Vereinigung und dem Institut für Astrophysik der Universität wurde schnell deutlich, dass eine Vielzahl an Objekten, eine lange Tradition der Astronomie in Tübingen sowie zahlreiche thematische Anknüpfungspunkte vorhanden waren, um daraus eine Ausstellung zu konzipieren. Schließlich konkretisierte der Mitarbeiterstab des MUT die Idee: Wir erörterten anfangs die diversen Perspektiven auf den Himmel, fragten, wozu der Mensch den Himmel brauche, welche Himmelsvorstellung in den verschiedenen Kulturen anzutreffen seien, welche Wissensbereiche den Himmel erschlössen oder welche wissenschaftlichen, sozialen, kulturellen, künstlerischen, massenmedialen, religiösen und politischen Ausdrucksformen für eine Ausstellung interessant seien. Am Ende dieser ersten Überlegungen standen einige Plakate an den Büroschränken mit unterschiedlichen Ansatzpunkten, Notizen, Begriffen (Abb. 4). Sie veranschaulichen, dass wir trotz des assoziativen Zugangs versuchten, unterschiedlichste Einzelaspekte der Himmelsthematik zu kategorisieren und sie in Verbindung zueinander zu bringen. Erst hier wurde die Komplexität des Themas deutlich.

Als das restaurierte 2,2 x 2,2 m große Mondgemälde von Houston wieder nach Tübingen zurückkehrte, waren die Planungen bereits fortgeschritten, die ersten Objekte gesichtet, die Tübinger Himmelsorte eruiert.

Wie entwickelte sich das Konzept der Ausstellung? Museumsmitarbeiter können nicht jedes Thema selbst erfassen. Sie sind angewiesen auf Experten, die bestens mit den Objekten sowie mit deren Funktion und Geschichte vertraut sind. Als ein weiteres Hilfsmittel zur wissenschaftlichen Fundierung des Themas bietet sich ein Workshop an, der gleichzeitig auch dem fachwissenschaftlich-interdisziplinären Diskurs dienen kann. Am 19. und 20. November 2010 veranstaltete das MUT ein solches vorbereitendes Symposion im Hörsaal des Archäologischen Instituts auf Schloss Hohentübingen. Die dort gehaltenen Referate bilden nun den Aufsatzteil dieses Katalogs. Die teilnehmenden Fachleute und Kenner des Themas haben die Projektgruppe – wie auch die interessierte Öffentlichkeit – auf den Stand der kultur- und naturwissenschaftlichen Forschungen über den Himmel gebracht und somit ermöglicht, das Konzept der Ausstellung weiterzuentwickeln und die gesichteten Objekte in eine entsprechende Ordnung zu bringen.

Wie kam es zum umfangreichen Begleitprogramm? Die MUT-Mitarbeiter waren sich einig, dass zusätzliche Veranstaltungen das Jahresthema rahmen sollten. Die Anbindung an inneruniversitäre Institutionen und an die Stadt mit ihren zahlreichen astronomischen Bezügen stand dabei ebenso im Vordergrund wie die Zusammenarbeit mit einzelnen Einrichtungen, etwa dem Kino Museum, dem Künstlerbund, dem Fachbereich Kultur und vielen anderen Organisationen, die das kulturelle Leben von Tübingen dynamisch vorantreiben. Am Ende wurde nur weniges verworfen oder kam nicht zustande, und eine Vielzahl von Aktionen konnte, vereinbart werden, die hier nur aufgelistet seien: Ausstellungs-, Sonder- und Sternführungen, Sonntagsmatineen der Astronomischen Vereinigung, Stadtrundgänge, Studium-

Generale-Vorlesungsreihe, Kinofilmreihe, Schulprogramm, Publikation, eine Künstler-Kooperation sowie eine Kabinettausstellung von Tübinger Künstlern im Medienraum des Schlosses in Zusammenarbeit mit dem Tübinger Künstlerbund.
Planungen für gemeinsame Aktivitäten mit der Universitätsstadt Tübingen zum 500. Jubiläumsjahr der astronomischen Uhr, die Stöffler im Jahre 1511 für das Tübinger Rathaus entwarf, ergänzten die Überlegungen. Die Stadt bot zudem Werbeflächen, Plakatierungen und Aushänge an und lieferte kartografisches Datenmaterial für die Broschüre.
Inhaltlich stützte sich das MUT weiterhin stark auf die Astronomische Vereinigung Tübingen e. V. sowie das Institut für Astronomie und Astrophysik der Universität. Weitere Kooperationspartner waren das Institut für Photogrammetrie der Universität Stuttgart und das deutsche SOFIA Institut, die Objekte der vorangegangenen Ausstellung „Orientierung im Raum. 200 Jahre Maschine von Bohnenberger" in der Universität Stuttgart bereitstellten.
Zusätzlich zu diesen Exponaten, den Objekten aus den Universitätssammlungen und vereinzelten Leihgaben konnten wir mit Unterstützung der Tübinger Kunstgeschichtlichen Gesellschaft TKG e. V. und der Universitätsbibliothek eine Serie von Lichtdrucken von Julius Grimm ankaufen. Sie fügen sich perfekt in das bereits bestehende Trio aus Mondgemälde, Teleskop und dem Mondmeteoriten ein. Damit ist die Universität Tübingen im Besitz eines aus wissenschaftshistorischer und ästhetischer Sicht singulären und anspruchsvollen Ensembles. Eine derartige Kombination von Objekten unterschiedlicher Provenienz und Geschichte ist eine konzeptionelle Grundidee des MUT: die Zusammenführung von Zusammengehörigem, aber disziplinär Getrenntem.

Ästhetisch reizvoll und thematisch nahe liegend ist auch das Werk *Luzidizi (man muss den Zufall zeichnen können, gemäß den Naturgesetzen)* von Philip Loersch. Der Berliner Künstler zeigte sich auf eine erste Anfrage umgehend an der Kooperation interessiert und stellte nicht nur sein Werk aus einer privaten Sammlung zur Verfügung. Philip Loersch wird im Verlauf der Ausstellung auch ein weiteres Werk zum Thema *Der Himmel. Wunschbild und Weltverständnis* herstellen.

Wo und wie findet die Ausstellung statt? Als Ausstellungsort stand der Rittersaal im Schloss Hohentübingen bereits lange Zeit fest. Denn bis ein adäquater Ausstellungsraum für das MUT bereitsteht, wird es sicher noch dauern. Wie bereits bei der Ausstellung *KörperWissen. Erkenntnis zwischen Eros und Ekel* im Jahr 2009/2010 macht man auch dieses Mal aus der Not eine Tugend, indem die gipsernen Himmelsgötter in die Ausstellungsabteilung *Vorstellung* integriert werden.
Anhand der Konstruktionspläne des Raumes konnten wir die Abteilungen festlegen und die Objekte platzieren (Abb. 5). Eine Open-Source-Software bot die Möglichkeit, 3D-Simulationen des Ausstellungsraumes zu entwerfen, um die Einteilungen zu visualisieren (Abb. 6). Für die Ausstellung war diese Vorarbeit besonders notwendig, da nicht nur die vorhandenen Dauerexponate, also die Gipsabgüsse, die

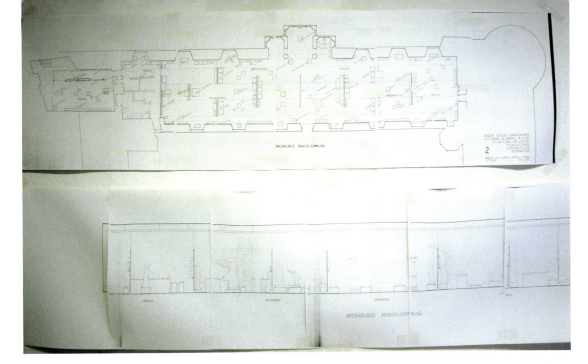
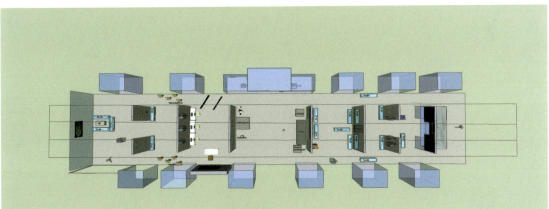

Positionierung verkomplizieren, sondern der helle Saal, das Weiß der Skulpturen und die Menge an Himmels-Objekten die Möglichkeiten einer dunklen, inszenierenden Betonung der einzelnen Exponate durch Lichtspots verringerten. Dank dem Konzept des Lichtdesigners Jens Maier war dieser schwierigen Ausgangssituation jedoch beizukommen: Maier inszenierte den Rittersaal und dessen neue Objekte durch die Überarbeitung des Lichtkonzepts.

Zeitgleich wurden Einladungskarte, Plakat, Broschüre, Großwerbeflächen, Katalog und Internetseite in Eigenregie gestaltet (Abb. 7). Darüber hinaus wurden die wichtigsten Aktivitäten in facebook und twitter gepostet. Im März 2011 gingen die letzten Drucksachen an die Öffentlichkeit.

Die Zahlen der PR-Arbeit, der Druck- und Online-Medien verdeutlichen die Spannweite des Jahresprojekts: 2000 Einladungen, 250 Plakate, 15 000 Broschüren, zwei Großwerbeflächen, 750 Kataloge, über 90 000 Seitenaufrufe auf den Webseiten des MUT seit dem Symposion bis Ausstellungsbeginn und über zehn Millionen potentielle Adressaten durch Zeitungsartikel und Fernsehbeiträge zeigen das steigende öffentliche Interesse am MUT.

5 Konstruktionspläne des Rittersaales im Schloss

6 3D-Modell der Ausstellung

7 Mitarbeiter des MUT beim Redigieren der Texte und Gestalten der Druckmedien

8   Das Space-Shuttle im All, vom Tübinger ASTRO-SPAS aus fotografiert

EXPONATE
DER AUSSTELLUNG

9   Philip Loersch: Luzidizi (man muss den Zufall zeichnen können, gemäß den Naturgesetzen), 2007

Caroline Dieterich

URKNALL

Am Anfang war der Urknall. Vor etwa 14 Milliarden Jahren entstanden Materie, Energie, Raum und Zeit, ohne dass sie sich aus irgendeiner physikalischen Größe entwickelt hätten. Dieses Fehlen jeglicher Ursache und die scheinbar völlige Zufälligkeit der Entstehung unseres Universums sind für Laien nur schwer vorstellbar. Weil die Ausstellung keinen wissenschaftspopularisierenden Anspruch verfolgt, wird der Urknall nicht astrophysikalisch erörtert. Stattdessen soll eine künstlerische Arbeit zur Reflexion mit der Entstehung der Naturgesetze am Beginn der Ausdehnung des Universums anregen.

PHILIP LOERSCH: LUZIDIZI (MAN MUSS DEN ZUFALL ZEICHNEN KÖNNEN, GEMÄSS DEN NATURGESETZEN)

2007
Mischtechnik auf Polystyrol (cut-out), 200 x 380 cm
Sammlung Dr. Christel & Hansjörg Dauster, Leinfelden / Courtesy Galerie Rainer Wehr, Stuttgart

Der Künstler Philip Loersch geht von wissenschaftlichen Modellen aus und überträgt diese in die Welt seiner Zeichnungen, die eine Art Schaubild im Raum formen. Die Darstellungen erscheinen zunächst fremd und ungreifbar, sie lassen jedoch erahnen, dass „etwas dahinter" steckt.
Die Gegensätzlichkeit von Ordnung und Chaos dominiert die ausladende Erscheinung von Luzidizi. Im Paradox des „nachbearbeiteten" Zufalls spürt der Künstler inneren Gesetzmäßigkeiten nach: „Durch Kratzen, Schmirgeln und vielfältige Nachbearbeitung suchte ich die Ordnung im Zufall, versuchte, die dahinter liegende Struktur aufzudecken, dahinter zu kommen, zu sehen, was hinter diesen Zufälligkeiten und Fließbewegungen steckt […]. Letztlich ging es mir in dieser Arbeit darum, den Zufall zeichnen zu können – gemäß den Naturgesetzen".

10 Geomantischer Kompass aus China, spätes 18. Jahrhundert, Ethnologische Sammlung

Christian Bornefeld
ORIENTIERUNG

Der Begriff der Orientierung enthält mindestens zwei verschiedene Bedeutungsebenen: Einerseits eine physische und andererseits eine geistige. Menschen orientieren sich physisch, indem sie ihren Standort anhand markanter Fixpunkte ermitteln und den eigenen Standpunkt durch Winkel- und Abstandsmessungen in Relation zum Horizont mathematisch formulieren. Sterne und Sternenkonstellationen beziehungsweise Sternbilder dienen als solche Fixpunkte, mit denen die geographische Position auf der Erde bestimmbar wird. Reisenden und Entdeckern diente diese Methode lange Zeit, um sich in unbekannte Gebiete und fremde Gewässer vorzuwagen. Orientierung am Himmel und am Horizont bedeutete, nicht blind zu sein, eine Richtung und einen Weg zu finden. Heute haben Wissenschaften und neue Technologien zwar die Methoden geändert, so dass andere Arten der Orientierung möglich sind, der Impuls blieb jedoch immer derselbe.
Die zweite Bedeutung der Orientierung ist metaphysischer Natur: Auch hier ist ein Standpunkt gemeint, der allerdings nicht, wie in der konkreten Ortsbestimmung, mit Instrumenten messbar und mit mathematischer Begrifflichkeit auszudrücken ist. Orientierung erfolgt durch religiöse, philosophische oder transzendentale, mythische oder spekulative Wertesysteme. Diese können durchaus in einer engen Verbindung zu weltlichen und naturwissenschaftlichen Erkenntnissen stehen.
Neuartige Methoden, den Himmel zu beobachten, eröffneten über die Jahrtausende neue Perspektiven auf die Welt, die sich auch auf das Selbstverständnis der Zeitgenossen, ihre Weltanschauung und ihre eigene Selbstverortung auf der Welt niederschlugen. Die Orientierung an Fixpunkten war immer auch Rückversicherung der eigenen Existenz oder einer kulturell verbundenen Gruppe von Personen.
Wo die Orientierung verlorengeht, droht der Mensch sich zu verlieren; ist sein Standort nicht mehr klar, umgibt ihn Ungewissheit. Daher ist die Vermessung und die Positionierung ein nahezu existentielles menschliches Bedürfnis.

STERNUHR AUF DEM SARGDECKEL DES IDI AUS ASSIUT

Holz, Papyrus
Mitte der 12. Dynastie (um 2000 v. Chr.)
Ägyptologische Sammlung

Auf dieser Uhr verbinden sich mythologische und religiöse Vorstellungen vom transzendenten Himmel mit realen Vorgängen am sichtbaren Himmel. In einer astronomischen Tabelle sind die Standorte der Sterne und Sternenbilder – samt den Veränderungen über die Jahreszeiten hinweg – verzeichnet (zur Funktion siehe den Beitrag von Christian Leitz). Die Diagonaluhr sollte dem toten Flottenkommandanten helfen, sich in seinem Leben nach dem Tod zurechtzufinden, ihm eine Orientierung am Sternenhimmel zu ermöglichen. Gleichzeitig wurde durch die Sterne der Bezug zu den Göttern hergestellt, die sich über das Firmament bewegen. Der Tote wollte am Schicksal der aufgehenden und untergehenden Südsterne, aber auch der „ewigen" Nordsterne teilhaben, in der Hoffnung, selbst als Stern, in göttlicher Sphäre, wiedergeboren zu werden. In diesem Kontext kann man also durchaus von einer religiösen Astronomie der alten Ägypter sprechen.

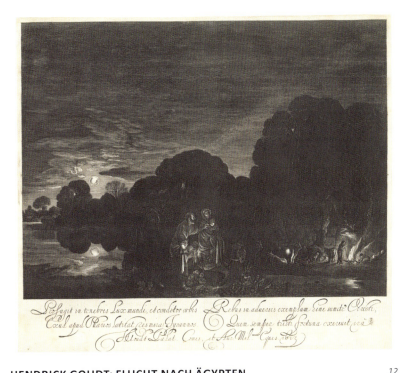

HENDRICK GOUDT: FLUCHT NACH ÄGYPTEN

Kupferstich
Um 1613
Graphische Sammlung am Kunsthistorischen Institut

Hendrick Goudt fertigte den Nachstich von Adam Elsheimers Gemälde, heute in der Alten Pinakothek in München. Das Bild gilt als erste Darstellung, in der ein Künstler durch Beobachtungen des Himmels mittels eines Teleskops die Milchstraße als eine Ansammlung von Sternen gezeigt hat. Zwar fehlt es an Exaktheit, wie sie durch eine systematische Erfassung in Himmelsatlanten angestrebt wird, auch handelt es sich bei der in natura kaum gleichzeitig sichtbaren Konstellation von Mond und Milchstraße um ein kompositorisches Konstrukt. Dennoch dokumentiert dieses Bild, wie sich neuartige Beobachtungsmethoden und Erkenntnisse über den Himmel in der Wahrnehmung der Künstler und ihren Werken niedergeschlagen haben. Bemerkenswert ist bei dieser Ausführung das Spannungsverhältnis zwischen dem sakralen Thema und der säkularisierten Himmelsdarstellung: die Heilige Familie im Kontext eines „natürlichen" und keines göttlichen Himmels.

CASSINI-QUADRANT DER ERSTEN TÜBINGER STERNWARTE

Gusseisen
1730
Institut für Astronomie und Astrophysik

Georg Wolfgang Krafft erwarb das bereits gebrauchte Instrument 1752 für sein neu gegründetes Observatorium. Während der Quadrant dem Vorbesitzer César François Cassini de Thury für geografische Messungen in und um Paris gedient hatte, zogen ihn die Tübinger Astronomen zur Bestimmung von Höhenwinkel und Gestirnspositionen heran. Dass der Quadrant gebraucht gekauft und sich schon damals in einem bedenklichen Zustand befand, stellte schon 1769 Johannes Kies, ein Professor für Physik und Mathematik in Tübingen, in einem Brief an den Stuttgarter Herzog fest. Erst der deutlich präzisere Reichenbachsche Kreis aus der Alten Tübinger Schlosssternwarte, der 1814 unter Bohnenberger angeschafft wurde und „nur" eine Abweichung von 1 cm auf 1 km Distanz aufweist, ersetzte den Quadranten (vgl. Abb. 50).

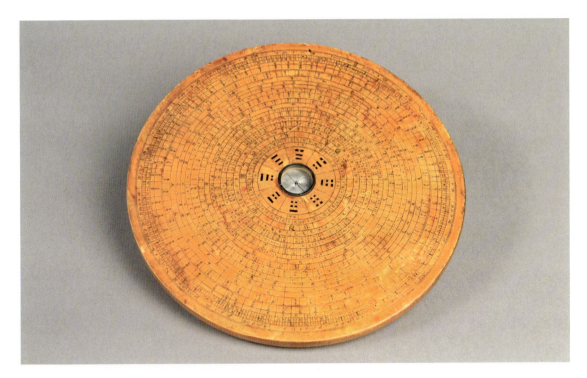

GEOMANTISCHER KOMPASS AUS CHINA

Buchsbaumholz mit Tuschezeichnungen
Spätes 18. Jahrhundert
Ethnologische Sammlung

Obwohl man in China nachweislich schon sehr früh magnetische Nadeln zur Bestimmung der Himmelsrichtung nutzte, dienten sie zunächst nicht der Navigation. Bei diesem chinesischen Kompass handelt es sich um einen sogenannten Richtungs-Bagua („luopan") aus der geomantischen Kompass-Schule („feng-shui"), der für die Ausrichtung von Gebäuden, Räumen oder auch Gräbern genutzt wurde und bisweilen immer noch wird. Die Orientierung an den Himmelsrichtungen spielt dabei eine entscheidende Rolle. Viele zusätzliche Informationen um die Kompassnadel enthalten Angaben über die Eigenschaften der Himmelsrichtungen und deren energetische Strömungen sowie ihre Auswirkungen auf das Leben der Menschen. An diesem Kompass wird deutlich, wie sich mystische und metaphysische Vorstellungen von Orientierung mit Himmelsbeobachtungen vermischen.

ERD- UND HIMMELSGLOBUS NACH BODE

Holz, Kupfer
1803
Evangelisches Stift Tübingen

Erd- und Himmelsgloben treten häufig mit demselben Durchmesser als Ensemble auf. Dieses Paar wurde nach Beobachtungen des Astronomen Johann Elert Bode von Johann Georg Franz aus Nürnberg hergestellt. Es ermöglichte, anschaulich die Sterne und Sternbilder in Abhängigkeit der Zeit und des Standortes, der durch den Erdglobus bestimmt wurde, in Verbindung mit der Himmelskugel zu ermitteln. Dabei muss beachtet werden, dass der Sternenhimmel der Himmelskugel spiegelbildlich dargestellt ist, da man vom Sternenbeobachter auf der Erde ausgeht, der Betrachter des Himmelsglobus jedoch nicht von innen auf das Firmament über sich, sondern von außen, also von „oben", auf die Sternenbilder blickt.

KÜNSTLICHER HORIZONT AUS FLUGZEUGEN

Hersteller unbekannt, zeitgenössisch
Institut für Raumfahrtsysteme, Universität Stuttgart

Weil bei einem Flug der natürliche Horizont je nach Umstand und Standort schnell aus dem Blick geraten kann, wird er durch einen künstlichen Horizont ersetzt. Gerade für Piloten ist ein künstlicher Horizont unverzichtbar. Er ermöglicht bei erschwerter Sicht, je nach Wetterverhältnissen oder Tageszeit, eine Ausrichtung, wenn sonst eine Orientierung nur schwer möglich wäre. Dabei sorgt im Innern ein Kreisel für Achsenstabilität, so dass die Horizontlinie immer erhalten bleibt. Technisch ist er eine Weiterentwicklung der Schwungmaschine von Johann Gottlieb Bohnenberger, einem Lehrmodell, mit dem die Position und Stellung eines jeden Objekts zur Erde bestimmt werden kann.

WIDDER.

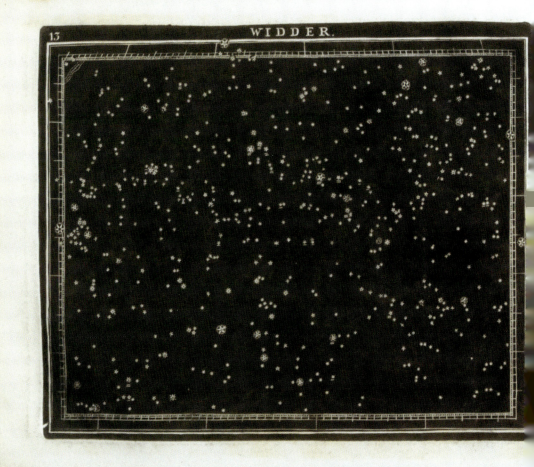

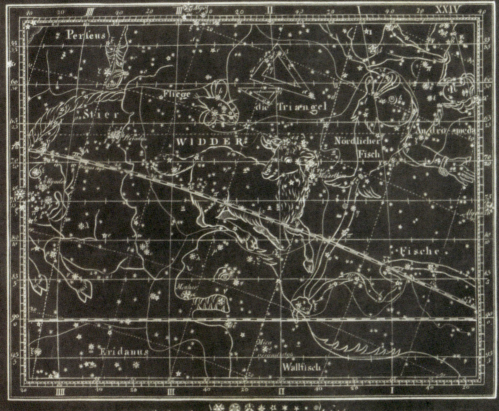

17 Christian Friedrich Goldbach: Neuester Himmelsatlas zum Gebrauche für Schul- und Akademischen
Unterricht [...], 1803

Angela Bösl

HIMMELSBILD I

Die Geschichte der Astronomie, ihrer sich wandelnden Forschungstraditionen und -parameter lässt sich auch als eine Geschichte der visuellen Repräsentation des Himmelszeltes schreiben. Immer schon folgte dem Blick gen Firmament die Notation des Gesehenen, sei sie skizzenhaft, systematisch-dokumentierend oder interpretativ. Erlebte die unmittelbare bildliche Niederschrift der Himmelsbetrachtung in Form der Handzeichnung ihre Hochphase nach dem Durchbruch des Empirismus im 18. Jahrhundert, so ging ihr eine Blüte der bildlichen Auseinandersetzung mit dem Himmel in den Medien der Druckgraphik voraus. Analog zu den eminenten inhaltlichen und methodischen Fortschritten der Astronomie stieg seit dem frühen 16. Jahrhundert durch die Zusammenarbeit von Astronomen, Künstlern, Druckern und Verlegern die ästhetische Qualität der Himmelsatlanten, Sternkarten und illustrierten astronomischen Lehrbücher.

Ein höchst eindrückliches Zeugnis dieser gestalterischen Meisterschaft, die nicht ohne die allgemeine Fortentwicklung der Drucktechniken zu denken ist, legen die Exponate vom Ende des 15. bis zur Mitte des 18. Jahrhunderts aus dem Bestand der Universitätsbibliothek Tübingen ab. Die Problematisierung einer derartigen Ästhetik wissenschaftlicher Darstellung wiederum reflektieren die Beispiele der Himmelskartographie aus dem 19. Jahrhundert.

Wie deutlich dabei die Grenzen zwischen angewandter und freier, also künstlerischer Graphik verschwammen und wie umfassend die Kunst ikonographisch und stilistisch-inszenatorisch belehnt wurde, zeigt eine Serie von Radierungen der Tierkreiszeichen aus der Graphischen Sammlung am Kunsthistorischen Institut der Eberhard Karls Universität. Erst diese Gegenüberstellung gibt zu erkennen, wie nahe sich Kunst und Wissenschaft in der Tat stehen: kompositorische Strategien und Mittel der Bilderzählung oder -vermittlung werden vergleichbar, die topische Koexistenz von Wahrheit und Schönheit besitzt doppelte Gültigkeit – für die künstlerische wie auch für die wissenschaftliche Verbildlichung des Himmels.

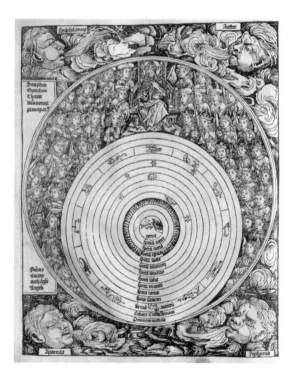

HARTMANN SCHEDEL: WELTCHRONIK

Nürnberg 1493
Universitätsbibliothek Tübingen

Der Blick gen Himmel war seit jeher polyfokal: staunend, forschend, vor allem aber auch projizierend. Irdische Ordnungsstrukturen politischer oder religiöser Natur wurden auf das Himmelszelt übertragen, um seiner Weite und Ordnungslosigkeit beizukommen. Einen derartigen Transfer- und Aneignungsprozess unter religiösen Vorzeichen bezeugt auch die Kosmosdarstellung in der Schedelschen Weltchronik. Die um das Planetensystem versammelten himmlischen Heerscharen erfüllten somit keineswegs nur dekorative Zwecke. Als bekannte Identifikationsfiguren werden sie vielmehr zum Hilfsmittel, das abstrakte Phänomen Kosmos begreiflich zu machen. Waltete zudem Gottvater als Weltenschöpfer ebenfalls über das Himmelsgebäude, so beantwortete die bildliche Darstellung auf diese Weise auch die Frage nach dem Ursprung des Kosmos und stellte wiederum dessen Bestand sicher.

PETER APIAN: ASTRONOMICUM CAESAREUM

Ingolstadt 1540
Universitätsbibliothek Tübingen

Peter Apians Astronomicum Caesareum zählt angesichts seiner 58 handkolorierten Holzschnitte zu den Prachtbänden der astronomischen Literatur. Diesen Rang verdankt es vorwiegend den 21, häufig mehrlagigen Drehscheiben, die den Folianten zu einem Lehrbuch und astronomischen Instrument zugleich machten.

Über die allgemeine Erläuterung des geozentrischen Kosmos hinaus waren die so genannten Volvellen vordergründig für den direkten sachkundigen Gebrauch konzipiert: Mit den beigefügten Tabellen ließen sich Planetenpositionen, Wochen- und Festtage ermitteln. Für die Prognose von Mond- und Sonnenfinsternissen dienten wiederum jene Scheiben mit Drachenzeiger, wie er sich auch an Stöfflers astronomischer Uhr am Tübinger Rathaus findet.

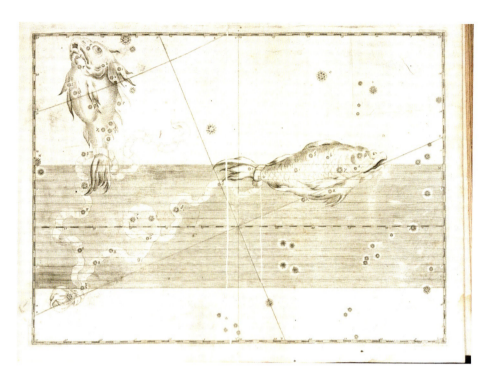

JOHANNES BAYER: URANOMETRIA: OMNIUM ASTERISMORUM CONTINENS SCHEMATA [...]

Ulm 1723 (Erstausgabe Augsburg 1603)
Universitätsbibliothek Tübingen

Dass sich Wissenschaftlichkeit und Ästhetik keineswegs ausschließen, verdeutlicht auch Johannes Bayers Sternenatlas. Rationalisierung und ansprechende Formgebung existierten dabei nicht nur insofern tatsächlich nebeneinander, als den Beschreibungen der Sternbilder deren bildliche Darstellung folgte. In den Sternkarten, die in der Himmelskartographie bald als Prototypen rangierten, verschränkte sich zumal die neuartige gestalterische Qualität mit wissenschaftlicher Funktionalität. Was somit der reinen Anschaulichkeit dient, mitunter sogar nur Gestaltungselement der Tier- und Menschenkörper der Sternbilder zu sein scheint, liefert dem gelehrten Betrachter relevante Information: so steigern die in Durchmesser und Form variierenden Sterne die Ästhetik, vordergründig vermitteln sie jedoch die tatsächliche Sterngröße. Doppelt wirksam erweisen sich auch die präzise Umrisszeichnung und Schattierung – für die figürliche Plastizität sowie zur Unterscheidung von Haupt- und Nebensternbildern.

21

ANDREAS CELLARIUS: HARMONIA MACROCOSMICA SEU ATLAS UNIVERSALIS ET NOVUS […]

Amsterdam 1661
Universitätsbibliothek Tübingen

Wie zahlreiche Himmelsatlanten wird auch Cellarius' Harmonia Macrocosmica von einem Frontispiz eröffnet, das sich nahezu als bildliche Inhaltsangabe dieses Epochenwerkes lesen lässt: Sind neben Urania, der Muse der Astronomie, Tycho Brahe (links) und Nikolaus Kopernikus (rechts) platziert, so finden sich deren verbildlichte Konzepte von Planetensystem und -bewegung auch integriert in den Textkorpus. An dessen Anfang steht das wortwörtliche Welt-Bild des Ptolemäus, den Brahe auf dem Kupferstich wie auch in der Astronomiegeschichte in den Hintergrund drängte.

Sonne, Mond und Komet in der obersten Bildzone kehren schließlich auf Schautafeln wieder, die Bewegung, Phasen und Finsternisse dieser Himmelskörper erläutern. Der synoptische Charakter dieser Tafeln kennzeichnet auch das Ensemble der Hemisphären. Erstmals war hier in einem Atlas ein antik-heidnisch und auch biblisch bevölkerter Himmel zu sehen. Die titelgebende Harmonia erfüllt sich demnach in Inhalt und Bild.

JOHANN GEORG BERGMÜLLER: SERIE DER TIERKREISZEICHEN

12 Radierungen
Um 1733
Graphische Sammlung am Kunsthistorischen Institut

Wenngleich die Radierungen des Augsburger Freskanten und Graphikers Johann Georg Bergmüller (1688–1762) der künstlerischen Auseinandersetzung mit den Sternbildern zuzuordnen sind, war der Aspekt der Orientierung für sie ebenso relevant wie die Sternkartographie. Dies gilt zunächst für den Status der Serie als stilistisch-konzeptionelle Vorlage für andere Künstler. Hiervon zeugt das auf dem Blatt des Sternzeichens Löwe angelegte Gitternetz: ein probates maltechnisches Mittel für die Ausführung eines Entwurfs in größerem Format, als Tafelbild oder gar Fresko. Orientierung war zudem auch bildintern für den Bildaufbau und die Lenkung des Betrachterblicks wichtig. Die Teilung der Bildfläche durch die Positionierung des Sternkreises (Zodiakus) samt jeweiligem Sternzeichen oberhalb der griechischen Götter als Planetenpersonifikationen leistete dabei bereits wesentliche Dienste; die bilddiagonale Anordnung der Planetengötter, ihrer Assistenzfiguren und Attribute tat das ihrige zur Blickführung und zur Dynamisierung der Komposition. Wie in den Sternkarten war somit auchin Bergmüllers nicht-wissenschaftlichen Tierkreisdarstellungen für Lesbarkeit gesorgt. Zusätzliches Lektürevergnügen boten sie durch das mit subtilem Bildwitz gestaltete Minen- und Gestenspiel des Bildpersonals.

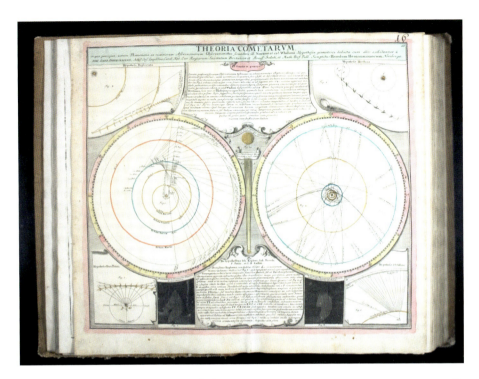

JOHANN GABRIEL DOPPELMAYER: ATLAS COELESTIS [...]

Nürnberg 1742
Universitätsbibliothek Tübingen

Die Verbildlichung von wissenschaftlichen Hypothesen und Berechnungen kennzeichnet sich notwendig durch Abstraktion und Geometrisierung, ist deswegen aber keineswegs nüchtern-unansehnlich. Mustergültig belegen dies auch diejenigen der 30 Karten aus Johann Gabriel Doppelmayers Atlas Coelestis, die sich der Kometentheorie widmen. Wesentliches Mittel zur Ästhetisierung ist dabei fraglos die Farbgebung. So wirkt die mittige, auf den Beobachtungen Peter Apians fußende Schemadarstellung des von der Sonne abgewandten Kometenschweifs nicht nur belebter, sondern auch naturnäher. Gerade aber auch das filigrane Lineament der Konstruktionszeichnungen und Ellipsen der Himmelskörper trägt zur Ästhetik der Schautafeln bei, die in ihrer technischen Meisterschaft dem künstlerischen Kupferstich in nichts nachstehen.

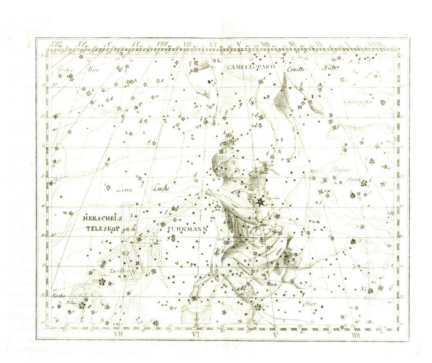

JOHANN ELERT BODE: VORSTELLUNG DER GESTIRNE AUF 34 KUPFERTAFELN NACH DER PARISER AUSGABE DES FLAMSTAEDSCHEN HIMMELSATLAS [...]

Berlin/Stralsund 1782
Universitätsbibliothek Tübingen

Als Astronom der Berliner Akademie der Wissenschaften und Mitglied der Gesellschaft naturforschender Freunde stand für Johann Elert Bode auch bei der graphischen Gestaltung seiner Publikation wissenschaftliche Genauigkeit im Vordergrund. Dies äußert sich in Bodes Erläuterungen zu Gestalt und Linienarten der Sternbilder ebenso wie in der erheblichen Erweiterung der Sternkarten aus John Flamsteeds Himmelsatlas von 1728, der Bode als Vorlage diente. Nicht zuletzt hatten auch astronomiehistorische und -technische Fortschritte bildlich dokumentiert zu werden, und dies nicht alleine in Form des Abbildungsanhangs zu neu entdeckten stellaren Sonderformen. Auch das von Bode bewunderte Newton-Teleskop, mit dessen Hilfe dem Astronom William Herschel 1781 die Entdeckung des Uranus gelungen war, fand als Konstellation seinen Platz am Himmelszelt.

**CHRISTIAN FRIEDRICH GOLDBACH: NEUESTER HIMMELSATLAS ZUM GE-
BRAUCHE FÜR SCHUL- UND AKADEMISCHEN UNTERRICHT […]**

25

Weimar 1803 (Erstausgabe 1799)
Universitätsbibliothek Tübingen

Obwohl in der Nachfolge Flamsteeds und Bodes stehend, unterschied sich Goldbachs Himmelsatlas von seinen Vorgängern in Funktion und Zielpublikum deutlich. Nicht an Astronomen, sondern an Schulkinder und Liebhaber der Himmelskunde war er als Einführungswerk adressiert. Unmittelbar wirkte sich dies auf die Gestaltung der Sternkarten aus. In Abweichung von der Darstellungstradition bildete Goldbach die Sternkonstellationen nicht nur weiß auf schwarz, sondern zusätzlich zur figürlichen auch in nichtfigürlicher Form ab. Die didaktischen Vorteile dieser Strategie waren für ihn evident: Die Reproduktion der Beobachtungssituation sorgte für Wiedererkennungseffekte und Einprägsamkeit. Zugleich erlaubte sie das Himmelsstudium bei schlechter Witterung oder Tageslicht. Die Doppelkarten (vgl. Abb. 17) wiederum zielten darauf ab, die Laien in vergleichendem Sehen zu schulen und sie letztlich dazu anzuregen, den Blick von der graphischen Darstellung gen Himmel selbst zu wenden.

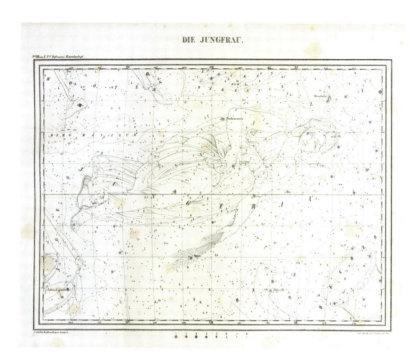

KARL FRIEDRICH VOLLRATH HOFFMANN: VOLLSTÄNDIGER HIMMELS-ATLAS FÜR FREUNDE UND LIEBHABER DER STERNENKUNDE

Stuttgart 1835
Universitätsbibliothek Tübingen

Das seit der Aufklärung wachsende öffentliche Interesse an der Astronomie ließ auch die Fachliteratur für Laien und Liebhaber, denen auch K. F. V. Hoffmanns Atlas explizit gewidmet war, florieren. Die Ursachen für diese Nachfrage waren dabei nicht ausschließlich fachbezogen. Für die eigene Himmelsbeobachtung waren die Atlanten fraglos unabdingbar. Berührten ihre Vorworte häufig zudem theologisch-philosophische Fragestellungen, wappneten sie für das quasiwissenschaftliche Gespräch und verhalfen somit indirekt zum Intellektualitätsnachweis. Grundlegend standen die Himmelskarten jedoch im Dienst der Augenfreude und gelehrten Unterhaltung. Dies bezeugt auch Hoffmanns Adresse an den Leser, in der er betonte, in seinen Sternbildern um Naturtreue und Schönheit gleichermaßen bemüht gewesen zu sein. In der bedeutungsgeschichtlichen Entwicklung der Himmelskarten war somit eine neue Stufe erreicht: vom Lehrmittel und Instrument hatten sie sich zum rein ästhetisch rezipierbaren Prestige- und Sammelobjekt gewandelt.

27

GROSSER HIMMELSGLOBUS VON CARL ADAMI FÜR DIETRICH REIMER, BERLIN

1854
Institut für Astronomie und Astrophysik der Universität Tübingen

In ihrer formalen Gestaltung unterscheiden sich die vorgestellten Sternkarten und dieser in zwei Richtungen drehbare Himmelsglobus kaum. Lesbar ist dies als Indiz der fortwährenden Gültigkeit, die die traditionelle Sternbildikonographie besaß.
Dass sich die Personifikationen und Tierdarstellungen in Gestalt und Proportion auf Karten und Globus gleichen, muss jedoch vor allem als Ergebnis einer Transferleistung gesehen werden: Die Herstellung dieses Himmelsmodells, das 1867 für die Schlosssternwarte (vgl. Abb. 42) angekauft wurde, erforderte die anspruchsvolle Übersetzung einer zwei- in eine dreidimensionale Darstellung. Adami gelang diese Projektion einer Himmelskarte auf den Kugelkörper bezüglich Verzerrung und Überlappungsfehler, so genau, dass der vormals wohl zur Sternlokalisierung genutzte Globus heute noch am Institut für Astronomie und Astrophysik auch als Lehrmittel für das Himmels-Koordinatensystem dienen kann.

Von Landtafeln.

findet er auß disem Triangul den Winckel N M O, welcher dem euſ-
ſern K M L gleichet / vnnd den Arcum Horizontis inter parallelos
ſtellarum bedeuttet / darauß ſein Obliquitas zu rechnen.

Noch beſſer iſt es/ man ſchlag mir drey Stöck P Q R. nach den
Geſichtslinien/ in die Erden/ vnd ſtecke die Nadeln drein; ſo kan man
den △ viel gröſſer haben / als kein Tiſch vermag : darumb auch deſto
ſchärpfer. Vnd ob man zwar vnder alle Sternen die wahl hatt/ ſein
doch die bequemeſte darzu / welche nahend bey beeden Tropicis , als
Arcturus & Cor ♌, oder gar auſſerhalb ſtehen. So ſchadet auch die
Refractio hie nichts/ weil man nicht die Höhen hinauf/ ſonder vber-
zwerch miſſet : Welches ein groſſen Vorthel hat / ſo bißher nicht iſt
wargenommen worden.

Ich ſollte zwar auch die 8. vnnd 9. figur erklären / wie man auf
ein gantz Newe vnerhörte/ doch leichte Weiß/ die Longitudines Lo-
corum forſchen könde / ſo für die Schiffleut groſſen Gelts werth zu-
achten : Weiln mir aber das trumm hier am End deß bogens zu kurtz
wirt/ ſpar ichs auf ein ander gelegenheit. Vnd bitte Beſchließlich all
Kunſtliebende Leſer / denen diß Tractätlin vorkompt / es wöll ein jeder / wie ers an ſeinem Orth befunden / eintweders offenlich zu ge-
meinem Nutzen/ oder doch mir durch ein privat Schreiben/ günſtig
mittheilen : Vnd ſo er die Mühe Rechnens nicht gern ſelbſt auf ſich
nemt/ nur mich darfür ſorgen laſſen. Solle eins jeden Fleiß im vor-
habenden Werck/ danckbarlich gerühmt werden ; gſtalt es dann mir
ohne das/ nicht allein zu beweiſung der Warheit in publico , ſonder
auch zu meiner Beſchutzung/ ſo ein andrer fehlte/ dran gelegen
ſein will/ von Wem ich jeden Orths Bericht ein-
geholet/ mit Namen außtrucklich
zu melden.

E N D E.

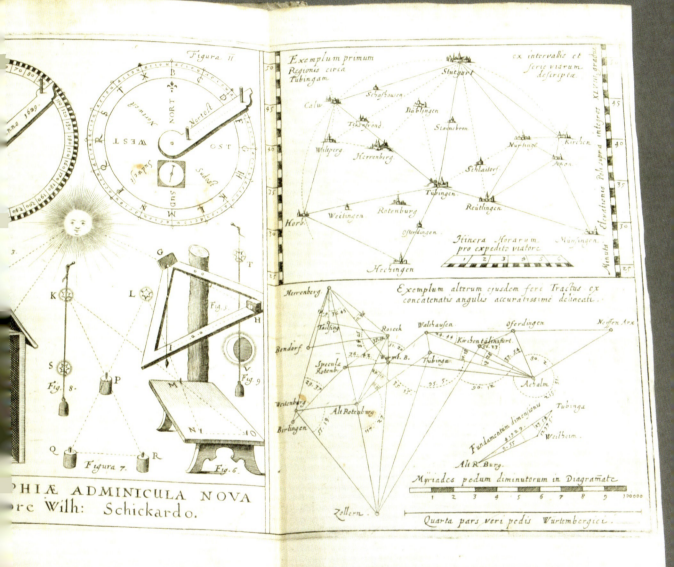

28 Wilhelm Schickard: Kurze Anweisung wie künstliche Landtafeln auß rechtem Grund zumachen und die biß her begangne Irrthumb zu verbessern […], Straßburg 1629

Jürgen Kost & Roland Müller

TÜBINGER ASTRONOMIE

Vor exakt 500 Jahren, im Jahr 1511, installierte Johannes Stöffler seine berühmte astronomische Uhr am Tübinger Rathaus, nachdem er erstmals einen Lehrstuhl für Mathematik und Astronomie in Tübingen besetzt hatte. Anlässlich dieses Jubiläums präsentiert das MUT auch einen Überblick über die Geschichte der Himmelskunde am Ort.

Selbst die Kopernikanische Revolution, also die allmähliche Erkenntnis im 16. und 17. Jahrhundert, wonach die Erde nicht der Mittelpunkt des Universums ist, sondern sich um die Sonne dreht, enthält eine lokalhistorische Ebene. Denn bevor Johannes Kepler um 1600 seine Gesetze zur Himmelsmechanik formulierte und das Fundament einer neuen Astronomie schuf, erlernte er die wissenschaftlichen Grundlagen während seines Studiums in Tübingen.

In der Frühen Neuzeit legten Forscher die Aufgaben einer wissenschaftlichen Himmelskunde fest, die bis heute gelten: Die Phänomene und Objekte im Himmel und deren Dynamik werden mit den Geräten und Methoden erforscht, welche die Technik der Zeit jeweils zur Verfügung stellt. Die unterschiedlichen Orte der Himmelsbeobachtung in Tübingen werden in dieser Abteilung vorgestellt.

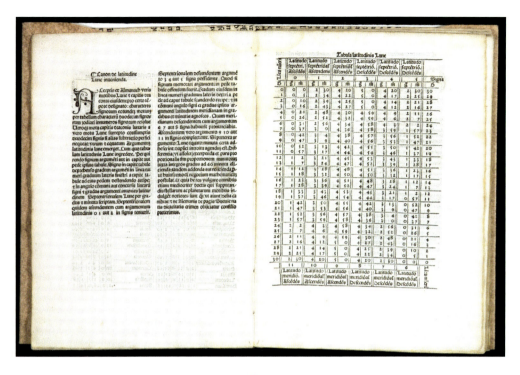

JOHANNES STÖFFLER: ALMANACH NOVA PLURIMIS ANNIS VENTURIS INSERVIENTIA

Venedig 1507
Universitätsbibliothek Tübingen

Stöffler berechnete die Konstellationen der Himmelskörper für die kommenden Jahre voraus. Das Werk war somit als astronomischer Kalender zu verwenden, diente aber auch als Hilfsmittel für die Astrologie und wurde vom Autor selbst als ein solches verstanden, denn es enthielt sogar ein schematisiertes Horoskop. Mit der Prophezeiung, dass im Jahr 1524 „höchst bewundernswerte Verhaltensweisen der Planeten" aufträten, die auf der Erde „zweifelhafte Veränderung, Wechsel und Änderung" hervorbrächten, löste Stöffler im frühneuzeitlichen Maßstab geradezu eine kollektive Hysterie aus. Denn etliche Kommentatoren meinten daraus herauslesen zu können, dass eine Sintflut bevorstünde. Die Zusammenhänge zwischen Himmel und Erde erhitzten die Gemüter.

JOHANNES STÖFFLER: CALENDARIUM ROMANUM MAGNUM

Oppenheim 1518
Universitätsbibliothek Tübingen

Ein bekanntes und dringliches astronomisches Problem des 16. Jahrhunderts war es, dass der seit anderthalb Jahrtausenden benutzte julianische Kalender eine wachsende Diskrepanz zwischen berechnetem und tatsächlichem Sonnenstand mit sich brachte. Dies hatte auch für das Kirchenjahr große Bedeutung, weil das Osterdatum nach der tatsächlichen Tag- und Nachtgleiche bestimmt werden sollte.

Der Papst hatte die Astronomen der Welt erstmals 1514 aufgefordert, Vorschläge zu einer Verbesserung der Situation zu machen. Stöffler beteiligte sich an dem Vorhaben, indem er das Datum für das Osterfest der nächsten Jahre berechnete. Erst 1582 schloss Papst Gregor XIII. diesen Reformprozess ab. Seither nennen wir unseren Kalender den Gregorianischen.

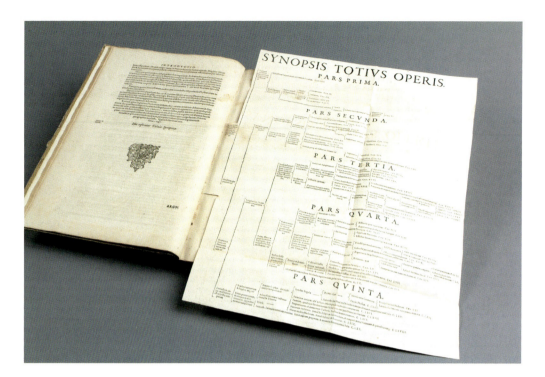

JOHANNES KEPLER: ASTRONOMIA NOVA

Heidelberg 1609
Universitätsbibliothek Tübingen

Dieses Werk enthält Keplers grundlegende Theorie zur Bewegung der Planeten, seine ersten beiden Keplerschen Gesetze. Kepler vereinigte das mathematisch-physikalische Wissen seiner Zeit mit den vorhandenen empirischen Beobachtungen der Planeten, insbesondere der Marsbahnen durch Tycho Brahe. Dadurch kam er zu dem Schluss, dass sich die Planeten auf Ellipsenbahnen um die Sonne bewegen und dabei bei Annäherung an die Sonne schneller, bei wachsender Entfernung wieder langsamer werden.

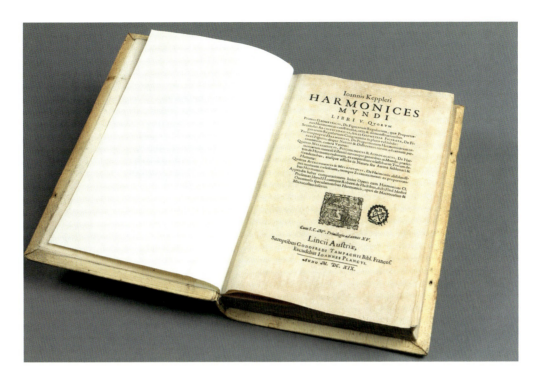

JOHANNES KEPLER: HARMONICES MUNDI

Linz 1619
Universitätsbibliothek Tübingen

Kepler beschrieb hier die Elemente einer harmonischen Weltordnung. Die mathematisch-physikalische Messung und Deutung des Himmels war für ihn nur ein Teil davon, auch metaphysische Komponenten gehörten dazu. Gott erschien als Begründer von Ordnung und Regelmäßigkeit und wurde mit einem menschlichen Baumeister verglichen. Kepler folgte also immer noch einem antiken Ideal der Harmonie und Einheitlichkeit, obwohl er es mit seiner These von den Ellipsenbahnen herausgefordert hatte. Er griff außerdem das Problem der Planetenabstände auf, das ihn schon 1596 im Mysterium Cosmographicum beschäftigt hatte. Darüber fand er ein neues, das dritte seiner Keplerschen Gesetze: Die Umlaufzeiten der Planeten errechnen sich nicht aus einer einfachen Proportionalität ihrer Entfernung von der Sonne, sondern folgen einem Potenzgesetz.

JOHANNES KEPLER: TABULAE RUDOLFINAE

Ulm 1627
Universitätsbibliothek Tübingen

Kepler erstellte im Auftrag von Kaiser Rudolf II. und unter Verwendung seiner Planetengesetze ein neues großes Werk, die Rudolfinischen Tafeln, die die Planetenbewegungen besser als jemals zuvor vorhersagen konnten. Da er seine Erkenntnisse mit Hilfe der umfangreichen Beobachtungen Tycho Brahes gewonnen hatte, würdigt er diesen nochmals ausdrücklich. Der Däne ist neben den berühmten Astronomen der Antike Hipparch und Ptolemäus sowie neben Kopernikus im Frontispiz des Buches dargestellt. Damit wird Kepler in die Linie großer Gelehrter eingereiht, die das Bild des Menschen von der Welt maßgeblich prägten. Einen Bruch des Denkens lieferte er mit der Formulierung, dass die Himmelsmechanik nicht durch eine transzendentale Logik, sondern wie ein „Uhrwerk" funktioniere. Diese Metapher prägt bis heute ein mechanistisches Weltbild.

WILHELM SCHICKARD: KURZE ANWEISUNG WIE KÜNSTLICHE LANDTAFELN AUSS RECHTEM GRUND ZUMACHEN UND DIE BISS HER BEGANGNE IRRTHUMB ZU VERBESSERN […]

Straßburg 1629
Universitätsbibliothek Tübingen

Schickard machte sich daran, das Land Württemberg zu vermessen. In dieser Anwendung astronomischen Wissens ging er einem anderen Tübinger, Johann Gottlieb Friedrich Bohnenberger, voraus. Mit seinem Vorhaben berührte Schickard ein fundamentales geometrisches Problem bei der Darstellung astronomischer Beobachtung: Die dreidimensionale Welt auf zweidimensionales Papier zu bannen, ist buchstäblich der Versuch der „Quadratur des Kreises" und kann nie ohne Verzerrungen von Längen, Winkeln oder Flächen erfolgen. Hierzu stellte Schickard Regeln auf, die bis heute von Bedeutung sind.

WILHELM SCHICKARD: BESCHREIBUNG DES WUNDERZAICHENS, WELCHES MONTAGS DEN 25. JANUARII EBEN AM LOSS TAG S. PAULI BEKEHRUNG DIESES EINGEHENDEN 1630. JAHRS ABENDS VON 7. BISS ZU 10. UHR VORMITTNACHTS AM HAITERN HIMMEL GEGEN NORD GESEHEN WORDEN […]

Tübingen 1630
Universitätsbibliothek Tübingen

Neben der Landvermessung war die Deutung von Himmelserscheinungen eine zweite wichtige Aufgabe für astronomische Experten. Denn dass solche Phänomene rein physikalischer Natur sein sollten, schien unmöglich. Selbst Gelehrte vermuteten darin die Sichtbarmachung von „Wundern". Die Vorstellung göttlichen Einflusses vom Himmel auf die Erde scheint Common Sense gewesen zu sein.

ANONYM: PORTRÄT VON JOHANNES STÖFFLER (1452–1531)

Öl auf Holz, 1614
Gemäldesammlungen / Professorengalerie der Universität Tübingen

Der Begründer der akademischen Astronomie in Tübingen war ein typischer Vertreter des nordalpinen Humanismus mit einem weitreichenden Netz von Kontakten, etwa zu Johannes Reuchlin und seinem Schüler Philipp Melanchthon. Für ihn war die Astronomie eine physische und metaphysische Orientierungswissenschaft. Zur Vorhersage der Konstellationen von Sonne und Mond sowie deren Finsternissen entwickelte er eine astronomische Uhr, die bis heute am Tübinger Rathaus zu bewundern ist.

CONRAD MELBERGER: PORTRÄT VON MICHAEL MÄSTLIN (1550–1631)

Öl auf Holz, 1619
Gemäldesammlungen / Professorengalerie der Universität Tübingen

Aus einfachen Verhältnissen stammend, profitierte Mästlin wie viele Jugendliche im Herzogtum Württemberg von den kostenlosen Bildungseinrichtungen für Begabte: Zunächst in Klosterschulen und schließlich im Evangelischen Stift, dem Herzoglichen Stipendium für Theologiestudenten, ließ er sich zum Pfarrer ausbilden und trat dann auch in den Kirchendienst. Die Astronomie betrieb er schon während des Studiums, war 1580 bis 1584 Professor für Mathematik und Astronomie in Heidelberg, danach 47 Jahre lang in Tübingen. Er vermittelte vielen Studenten eine große Begeisterung für sein Fach – Johannes Kepler und Wilhelm Schickard sind berühmte Beispiele. Mästlin war im Auftrag seiner evangelischen Landesfürsten ein engagierter Gegner der vom Papst verordneten Kalenderreform. Dadurch trug er zu einer über hundert Jahre dauernden Uneinigkeit bei, die zum Teil absurde Züge annahm: In Tübingen galt ein anderes Datum als in den katholischen Nachbarorten.

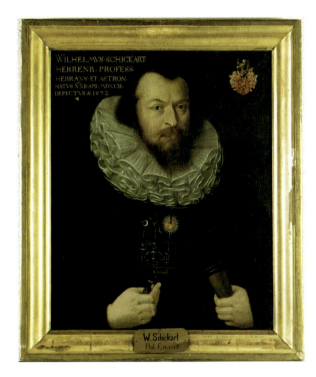

ANONYM: PORTRÄT VON WILHELM SCHICKARD (1592–1635)

Öl auf Holz, 1632
Gemäldesammlungen / Professorengalerie der Universität Tübingen

Schickard hatte einen klassischen Bildungsgang von der Klosterschule Bebenhausen über das Evangelische Stift zum Diakon und Pfarrer hinter sich, als er 1619 Professor für Hebräisch an der Universität Tübingen wurde. Bekannt waren aber neben seinen sprachlichen auch seine mathematischen Talente. Insbesondere wurde er als Astronomus bezeichnet, der die Geometrie und die ganze Optik und Dioptrik kenne. Seit 1517 mit Johannes Kepler befreundet, fertigte er für dessen Weltharmonik Illustrationen an und konstruierte für ihn die erste Rechenmaschine der Welt. 1631 endlich Nachfolger Mästlins auf dem Lehrstuhl für Mathematik, beschäftigte sich Schickard intensiv mit allen Aufgaben eines Astronomen, zuletzt auch mit Vermessungsarbeiten für die Anfertigung korrekter Landkarten. Er korrespondierte mit vielen Gelehrten des In- und Auslands bis er und seine ganze Familie der Pest zum Opfer fiel.

WOLFGANG DIETRICH MEYER: PORTRÄT VON GEORG WOLFGANG KRAFFT (1701–1754)

Öl auf Leinwand, 1750
Gemäldesammlungen / Professorengalerie der Universität Tübingen

Der Pfarrerssohn Georg Wolfgang Krafft war Schüler der Klosterschulen Bebenhausen und Blaubeuren, Stiftler und Student der Universität Tübingen. Nach der Magisterprüfung ließ er sich nach St. Petersburg auf eine Gymnasiallehrerstelle abwerben. In der dortigen Akademie arbeitete er mit berühmten Mathematikern und Physikern zusammen, wurde 1730 deren Mitglied, 1731 Professor für Mathematik und 1734 Professor für theoretische und experimentelle Physik. 1744 kehrte Krafft als Professor an die Universität Tübingen zurück. Auf Anregung Herzog Carl Eugens leitete er den Bau der ersten Tübinger Sternwarte auf dem Nord-Ost-Turm des Tübinger Schlosses, die 1752 fertiggestellt wurde.

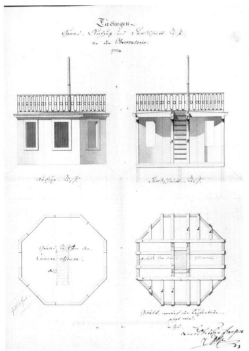

BAUPLAN UND ANSICHT DES STERNWARTEN-TURMAUFBAUS
IM NORDOST-TURM DES SCHLOSSES

40
41

1784
Universitätsarchiv Tübingen
Stadtarchiv Tübingen

Georg Wolfgang Krafft hatte die Schlosssternwarte entworfen, realisiert und wurde 1752 ihr erster Direktor. Durch die Beobachtungsfenster und die solide eiserne Galerie konnte er nach allen Himmelsrichtungen seine Beobachtungen anstellen. Auch die Ausstattung war durch moderne Instrumente auf der Höhe der Zeit. Doch schon Kraffts Nachfolger bemängelte 1769, dass sich der Zustand der Sternwarte sowie deren instrumentelle Ausstattung deutlich verschlechtert hatten. Zum Ende des Jahrhunderts modernisierte Johann Gottlieb Friedrich Bohnenberger die Sternwarte (Außenansicht Abb. 41). Über die zweite Hälfte des 19. Jahrhunderts wurde sie immer weniger genutzt, bestenfalls noch zu Schulungszwecken für Studenten. Nachdem sie schließlich vollends verwaiste, wurde sie in den 1950er Jahren geschlossen und der Turm in seinen Originalzustand rückgebaut.

DAS INNERE DES OBSERVATORIUMS NACH EINEM ERDBEBEN

Nach 1911, Fotografie durch Eugen Albrecht
Stadtarchiv Tübingen

Das Bild zeigt die Ausstattung der Schlosssternwarte kurz nach dem Erdbeben vom 16. November 1911, einem der schwersten je in Deutschland gemessenen: Das 14-zöllige Universalinstrument von Reichenbach & Ertel ist herabgestürzt und in zwei Teile zerbrochen. Im Hintergrund steht die Petroleumlampe zur nächtlichen Beleuchtung des Instruments in der Mitte, rechts davon unbeschädigt der große Sternglobus (vgl. Abb. 27).

Die Schäden beeinträchtigten die astronomische Arbeit in Tübingen nicht, weil das Observatorium im frühen 20. Jahrhundert längst nicht mehr genutzt wurde. Wie das Bild heute – es handelt sich um die einzige bekannte Aufnahme vom Innenraum der Turmsternwarte –, besaßen die Instrumente 1911 nur noch historischen Wert.

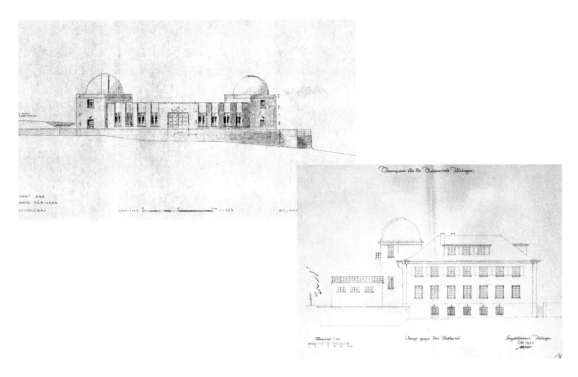

BAUPLÄNE EINER NEUEN STERNWARTE AUF DEM ÖSTERBERG

1927/28
Universitätsarchiv Tübingen

Nach ersten Planungen um 1914 sollte auf dem Nordost-Turm an Stelle der alten Dachkonstruktion eine große Zeiss-Kuppel montiert werden. Nachdem man wohl aus ästhetischen Gründen darauf verzichtete, kaufte die Universität auf dem Österberg ein großes Grundstück, um eine neue Sternwarte zu bauen. Ende der 1920er Jahre beauftragte sie mehrere Architekten, dort das neue Astronomische Institut zu planen. 1930 jährte sich der dreihundertste Todestag des Astronomen Johannes Kepler, womit der Name Kepler-Sternwarte bereits feststand. Die veranschlagten Kosten für die Gebäude und die neuen Instrumente beliefen sich auf rund 300 000 Reichsmark. Wohl aufgrund der volkswirtschaftlichen Situation zur Zeit der Weltwirtschaftskrise versandeten die Pläne in den folgenden Jahren.

FOTO DER ROSENBERGSTERNWARTE AUF DEM ÖSTERBERG

Um 1920
Stadtarchiv Tübingen

Der Astronom Hans Oswald Rosenberg (1879–1940) habilitierte sich 1910 an der Universität Tübingen und errichtete eine Sternwarte auf dem Österberg, obwohl die alte Schlosssternwarte noch existierte und Rosenberg sie sogar selbst verwaltete. Sein Hauptinteresse galt der lichtelektrischen Photometrie. 1925 gab er seine Privatsternwarte auf und verkaufte ihren Inhalt. Den Refraktor, die Riefler-Uhr und einige kleinere Instrumente kaufte die Universität Tübingen für die geplante Kepler-Sternwarte. Die Kuppel wurde auf die Sternwarte in Kiel verfrachtet, wo Rosenberg ab 1926 lebte und arbeitete. Weil er wegen seiner „nichtarischen" Herkunft durch die nationalsozialistische Politik seines Amtes enthoben wurde, wanderte er 1934 in die USA aus. 1938 zog er nach Istanbul, wo er bis zu seinem Tod im Jahr 1940 einen Lehrstuhl für Astronomie inne hatte.

OKULAR DES GROSSEN BOSCH-REFRAKTORS DER VOLKSSTERNWARTE TÜBINGEN

Messing, Glas
1924
Universität Tübingen, Volkssternwarte Tübingen

Der Chemie-Industrielle Carl Bosch erwarb das Okular vom Typ Huygens (60 mm) der Firma Carl Zeiss Jena im Jahr 1924 zusammen mit einem großen Fernrohr für seine Heidelberger Privatsternwarte. Mit einer nur 83-fachen Vergrößerung kann es für die Beobachtung weiträumiger Objekte wie Sternhaufen und Gasnebel oder zur Mondübersicht genutzt werden.
In den Jahren 1955/56 baute die Universität Tübingen eine Sternwarte auf der Waldhäuser Höhe auf und erwarb dafür das Instrumentarium aus Heidelberg. Als die Forscher der Universität in den 1970er Jahren den Himmel nicht mehr vor Ort beobachteten und deshalb die Sternwarte 2002 aufgaben, übernahm die Astronomische Vereinigung Tübingen e. V. deren Nutzung. Das Okular und alle anderen Instrumente Boschs verwendet sie bis heute.

47   Heinrich Leibnitz: Porträt von Johann G. F. Bohnenberger (1765–1831), 1844, Öl auf Leinwand, Gemäldesammlungen / Professorengalerie der Universität Tübingen

Roland Müller & Jürgen Kost
BOHNENBERGER

Johann Gottlieb Friedrich Bohnenberger wurde am 5. Juni 1765 in Simmozheim bei Weil der Stadt geboren und wuchs dort als Sohn eines technik- und physikinteressierten Pfarrers auf. Ab 1784 lebte er im Tübinger Stift und studierte an der Universität. Obwohl er dabei das Berufsziel verfolgte, Pfarrer zu werden, hatte er auch Unterricht in Mathematik, Physik und Astronomie. 1789 wurde er Pfarrvikar in Altburg. Ausgestattet mit einem großzügigen Reisestipendium des württembergischen Herzogs Carl Eugen bildete er sich an der Seeberg-Sternwarte bei Gotha und an der Universität Göttingen in Astronomie, Physik und Vermessungskunde weiter. 1796 wurde er Assistent und Observator an der Sternwarte im Tübinger Schloss, wo er nicht nur arbeitete, sondern auch mit seiner Familie in einer Dienstwohnung lebte. 1798 ernannte ihn die Universität zum Extraordinarius für Mathematik und Astronomie, 1803 zum ordentlichen Professor. Neben seiner wissenschaftlichen Laufbahn begann Bohnenberger die große Landesvermessung des neuen Königreichs Württemberg, wofür er mit hohen Orden ausgezeichnet und in den persönlichen Adelsstand gehoben wurde. Am 19. April 1831 starb er in Tübingen.

Bohnenberger wurde durch zwei zentrale Leistungen berühmt: Zum einen lieferte er mit seiner Landvermessung erstmals detailliertes und weitgehend korrektes Kartenmaterial Württembergs und trug damit wesentlich zur Einführung einer modernen Verwaltung im Königreich bei. Nebenbei machte er Tübingen zum zentralen Ort, indem er den Nordostturm des Tübinger Schlosses als Nullpunkt seiner Vermessung festlegte. Zum zweiten half er durch das Verfassen von Lehrbüchern, die Herausgabe einer Zeitschrift und seine Professur, die Astronomie im frühen 19. Jahrhundert wissenschaftlich zu institutionalisieren. Als akademischer Lehrer entwickelte er vor 200 Jahren, seine Schwungmaschine, ein Modell zur Demonstration der Drehbewegung der Erde im Weltall mit gravierenden technischen Auswirkungen bis heute.

BOHNENBERGERS VIERZÖLLIGER SPIEGELSEXTANT

Messing, Silber, Glas, Holz (Fernrohr fehlt)
Um 1794 (John & Edward Troughton, London)
Physikalisches Institut der Universität Tübingen

Spiegelsextanten dienen der Winkelbestimmung zwischen zwei anvisierten Objekten und fanden noch bis vor wenigen Jahren bei der Navigation zur See Verwendung. Im Gegensatz zu nautischen Sextanten ist das dargestellte Instrument auf ein einfaches Stativ montiert, weil bereits diese simple Konstruktion an Land eine ruhige geodätische und astronomische Messung erlaubt. Mit großer Wahrscheinlichkeit handelt es sich um einen Sextanten, den Bohnenberger selbst zur Landvermessung nutzte. In seiner *Anleitung zur geographischen Ortsbestimmung vorzüglich vermittelst des Spiegelsextanten*, die er bereits als Student in Göttingen verfasst und 1795 veröffentlicht hatte, beschrieb er die genaue Verwendung dieses Instrumententyps.

BOHNENBERGERS REPETITIONSTHEODOLIT

49

Messing, Glas
1810–1815 (Mathematisch-mechanisches Institut von Reichenbach, München)
Landesamt für Geoinformation und Landentwicklung, Stuttgart

Ein Theodolit ist ein Winkelmessinstrument, welches in der Geodäsie (Vermessungskunde) zur Messung des Winkels zwischen zwei Strecken dient. Durch Wiederholungen (Repetitionen) der Messung und Berechnung des Mittelwerts kann eine wesentlich größere Genauigkeit erreicht werden, auch wenn die Einzelmessungen mit einer merklichen Unsicherheit behaftet sind. Das dargestellte Exemplar besitzt neben dem beweglichen Fernrohr ein zusätzliches Versicherungsfernrohr zur Überprüfung der unveränderten Aufstellung während der Messung. Erst dieses Präzisionsinstrument ermöglichte Bohnenberger seine Landesvermessung im Triangulationsnetz. Somit machte eine technische Innovation im frühen 19. Jahrhundert große Vermessungskampagnen nicht nur in Württemberg, sondern in vielen Ländern möglich.

GROSSER REPETITIONSKREIS VON REICHENBACH

1812–1814
Universität Tübingen (zur Zeit Landesamt für Denkmalpflege, Esslingen)

Zur Verbesserung der Ausrüstung seiner Sternwarte bestellte Bohnenberger 1810 einen großen Wiederholungskreis bei Reichenbach in München. Erst vier Jahre später wurde er nebenan, auf der Schlossbastion, aufgestellt. Bohnenberger hatte eine neue Sternwarte mit drehbarer Kuppel errichten lassen, die Messungen im Winkel von 360 Grad erlaubte. Er bestimmte mit dem Instrument den Tübinger Meridian, legte jedoch den Nullpunkt für die württembergische Landesvermessung in die Sternwarte auf dem Nordostturm. Weil sich seit etwa 1815 in Deutschland für die Bestimmung von Sternpositionen zunehmend Meridiankreise durchsetzten, kam der Wiederholungskreis nur kurz zum Einsatz und geriet schnell in Vergessenheit. Erst 2002 wurde er eingewachsen in der mittlerweile stark beschädigten Zweitsternwarte auf der Bastion von Alfons Renz wiederentdeckt und zur Restaurierung ins Landesdenkmalamt gegeben. Bedauerlicherweise konnte es sich nicht entschließen, das Gerät für diese Ausstellung an seinen historischen Ort zurückzugeben.

FLURKARTEN DES KÖNIGREICHS WÜRTTEMBERG

51
52

1848
Universitätsbibliothek Tübingen

Flurkarten verzeichnen geodätisch exakt und amtlich beglaubigt alle Grundstücke, sichern also staatlich das Eigentum aller Bürger. Die Produktion solcher Karten ist eine Grundlage der bürokratischen Verwaltung und markiert damit einen wichtigen Schritt auf dem Weg zu einem modernen Staat.
Die württembergischen Exemplare sind aus Bohnenbergers Vermessungen hervorgegangen. Nummer 62, 63, 72, 73 im Maßstab 1 : 2500 zeigen Tübingen. Der Kreis in der Ecke jeder Karte weist auf den Nullpunkt der Landesvermessung in der Spitze des Nordostturms des Schlosses Hohentübingen.

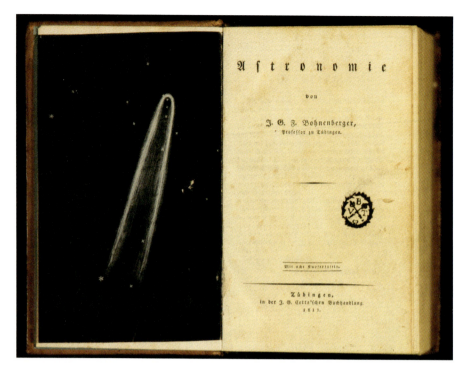

J. G. F. BOHNENBERGER: ASTRONOMIE

Tübingen 1811
Universitätsbibliothek Tübingen

Dieses Lehrbuch behandelt die gesamte Astronomie, befasst sich aber schwerpunktmäßig mit praktischen Fragen. Es sollte eine Ergänzung zu Vorlesungen sein und fasste deshalb den Stand der Wissenschaft zusammen. Bohnenberger schuf damit einen Kanon des Lehrwissens. So trug er wesentlich zur institutionellen Verfestigung der Astronomie im deutschsprachigen Raum bei – wie auch ab 1816 mit der von ihm begründeten „Zeitschrift für Astronomie und verwandte Wissenschaften".

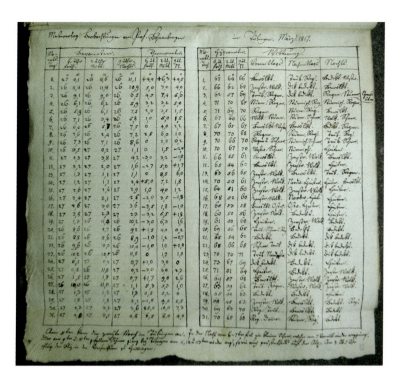

METEOROLOGISCHE BEOBACHTUNGEN BOHNENBERGERS
ANGESTELLT AUF DEM SCHLOSS ZU TÜBINGEN

54

1815–1828
Universitätsbibliothek Tübingen

Mit erstaunlicher Akribie vermerkte Bohnenberger über 14 Jahre hinweg für jeden Morgen, Nachmittag und jede Nacht die aktuellen Werte von Temperatur, Luftdruck, Luftfeuchte und Witterung. An astronomischen Observatorien systematisch meteorologische Daten zu erheben, war im frühen 19. Jahrhundert eine neuartige Aufgabe, die sich aber schnell verbreitete und zur üblichen Praxis wurde. Dass man Phänomene des Himmels maß und nicht mehr nur beschrieb, die Himmelskunde also quantifizierte, verwissenschaftlichte die Astronomie.

KOMETENSUCHER DER ALTEN STERNWARTE IM NORDOST-TURM DES TÜBINGER SCHLOSSES

Messing, Holz, Glas
Um 1820
Leihgabe aus Privatbesitz

Zu einer besonderen Beobachtungsdisziplin der Astronomen gehörte im 19. Jahrhundert das flächenhafte Absuchen des Himmels nach lichtschwachen Objekten. Hierfür war ein möglichst großes Gesichtsfeld bei einer schwachen, meist nur zehnfachen Vergrößerung gefordert. Die Kometensucher aus dem berühmten optischen Institut von Utzschneider & Fraunhofer in München gehörten zu den besten ihrer Zeit. Bohnenberger erwarb das dargestellte Exemplar zu einem Preis von rund 490 Gulden – in etwa dem Jahresgehalt eines Professors.

ZWEI SCHWUNGMASCHINEN NACH BOHNENBERGER

Messingringe und Elfenbeinkugel
Um 1811 und 1811–1817
Privatsammlung und Stadtmuseum Tübingen

Ist die Kugel einmal in Rotation versetzt, behält sie die Stellung ihrer Achse bei, auch wenn das Gerät in beliebige Richtung verschoben oder gekippt wird. Dieser Versuch demonstriert die Stabilität der Erdrotationsachse im Weltraum. Die Anziehungskraft der Sonne auf die leicht abgeplattete Erdkugel verursacht allerdings eine langsame Torkelbewegung. Im Modell bewirkt ein kleines Zusatzgewicht diese Kraft. Durch die Torkelbewegung, Präzession genannt, verschieben sich die Schnittpunkte von Erdbahnebene und Himmelsäquator allmählich auf dem Tierkreis.

Bohnenberger entwickelte das Konzept des Modells und gab es an seinen Mechaniker Johann Wilhelm Gottlob Buzengeiger (1777–1836) zur Fertigung. Das Instrument, die „Maschine", wie Bohnenberger es selbst nannte, wurde in mehreren Exemplaren hergestellt, wovon aber mittlerweile bis auf die beiden in der Ausstellung gezeigten alle verschollen sind.

DRALL- UND REAKTIONSRAD

Zeitgenössisch
Rockwell Collins Deutschland GmbH, Heidelberg

Das Prinzip von Bohnenbergers Schwungmaschine fand weltweit und bis heute Eingang in die industrielle Produktion von Navigationsinstrumenten und mikromechanischen Kreiseln. Dieser Prototyp eines Drall- und Reaktionsrades soll den Kreiseleffekt zur Stabilisierung von Satelliten und Weltraumstationen nutzen.

Bohnenberger legte mit seiner Erfindung eine wesentliche Grundlage für sehr anspruchsvolle, bedeutende technische Errungenschaften, beispielsweise für die bemannten Mondlandungen, für moderne Fahrzeugstabilisierungssysteme im Automobilbereich und in der Computertechnik.

59 Das Teleskop Orfeus bei seinem Einsatz im Weltall

Norbert Kappelmann
STANDPUNKT

Das Teleskop hat in der Frühen Neuzeit die Wissenschaft und das gesamte Bild vom Himmel revolutioniert. Seitdem werden die Geräte immer größer und müssen vor allem ihren Standort aufgrund der fortschreitenden Lichtverschmutzung unserer Atmosphäre durch die Zunahme von Lichtquellen rund um den Erdball wechseln: Aus städtischen Observatorien wanderten sie auf einsame Berggipfel, in die oberen Schichten der Atmosphäre und schließlich ins Weltall selbst. Entsprechend erhalten wir immer neue Bilder und neue Erkenntnisse vom Himmel.

Anfangs blickte man noch durch kleine Teleskope. Im Laufe der technischen Entwicklung war das Sammeln von optischen Daten von Interesse. Heute leistet beispielsweise die Tübinger Astrophysik einen wichtigen Beitrag zu Messungen im Ultravioletten-, im Röntgen- und im Gammawellenlängenbereich. Um diese Beobachtungen zu ermöglichen, ist es eine notwendige Bedingung, die Teleskope außerhalb der Erdatmosphäre zu bringen, da diese Strahlung vom Erdboden aus nicht beobachtet werden kann. Die astronomischen Weltraum-Teleskope werden je nach Einsatzhöhe entweder in einer Ballongondel oder mit Raumfähren und Raketen ins All gebracht. Die für die Beobachtungen erforderlichen Instrumente entstehen teilweise auch in den Werkstätten des Instituts. Dabei arbeiten die Tübinger Forscher eng zusammen mit der deutschen Weltraumagentur DLR und mit internationalen Raumfahrtagenturen wie der ESA (Europa), der NASA (USA) und ROSCOSMOS (Russland).

Das hier gezeigte große Teleskop wurde zweimal mit amerikanischen Raumfähren in einen 300-km-Orbit gebracht. Nach diesen erfolgreichen Missionen wird dieses einzige jemals wieder zur Erde zurückgebrachte Teleskop hier einer breiten Öffentlichkeit gezeigt. Das satellitengestützte Weltraumteleskop steht symbolisch für die langwierigen und kostenaufwendigen Arbeiten der Astrophysiker, deren Vorbereitungs- und Entwicklungszeiten für diese Missionen teilweise über 20 Jahre dauern können. Bisher haben alle in Tübingen konstruierten und gebauten Instrumente die Weltraumbedingungen gemeistert.

ALTER KLÖPFER-REFRAKTOR DER VOLKSSTERNWARTE STUTTGART

Um 1917, Carl Zeiss Jena
Leihgabe aus Privatbesitz

Das Fernrohr wurde 1954 aus dem Besitz von Frau Klöpfer für die Volkssternwarte Stuttgart angekauft. In den folgenden 50 Jahren wurde es auf der Plattform der Sternwarte auf der Uhlandshöhe genutzt, bevor es vor wenigen Jahren in private Hände verkauft wurde. Das Teleskop wurde um 1917 bei Carl Zeiss in Jena gebaut und zu einem Preis von etwa 1750,- Mark angeboten. Diese einfachen montierten Instrumente dienten häufig an exponierten Plätzen als Aussichtsfernrohre. So standen etwa auf dem Inselberg in Thüringen oder auf der Riffelalp über dem Schweizer Zermatt ganz ähnliche Fernrohre.

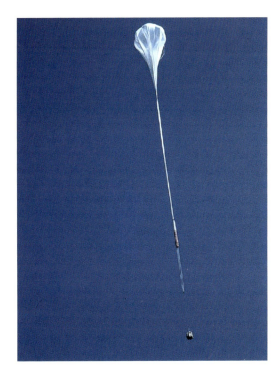

BALLONGONDEL MIT RÖNTGENTELESKOP

61

2004
Institut für Astronomie und Astrophysik

Die Erdatmosphäre dämpft elektromagnetische Strahlung aus dem Weltall auf dem Weg zum Boden. Um Strahlung im Röntgenbereich mit ausreichender Signalstärke feststellen zu können, müssen die Instrumente aus der Atmosphäre heraus gebracht werden. Diese Gondel soll mit einem Heliumballon in eine Höhe von 40 km gehoben werden. Es ist vorgesehen, einen neu entwickelten Röntgendetektor hierbei erstmals einzusetzen und bereits bekannte Quellen damit zu beobachten. Die hieraus gewonnenen Erkenntnisse sollen zur Überprüfung der Eigenschaften des Detektors verwendet werden.

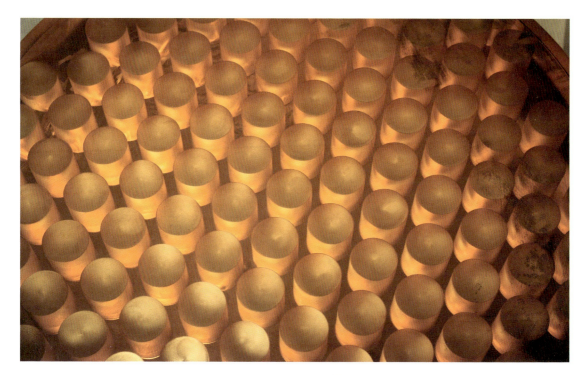

ARIES WELTRAUM-SPIEGEL FÜR DEN ULTRAVIOLETTEN WELLENLÄNGENBEREICH

1983
Institut für Astronomie und Astrophysik der Universität Tübingen

Dieser Spiegel wurde von der Firma Carl Zeiss extrem genau geschliffen, poliert und für den Einsatz in einem Weltraumteleskop durch Materialentnahme mittels Bohrungen an der Spiegelunterseite gewichtsoptimiert. Der Spiegel wurde mit einer Iridium-Oberfläche bedampft, um ultraviolette Strahlung zu reflektieren. Eingebaut wurde er in das weltweit erste Kohlefaser-Teleskop der Firma Dornier Systems, das mit einem umgebauten Interkontinental-Raketenmotor ins All gebracht wurde.

Als der Spiegel nach Beendigung seines Dienstes ausgestellt wurde, ist seine Iridium-Beschichtung versehentlich abgelöst worden, als eine Reinigungskraft über ihn wischte. Damit hat er das gleiche Schicksal erlitten wie die berühmte *Fettecke* von Joseph Beuys.

WELTRAUMTELESKOP ORFEUS

1993 und 1996
Institut für Astronomie und Astrophysik

Die obere Hälfte des Weltraumteleskops Orbiting and Retrievable Far and Extreme Ultraviolett Spectrometer wurde von der Firma Kayser-Threde gebaut. Das Teleskop war die Nutzlast des Freifliegers ASTRO-SPAS der Firma MBB – ein Satellit, der 1993 mit dem amerikanischen Space-Shuttle Discovery und 1996 mit der Raumfähre Columbia in einen 300-km-Orbit gebracht wurde.

Die gesamte Planung des Teleskops und der Instrumentierung dieser Astronomie-Missionen wurde hauptsächlich vom Tübinger Institut durchgeführt – die optische Planung übernahmen Heidelberger Kollegen. In Tübingen wurden auch hochempfindliche Empfänger für den ultravioletten Wellenlängenbereich konstruiert. Die zweite Mission war mit einer Gesamtdauer von 17 Tagen und 16 Stunden die längste Weltraummission in der Geschichte des Space-Shuttles; das Teleskop wurde während dieser Zeit von Tübinger Wissenschaftlern direkt vom Cape Kennedy aus gesteuert und kontrolliert.

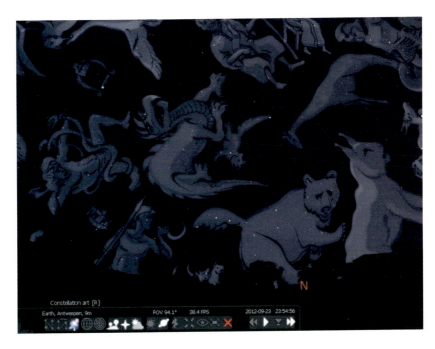

Christian Bornefeld

HIMMELSBILD II

Durch die optischen Linsen von Fernrohren, immer mehr aber auch durch Messungen optischer Signale im Bereich der Ultravioletten-, Röntgen- und Gammastrahlung oder durch Infrarotfilter eröffnen sich Dimensionen des (Sternen-) Himmels, die dem menschlichen Auge bisher verborgen waren.
Das Bild, das wir heute vom Universum erhalten, gibt uns Einblicke in seine Vielschichtigkeit. Durch die Analyse der Messwerte können Wissenschaftler Rückschlüsse auf die Veränderung des Himmels ziehen, und selbst langfristige Prozesse und Entwicklungen des Weltalls werden nachvollziehbar. Letztendlich wird es möglich, Rückschlüsse auf das Entstehen und Vergehen von Planeten, Sternen und ganzen Galaxien zu ziehen. Da es sich bei diesen Himmelsbildern vor allem um Daten und digitale Aufnahmen handelt, liefert jeder Filter ein anderes Himmelsbild. Erst die Summe aller Daten und Bildebenen lässt uns die Vielschichtigkeit des Himmelsbildes in einer Tiefe und Präzision erahnen, wie es mit dem Blick durch ein einfaches optisches Teleskop kaum möglich gewesen wäre.
Neue Medien vom Digitalfoto bis zur Computersimulation verbreiten das Bild vom Himmel und lassen auch Laien an der Beobachtung und Erforschung des Weltalls teilhaben. Die Menschen können unabhängig von Ausrüstung, Wetterverhältnissen, Lichtverschmutzung oder Standort das Firmament erschließen. Auch wenn die Bildprogramme nicht sakral oder mythisch intendiert sind, geben die Motive oft Anlass zu Spekulationen und Fantasien, die ihren Ausdruck beispielsweise im Bereich der Science-Fiction-Filme finden. Auch im Sinne einer politischen Propaganda werden Vorstöße in den Weltraum und die dabei entstehenden Bilder nicht selten instrumentalisiert, wenn sie massenmedial als sensationelle Errungenschaften der menschlichen Zivilisation inszeniert werden. Der Wettlauf zum Mond beispielsweise war immer ein Wetteifern von Staaten und Systemen.

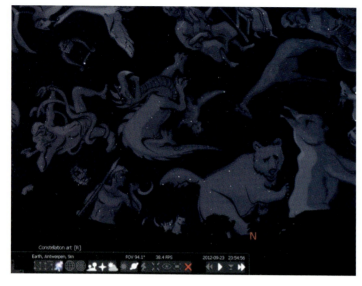

STELLARIUM – DAS VIRTUELLE FIRMAMENT

2011
Entwickelt unter der GNU General Public License (GPL)

Stellarium ist ein Open Source Computerprogramm, das, ähnlich einem Planetarium, dem Betrachter ermöglicht, einen virtuellen (Über-)Blick über das Firmament zu erhalten. Es stellt den Himmel mit einem hohen Anspruch auf Realitätstreue dar, suggeriert also, man sehe ihn in der Simulation, wie man ihn auch mit dem bloßen Auge oder einem Teleskop beobachten könne. Das Programm ist dabei äußerst flexibel und ermöglicht dem Betrachter, den Himmel von jedem beliebigen Standort zu jeder beliebigen Zeit zu betrachten – unabhängig von Wetterverhältnissen oder Ausrüstung.

ORIONNEBEL

2006
Fotografie des Hubble-Weltraumteleskops

Dieses Bild des Orionnebels ist aus verschiedenen Aufnahmen unter Einsatz aller im Hubble-Teleskop enthaltenen Instrumente zusammengesetzt. Der bereits von mittelalterlichen arabischen Astronomen entdeckte und erst 1610 in Europa beobachtete Nebel befindet sich im Sternbild des Orion in unserer Milchstraße und gehört durch seine relative Nähe von 1350 Lichtjahren zu den besterforschten Nebeln der Galaxie. Aufgrund einer Verdichtung der Materie im Innern dieses Molekülwolkenkomplexes sind die Bedingungen für die Entstehung von neuen Sternen ideal.

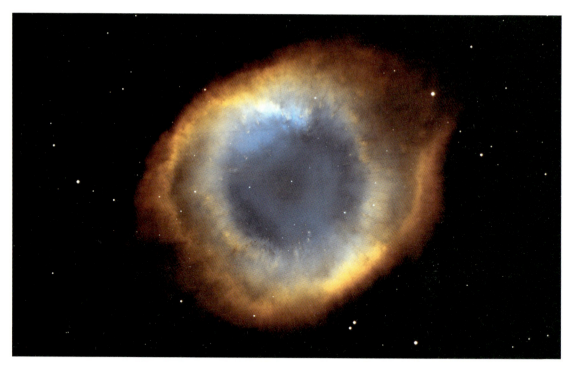

HELIXNEBEL

2002
Fotografie des Hubble-Weltraumteleskops

Bei diesem Bild des Nebels im Sternbild Wassermann in 650 Lichtjahren Entfernung handelt es sich um eine überlagerte Aufnahme des Hubble-Teleskops unter Verwendung aller Instrumente. Helix wurde erst 1824 vom Göttinger Astronomen Karl Ludwig Harding entdeckt. Die runde Form, die von Ferne der eines Gasplaneten ähnelt, brachte ihm die Bezeichnung eines „Planetarischen Nebels" ein. Erst bei starker Vergrößerung weckt die Form Assoziationen an ein Auge.

TITELBLATT DES STERN NR. 35

1971
Sammlung des Ludwig-Uhland-Instituts für Empirische Kulturwissenschaft

Millionen Menschen konnten die ersten Lebewesen im Weltall, den Hund Laika und den Schimpansen Ham, am heimischen Bildschirm bestaunen. Auch die ersten Schritte des Menschen auf dem Mond wurden als ein Medienspektakel inszeniert.
Dieses Bild stammt von der Apollo 15-Mission, die hier auf dem Titelblatt des stern in einer Fotoserie abgelichtet ist. Solche Bilder brannten sich so stark in die kollektive Wahrnehmung ein, dass Generationen das Gefühl direkter Teilhabe an den Missionen hatten. Sie entwickelten eine derartig große und weit verbreitete Überzeugungskraft, die umgekehrt auch Verschwörungstheorien hervorbrachte. Beispielsweise die, dass die Mondlandungen aus Propagandazwecken fingiert worden seien.

69 Der Sonnenwagen von Trundholm (Replique), um 1400 v. Chr.

Caroline Dieterich

VORSTELLUNG

Es ist unermesslich groß und sprengt jegliche Vorstellungskraft: Das Universum war und ist für die Menschen seit jeher ein Faszinosum. Selbst mit Hilfe modernster Techniken konnten wir dem Himmel noch längst nicht alle Geheimnisse entlocken, auch heute bleibt vieles vor der menschlichen Neugierde verborgen. Es verwundert daher nicht, dass die Menschen seit jeher und bis heute Mythen erschufen, um den Himmel zu verstehen.

Wo Technik, Wissenschaft und Logik nicht mehr greifen, bleibt gleichsam Raum für Imaginationen und Träume. Bildreiche Vorstellungen, wie die eines dicht besiedelten Götterhimmels bei den alten Griechen, wurden mit sichtbaren Tatsachen kombiniert. So wurden Planeten und Sternbilder personalisiert und mit den einzelnen Gottheiten in Verbindung gebracht. Aus Sehen konnte Glauben werden.

Die große Faszination ist mit tiefem Respekt verbunden, der Macht von oben kann und konnte man nur schwer entgehen. Den Urgewalten des Wetters war man schutzlos ausgeliefert, viele Vorkommnisse konnte man sich nur durch überirdische Kräfte erklären. Mythenbildungen wie jene um die Blitzspitzen oder den Ensisheimer Meteoriten als einem Werk des Teufels belegen dies. Der Glaube an den Einfluss der Himmelskörper auf das irdische Leben war unumstritten. Ein früher Beleg für einen Versuch der Sterndeutung stammt von Ptolemäus aus dem 2. Jahrhundert vor Christus. Heute sind Horoskope hoch im Kurs; sie haben ihren festen Platz in Zeitschriften, werden von Millionen Menschen gelesen und ernstgenommen. Nicht zu vergessen sind Literatur und Kunst, denn was wäre Science Fiction ohne den Weltraum?

Ganz gleich, wie viel Wissen wir heute auf astronomischem Gebiet sammeln und in kommenden Generationen noch sammeln werden – der Weltraum wird für die Menschen wohl ein Rätsel bleiben. Die Objekte dieser Abteilung aus den Tübinger Universitätssammlungen versinnbildlichen gerade durch ihre Divergenz die vielfältigen Vorstellungen zum Thema Himmel aus allen Epochen und Kulturen.

FULGURITE – BLITZRÖHREN

Undatiert
Mineralogische Schau- und Lehrsammlung

Wenn ein bis zu 100 000 Ampère starker Blitz, dessen Spannung zwischen den Gewitterwolken und der Erdoberfläche einige Millionen Volt beträgt, in den Boden eintritt, werden die Bodenpartikel entlang der Einschlagbahn erhitzt, schmelzen teilweise und kühlen schnell ab. Die so erzeugten Verglasungen nennt man Blitzröhren (Fulgurite). Die meist spitz zulaufenden Hohlräume können mehrere Meter Länge erreichen.
In der mineralogischen Schau- und Lehrsammlung der Universität finden sich die schönsten Gebilde in unterschiedlicher Länge, Form und Farbgebung. Im Gegensatz zur herrschenden Naturgewalt bei ihrer Entstehung, wirken die skurril geformten Röhren fragil und zerbrechlich, wie kleine Kunstwerke der Natur.

JUNGSTEINZEITLICHE STEINBEILE ALS VERMEINTLICHE BLITZSPITZEN 71

5500 bis 2500 v. Chr.
Sammlung der Abteilung für Jüngere Urgeschichte und Frühgeschichte

Einen Baum zu fällen war in der Jungsteinzeit kein leichtes Unterfangen. Felsgestein musste erst in Form gebracht, dann mit Sand geschliffen und schließlich auf einen Stiel gebunden werden. Die so entstandenen Steinbeile hatten eine kurze Lebensdauer, und ihre Reparatur lohnte sich nicht. Wenn sie stumpf wurden, warf man sie weg. Mit vermehrtem Ackerbau ab dem 16. Jahrhundert wurden zahlreiche dieser Steinbeile wieder gefunden. Die Bauern glaubten nun, es handele sich um Relikte von Blitzeinschlägen in die Erde und nannten ihre Funde Blitzspitzen. Über Haustüren und Ställen angebracht, sollten sie deren Bewohner vor dem Zorn des Himmels schützen.

Eine beachtliche Menge solcher Steinbeile findet sich in der universitären Sammlung der Abteilung für Jüngere Urgeschichte und Frühgeschichte und erinnert an die Mühsal vergangener Jahrtausende, aber auch an Furcht und Hoffnungen, die mit dem Himmel verbunden wurden.

BRUCHSTÜCK DES ENSISHEIMER METEORITEN UND SEBASTIAN BRANTS DARSTELLUNG VON DESSEN EINSCHLAG

1492
Mineralogische Schau- und Lehrsammlung
und Universitätsbibliothek Tübingen

Am Vormittag des 7. November 1492 schlug ein 127 kg schwerer Steinmeteorit in der Nähe der elsässischen Stadt Ensisheim ein. Der Vorfall ist der erste bezeugte Meteoriteneinschlag Europas, von dem noch Material vorhanden ist. Das laute Donnern und der leuchtende Schweif des Meteoriten erregte höchste Aufmerksamkeit und wurde von vielen Augenzeugen beobachtet. Die Aufregung war so groß, dass der deutsche Kaiser Maximilian I. eigens anreiste, um den großen Stein zu sehen. Er betrachtete das Geschehen als ein Werk des Teufels und lies den Stein in Ketten legen und in der Pfarrkirche aufhängen.
Nach und nach wurden immer wieder Stücke vom Meteoriten abgeschlagen und verschenkt oder verkauft. Zur Bekanntheit des Ereignisses trug auch bei, dass der Straßburger Humanist Sebastian Brant ein Flugblatt darüber verfasste.

Von dem donnerstein gefallē jm xcij. jar: vor Ensißhein.

Enßßheim · Battenhein

De fulgetra anni xcij.
Sebastianus Brant.

Erlegat antiquis miracula facta sub annis
Qui volet: et nostros comparet inde dies.
Ulsa licet fuerint porteta / borredacȝ mostra
Lucere e celo: flamma / corona / trabes /
Astra diurna / faces / tremor et telluris hyatus
Erbolides / Typhon / sanguineus cȝ polus
Circulus: et lume nocturno tpe visum /
Ardentes clypei et / nubigeneȝ fere.
Montibus et visi quondā concurrere montes
Ramorū et crepitus / et tuba terribilis.
Lac pluere e celo visum est / fruges cȝ calybsȝ
Ferrū etiam / et lateres / τ caro / lana / cruor
Et sexcenta alijs / ostenta ascripta libellis:
Prodigijs ausim vix similare nouis.
Ulsio vira quidē Friderici tempore primi:
Et tremor in terris / luna cȝ sol cȝ triplex.
Hinc cruce signatus Friderico rege secundo
Austria quē genuit senior Fridericȝ / in agros
Xerces hunc pptios. et cadere arua videt.
Nempe cȝ dringetos / p mille pegerat annos
Sol nouies decem signiferǫ arcȝ duos.
Septē pferes var idus / metuenda aoue bris
Ad medium cursum tenderat dies.
Lum tonat horredū: crepituȝ per aera fulmē
Multisonū: hic ingens concidit atcȝ lapis.
Lui sp̄eȝ delte est / aciesȝ triangula: obustus
Est color: et terre forma metalligere.
Missus ab obliquo fertur: visusȝ sub auris
Saturni qualem mittere sydus habet.
Beserat hūc Enßhei. Sūtgaudia festi: i agros
Illic instituit / depopulatus humum.
Qui licet in partes fuerit distractus vbicȝ:
Pondus adhuc tamē hoc pȝtinet / ecce vides.
Qui mir est potuisse hyemis cecidisse dieb?:
Aut heri in tanto frigore pȝ eries:
Et nisi anaxagore referant monimēta: molarē
Lasurū lapidē. credere et ista negem.
Hic tā auditus fragor vndicȝ littore Rheni:
Audijt hunc Uri prim° alpicola:
Norica vallis eū / Sueui / Rhetiȝȝ stupebāt.
Allobroges timeant: Francia certe tremit.
Quicqd id ē / magnū portēdit (crede / futurȝ
Omen: at id veniat hostib? oro malis.

S es wunder mancher frember gschicht.
Der merck vnd leß ouch diß bericht.
Es sint gesehen wunder vil
Jm lufft / comet vnd füren pfil.
Brinnend fackel / flammē vnd kron.
Wild kreiß vnd d zirckel vmb den mon
Am hymel blůt / vnd füren schilt /
Regen noch form der thier gebildt.
Stoß bruch des hymels vnd der erd /
Vnd ander vil seltzen geberd
Trat zlich zerstiessen sich zwen berg /
Grüßlich trümett / vnd harnesch werck /
Isen / milch / regen stahel korn
Ziegel / fleisch / woll / von hymels zorn
Als ouch ander der wunder glich
Dann by dem ersten Friderich
Noch ert by dem vnd finsternuß
Sach man drij sunn vnd mon gewiß
Dem andern / fiel ein stein grüßlich
Sin form was groß / ein crütz dar inn
Vnd ander geschrifft vnd heimlich syn
By zil des dritten Friderich
Gebornen herr von Ostrich
Regt har in diß sin eigen landt
Der stein der hie ligt an der want.
Als man zalt viertzehenhundert jar /
Uff sant Florentzen tag ist war
Nüntzig vnd zwei vmb mittentag
Geschach ein grüsam donnerschlag /
Brij zentner schwer fiel diser stein
Hie in dem feld vor Ensißhein /
Brij eck hat der verschwertzet gar
Wie er iȝ gestalt vnd erdes var
Ouch ist gesehen in dem lufft
Slymbes fiel er in erdes klufft
Clein stück sint komen hin vnd hār
Vnd wit zersüett sich sicht in gar
Lůnow / Necker / Arh / Jll / vnd Rin
Switz / Uri / hort den klapff der In /
Ouch doent er den Burgunden vez
In forchten die Franzosen ser
Bechtlich sprich ich das es bedüt
Ein bsunder plag der selben lüt

Von Maximiliano.

Jch fur dich recht o Adler milt.
Erlich sint wapen in dim schilt
Brůch dich noch eren gen dim findt.
An dem all truw vnd ere ist blindt
Schlag redlich vnd mit fröuden dran
Trib vmb das radt Maximilian.
Jn dim geuell das glück setzt stat
Ach sūm dich nit / küm nit zů spat
Mit sorg den vnfal vff diß Jar
Mit vorcht din sündt alsvmb ein har
Sig / feld / vnd heyl von Osterich

Nůt on v sach
·J· ·B·

Romischem kuning:

Burgundisch hertz von dir nit wich
Romisch ere vnd tütscher nacion
An dir o höchster künig stan
Hym war der stein ist dir gesant
Dich mant gott in dim eigen lant
Das dü dich stellen solt zů wer
O küning milt für vß din her
Cling harnesch vnd der büchsen werck
Trümt hel schol / französich berck
Düch mach den grossen hochmůt zam
Rett schirm din ere vnd gůten nam.

73 Sebastian Brant: Der Donnerstein von Ensisheim, Flugblatt, 1492

DER SONNENWAGEN VON TRUNDHOLM (REPLIK)

Um 1400 v. Chr.
Sammlung der Abteilung für Jüngere Urgeschichte und Frühgeschichte

Der Sonnenwagen von Trundholm ist eine Skulptur aus der älteren Nordischen Bronzezeit. Das Original ist im Besitz des Dänischen Nationalmuseums in Kopenhagen.
Die Vorstellung, dass die Sonne auf ihrer Bahn von goldglänzenden Pferden über den Himmel gezogen werde, war im indogermanischen Raum weit verbreitet. So ist das Original des Trundholmer Sonnenwagens nur auf einer Seite vergoldet, was für eine symbolische Darstellung einer Tag- und einer Nachtseite sprechen könnte. Die Spiralornamente auf der Scheibe weisen auf einen Kalender hin. Der Wagen wurde 1902 von einem Bauern beim Pflügen gefunden. Nachdem ein Hobbyarchäologe 1996 weitere Bruchstücke des Sonnenwagens entdeckt hatte, konnten in der nachfolgenden Ausgrabung weitere 21 Bruchstücke gesichert und am Original ergänzt werden. Daher unterscheidet sich der Trundholmer Sonnenwagen mittlerweile stark von seinen zahlreichen Repliken.

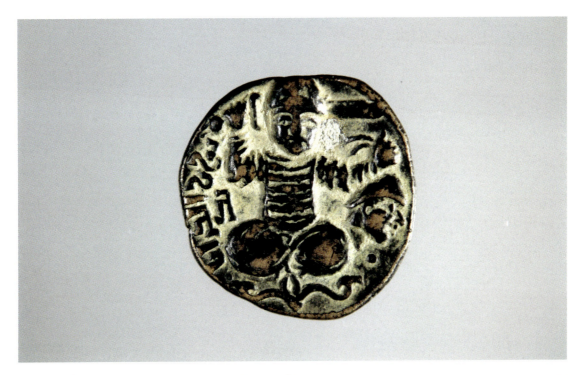

KUPFERMÜNZE PERSEUS AUS MARDIN, SÜDOSTTÜRKEI

1199 bis 1200
Sammlung Islamische Numismatik

Darstellungen von Himmelskörpern und Sternenbildern waren in der osmanischen Welt des 12. Jahrhunderts sehr häufig. Vom Brückenpfeiler bis zum Geldstück wurden Objekte und Alltagsgegenstände mit den Darstellungen des Himmels geschmückt. Besonders beliebt waren Serien von Planetendarstellungen, wobei die Planeten häufig personalisiert wurden. Die Münze zeigt Perseus mit einem Schwert in der einen und dem abgeschlagenen Kopf der Medusa in der anderen Hand. Obwohl Perseus oft mit dem Planeten Mars in Verbindung gebracht wurde, zeugt die zweifache, gespiegelte Ausführung der Münze von der Darstellung eines Sternbildes.

STAB EINES WETTERZAUBERS AUS MIKRONESIEN

Karolinen-Inseln, Mikronesien
Um 1900
Ethnologische Sammlung der Universität Tübingen

Der Ethnologe Augustin Krämer erwarb den Osolifei/Osonifei (Wetterzauber) 1910 von auf einer Insel der Zentral-Karolinen. Von Mikronesien kam das Objekt schließlich im Jahr 1933 nach Tübingen und wird seitdem in der Ethnologischen Lehrsammlung auf Schloss Hohentübingen verwahrt.

Solche Wetterzauber sind in ethnologischen Sammlungen selten, da diese kultischen Objekte nicht zum Verkauf gedacht waren und höchstens weitervererbt wurden. Der Stab zeigt eine stilisierte Menschengestalt mit flach herausgeschnitzten Augen, Ohren, Mund und Nase. Am Ende des O-förmigen Körpers sitzt ein Kalkklumpen, aus dem vier Rochenstacheln ragen.

Bei widrigen Winden und Unwetter wurde der Zauberer des jeweiligen Stammes mit einem Boot aufs offene Meer gefahren. Unter Zaubersprüchen und magischen Formeln stach er dann mit dem Osolifei mehrfach in die Luft, direkt in das Unwetter hinein. So sollte der Sturm besänftigt und das Meer wieder geglättet werden.

ALBRECHT DÜRER: MELENCOLIA I

Kupferstich
1514
Graphische Sammlung am Kunsthistorischen Institut der Universität Tübingen

Auch wenn die gängigste Deutung von einer Allegorie der Melancholie ausgeht, entzieht sich die eigentümliche Bildkomposition letztlich der vollständigen und endgültigen Interpretation. Viele Symbole der Szene stehen für die Verbindung von Wissenschaft und Kunst. So werden Kugel, Tetraeder und magisches Quadrat als Verweise auf die nüchterne und gleichzeitig faszinierende Wissenschaft gelesen. Damit vergleicht der Stich jedoch auch den Himmel und die Sphäre des Überirdischen: Am verfinsterten Horizont, der überspannt wird von einem Regenbogen, erstrahlt ein Gestirn, das als Pluto oder Mars ausgelegt wird und das auf kosmische Einflüsse auf den Menschen hindeuten mag. Eine ähnliche Position zwischen Erde und Himmel besetzen die engelsgleiche Gestalt und der Putto zu ihrer Rechten, der als Vermittler zwischen der irdischen und der himmlischen Sphäre gilt. Der Kreis zur Wissenschaftsthematik scheint sich zu schließen, indem der Zustand der Versenkung, der die Gestalt reglos verharren lässt, nicht nur mit religiöser Kontemplation, sondern auch mit wissenschaftlicher Reflexion in Verbindung zu bringen ist. Der Zirkel in ihrer Hand legt dies nahe.

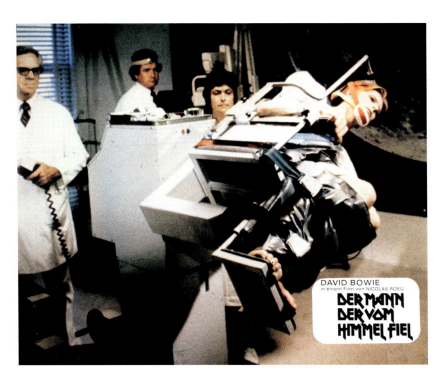

FILMPLAKAT ZU *DER MANN, DER VOM HIMMEL FIEL*

GB 1976, Regie: Nicolas Roeg
Sammlung des Ludwig-Uhland-Instituts für Empirische Kulturwissenschaft

Der britische Science-Fiction-Film *Der Mann, der vom Himmel fiel* aus dem Jahr 1976 steht exemplarisch für den Einzug der Weltraumthematik in die Massenmedien. Er basiert auf Walter Tevis' 1963 erschienenem gleichnamigen Roman und zeigt David Bowie in der Hauptrolle als reptilienartigen Außerirdischen in Menschengestalt.

Die melancholische Geschichte beschreibt, wie Thomas Jerome Newton (David Bowie) auf die Erde fällt, dort sein Glück versucht, aber trotz seiner hohen, verfeinerten Intelligenz kläglich scheitert. Er zerbricht an der Brutalität der menschlichen Zivilisation und endet einsam, enttarnt und weggesperrt als Außenseiter der Gesellschaft. Letztendlich zeigt sich darin die Unvereinbarkeit von irdischem und himmlischem Wesen, das sich trotz seiner Bemühungen und Fähigkeiten nicht den hiesigen Verhältnissen anpassen kann.

HOROSKOP AUS DER ZEITSCHRIFT *BILD DER FRAU*

1994
Sammlung des Ludwig-Uhland-Instituts für Empirische Kulturwissenschaft

Horoskope dienen als wichtige Werkzeuge der Astrologie. Ihr Zweck ist, große Ereignisse, Persönlichkeitsmerkmale und die individuelle Zukunft anhand der Konstellation von Himmelskörpern vorherzusehen. Der früheste Beleg für einen Versuch der Sterndeutung stammt von Ptolemäus aus dem 2. Jahrhundert v. Chr.
Ein Horoskop zeigt eine astronomische Skizze der Himmelssituation im Augenblick der Geburt eines Menschen vom Geburtsort aus gesehen. Es soll ein Deutungsmittel zur Erfassung der Persönlichkeit sein. Obwohl die Zuverlässigkeit von Horoskopen wissenschaftlich widerlegt ist – die Wahrscheinlichkeit richtiger Vorhersagen beschränkt sich auf einige Zufallstreffer – finden sich Horoskope in allen populären Medien. Der ausladende Raum, den dieses Horoskop in einer Frauenzeitschrift einnimmt, zeigt, wie sehr dem Horoskop auch heute noch große Bedeutung zugemessen wird, vor allem wenn es darum geht, die große Liebe zu finden.

J. Grimm. 1895.

80 Julius Grimm: Ansicht des vollen Mondes, 1895

Frank Duerr

MOND

Neil Armstrong war der erste Mensch, der ihn betrat: den Mond. Er hat einen Durchmesser von 3476 Kilometern und ist der einzige Himmelskörper außer der Erde selbst, auf dem der Mensch wandelte. Die Oberfläche des extrem trockenen Mondes besteht fast ausschließlich aus einer grauen Staub- und Gesteinsschicht.

Die Auseinandersetzung mit dem Erdtrabanten ist eines der signifikantesten Beispiele für die ästhetische Dimension von Wissenschaft. Viele Menschen lassen sich von der Bewegung unseres nächsten Nachbarn beeinflussen; wissenschaftlich ist dieser Einfluss jedoch nicht belegt. Die Oberflächenbeschaffenheit, die relative Nähe und potentiellen Einflüsse auf unser Leben rufen immer wieder Werke aus Kunst, Kultur, Wissenschaft und Mystik hervor, die den Mond als außergewöhnliches Betrachtungsphänomen zeigen.

Lange bevor der einzige natürliche Satellit der Erde haptisch erfahrbar wurde – es sei denn, der Mond kam in Form von Meteoriten auf die Erde –, war das sinnende und forschende Betrachten die einzige Möglichkeit, den Mond zu erfassen.

Ein bedeutender Mondbeobachter war Julius Grimm (1842–1906). Sein Atelier in Offenburg diente ihm als astronomisch-fotografisches Laboratorium, wo er durch das Fernrohr blickte und Fotografien der Mondoberfläche entwickelte, die er vermutlich über eine Projektion in jenes eindrucksvolle Mondgemälde transformierte, das sich im Besitz der Universität Tübingen befindet. 2007 wurde Grimms Fernrohr ersteigert und 2011 konnte Grimms Mondatlas mit Lichtdrucken von seinen Mondbildern angekauft werden, was, ergänzt noch durch den Mondmeteoriten Dar al Gani 400 aus der Mineralogischen Sammlung, das einzigartige Tübinger Ensemble vollendete.

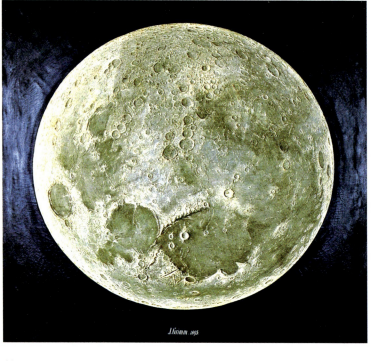

JULIUS GRIMM: ANSICHT DES VOLLEN MONDES

Öl auf Leinwand
1895
Gemäldesammlungen der Universität

Vermutlich mit Hilfe von dreidimensionalen Modellen nach eigenen Fotografien fertigte Grimm sein Porträt des Mondes, wie er sich durch ein Teleskop – allerdings um 180 Grad gedreht – zeigt.
Dieses durch Größe und Realismus der Darstellung beeindruckende Ölgemälde bildet die Folgeversion eines kleineren Gemäldes des Erdtrabanten, das Grimm nach 1887 für den astronomiebegeisterten Großherzog Friedrich I. von Baden schuf und das sich derzeit in den USA befindet.
Wie die große Tübinger Version an die Universität gelangte, bleibt unklar. Sicher ist, dass es der Geologe und Mineraloge Professor Wolf von Engelhardt, aufmerksam gemacht durch einen der Pedellen, auf einem Universitätsdachboden fand und in sein Büro transportieren ließ. Dort hing es lange Zeit, bis es schließlich in ein Büro der Universitätsbibliothek überführt wurde.

DAS TELESKOP VON JULIUS GRIMM

Messing, geblähter Stahl, Holz, Glas
1875
Museum der Universität Tübingen

Julius Grimm erwarb das Teleskop von der Münchner Firma Steinheil im Jahre 1882, um damit seine Mondstudien durchzuführen. Während des Zweiten Weltkriegs wurde es zerlegt und ist heute nicht mehr vollständig erhalten. Der Unterbau des Teleskops verschwand noch während des Krieges. Die Spur des Fernrohrs wiederum verlor sich anschließend bis 1986, als es nach Australien und von dort zu einem englischen Antiquitätenhändler gelangte, der es im Internet anbot.
2007 ersteigerte das Museum der Universität Tübingen dieses Fernrohr und stellt es nun in zweifacher Hinsicht in Bezug zur Universität und zur Ausstellung: symbolisch als Mittel zur Wissenserweiterung über unseren Erdnachbarn und konkret als Werkzeug des Fotografen Julius Grimm.

JULIUS GRIMM: ATLAS DER ASTROPHYSIK

Papier, Karton
1881
Universitätsbibliothek Tübingen

Die in Grimms Atlas enthaltenen Lichtdrucke vom Mond und dessen Oberfläche lösten in der mathematischen Geographie eine Welle der Begeisterung aus. So lobte beispielsweise Professor Platz aus Karlsruhe die „herrliche[n] Mondbilder": „Der Eindruck derselben ist so plastisch und mit den Beschreibungen übereinstimmend, wie ich nichts Aehnliches früher gesehen habe."
Diese Reaktion ist verständlich: Die Total-, Teil- und Ringgebirgsansichten des Mondes bestechen durch topographische Detailgenauigkeit, die künstlichen Schatteneffekte könnten die Zerklüftung der Mondlandschaft kaum eindrucksvoller veranschaulichen. Bei allem Fotorealismus gilt jedoch eines zu bedenken: was dem Betrachter so authentisch erscheint, ist in manchen Teilen ein idealisiertes Bild des natürlichen Objekts.

FOTOGRAFIE VON JULIUS GRIMM MIT SEINEM TELESKOP

Papier
um 1900
Privatbesitz / Courtesy of the Grimm Family

Der gebürtige Innsbrucker Julius Grimm (1842–1906) war Wissenschaftsfotograf und mit dem Dokumentcharakter der Fotografie bestens vertraut; sein Teleskop ließ ihn den Himmel und dessen Phänomene greifbar nah erfahren. Dass sich Grimms Mondgemälde wie auch die Lichtdrucke in seinem Atlas durch Unmittelbarkeit auszeichnen, dass sie gar mit dem Realitätsgrad von Foto und Teleskopblick noch zu konkurrieren scheinen, überrascht daher kaum. Umso mehr lassen hingegen Grimms Praktiken aufmerken, mit der er diese vermeintliche Echtheit erzielte: durch übersteigernde Imitation der tatsächlichen Phänomene des Mondes, dessen nicht naturgetreue Be- und Ausleuchtung oder durch die Wahl von inszenatorisch wirksamen Ansichten der Himmelskörper. Die Fachwelt nahm an diesem künstlich produzierten Realismus jedoch keinen Anstoß. Im Gegenteil verdienten Grimms Arbeiten Meriten für ihre Authentizität, und er selbst wurde für diese mit mehreren Preisen geehrt.

MONDMETEORIT DAR AL GANI 400

1998 gefunden
Mineralogische Schau- und Lehrsammlung

Etwas trifft aus heiterem Himmel auf die Erde. Durch wissenschaftliche Analysen wird rasch klar: Der Brocken ist der größte und schwerste je gefundene Mondmeteorit und stammt aus den Hochland-Bereichen des Mondes. Der Meteorit setzt sich vor allem aus Eisen, Silizium und Sauerstoff zusammen.

Dieser „Himmelsstein" wurde 1998 in Libyen gefunden und wird heute in einer der bedeutendsten Mineralogischen Universitätssammlungen Deutschlands, in Tübingen, verwahrt. Das Exponat bildet eines von ungefähr 90 Gesteinsfragmenten, die nach dem Aufprall eines Meteoriten auf dem Mond in Richtung Erde geschleudert wurden. Andersherum ist dieses Szenario natürlich auch denkbar und die Frage berechtigt: Gibt es Erdmeteoriten auf dem Mond?

TITEL DES *LIFE MAGAZINE*

1969
Privatsammlung Sigrid Schumacher

Das 1936 gegründete renommierte Magazin für Fotojournalismus zeigte in seiner Ausgabe vom 18. August 1969 die geheißte Flagge der Vereinigten Staaten von Amerika und die ersten Spuren des Menschen auf der Mondoberfläche: die Fußabdrücke von Neil Armstrong und Edwin Aldrin. Die beiden Astronauten hielten sich zweieinhalb Stunden auf dem Mond auf und flogen mit ihrem Kollegen Michael Collins wieder zurück zur Erde. Dieses denkwürdige Ereignis wurde nicht nur von 500 Millionen Menschen live verfolgt, sondern es wurde Teil aller massenmedialen Berichterstattungen. Auch das Life Magazine berichtete darüber und publizierte Fotografien dieser ersten Mondlandung. Das Heft wird heute nicht mehr herausgegeben, 2008 kooperierte jedoch der Rechteinhaber Time Warner mit Google, das nun die Fotografien im Internet zur Verfügung stellt.

BEITRÄGE

HERBERT MÜTHER
DIE ENTDECKUNG DES HIMMELS

Dass der Titel dieses Beitrages mit der *Entdeckung des Himmels*, dem vielleicht bekanntesten Roman des niederländischen Schriftstellers Harry Mulisch,[1] übereinstimmt, ist durchaus beabsichtigt. Denn eine der Hauptfiguren dieses Romans ist der Astrophysiker Max Delius, der Sprecher eines internationalen wissenschaftlichen Netzwerkes von Astronomen und Physikern, die durch die Zusammenführung von verschiedenen Beobachtungsinstrumenten den Himmel mit einer bisher noch nicht erreichten Auflösung durchmustern. Die ersten Daten, die von diesem Geräteverbund geliefert werden, stellen die beteiligten Wissenschaftler vor ein großes Rätsel. Sie sind versucht, diese Daten als fehlerhaften Datenmüll zu interpretieren, was ja beim ersten Lauf eines neuen komplizierten Experimentes nicht ungewöhnlich ist.

Bei einem nochmaligen Studium dieser Messergebnisse erkennt Max Delius aber plötzlich, dass ihm diese Daten einen Einblick in den Himmel der Engel und anderer göttlicher Wesen verschaffen. Er hat mit den Hilfsmitteln der Astronomie den göttlichen Himmel entdeckt. Leider bleibt ihm keine Zeit, diese neue Erkenntnis zu verbreiten. Denn bevor er auch nur eine entsprechende E-Mail an seine Kollegen abschicken kann, wird er von einem Meteor erschlagen, der, gelenkt durch die gerade beobachteten Wesen, die Entdeckung des Himmels noch einmal verhindert.

So belegt dieser Erzählstrang des Romans, dass Menschen aller Kulturen und Zeiten vom Himmel fasziniert sind. Sie versuchen die Bewegung der Himmelskörper zu beschreiben und zu verstehen, sind aber darüber hinaus so berührt, dass sie geneigt sind, den Himmel als einen geheimnisvollen Aufenthaltsort von göttlichen Wesen zu identifizieren. Solche unterschiedlichen Facetten der Wahrnehmung des Himmels sind das diesjährige Thema des Museums der Universität Tübingen, des Symposions und der zentralen Ausstellung.

Ist der Himmel also mehr als nur das „Leere Firmament der Wissenschaften"?[2] Was fasziniert uns am Studium des Himmels? Liefert die moderne Astrophysik mehr als die Erkenntnis, dass die Sterne ein System von Himmelskörpern bilden, die auf Bahnen, wie sie Johannes Kepler beschrieb, umeinander kreisen?

---

[1] Harry Mulisch: Die Entdeckung des Himmels (Roman), München 1993.
[2] Vgl. hier den Beitrag von Günter Kehrer: „Vom bevölkerten Himmel der Religionen zum leeren Universum der Wissenschaften".

87 Das Hubble Space Teleskop

Der erste Zugang zur Faszination des Himmels sind die Bilder des Firmaments. Dies beginnt mit dem Blick zum wolkenlosen Sternenhimmel, vorausgesetzt man befindet sich an einem Ort, an dem das Licht der Sterne nicht überstrahlt wird von den vielen künstlichen Lichtquellen der Erde. Um den Störungen der von Menschenhand geschaffenen Lichtquellen und der Absorption der Atmosphäre zu entgehen, wurde im April 1990 das Hubble Space Telescope in eine erdnahe Umlaufbahn geschossen (Abb. 87). Seitdem liefert es Bilder im Spektralbereich des sichtbaren Lichts mit unübertroffener Auflösung.

Abb. 88 zeigt ein Objekt der Milchstraße. Allein die Daten dieser unserer Heimatgalaxie lassen uns erkennen, wie winzig wir und unsere Erde im Vergleich zur Größe des Weltalls sind: Die Sonne ist gemessen an ihrem Volumen etwa um den Faktor von einer Million größer als die Erde. Die Milchstraße besteht aus etwa 300 Milliarden Sternen, gleich groß oder größer als die Sonne, verteilt in einer Scheibe mit einem Durchmesser von 100 000 Lichtjahren und einer Scheibenhöhe von 3000 Lichtjahren.

Um diese Zahlen und Größen zu verstehen, stellen wir uns einmal vor, jeder Stern sei durch ein Sandkorn repräsentiert. 300 Milliarden Sandkörner ergeben immerhin einen Lastwagen voll Sand. Wenn man diese Sandkörner so verteilt

88 Krebsnebel, entstanden aus der Supernova im Jahr 1054

wie die Sterne in der Milchstraße, dann lägen 2 benachbarte Sandkörner im Mittel etwa 6 km auseinander, und der ganze Sandhaufen müsste auf einer Scheibe verteilt werden, die sich immerhin von der Erde bis halbwegs zum Mond erstreckt. An diesem Gedankenspiel kann man ermessen, wie winzig unser Sonnensystem im Vergleich zu unserer Heimatgalaxie ist.

Aber damit nicht genug. Eines der vielleicht bekanntesten Experimente mit dem Hubble Teleskop, Hubble Deep Field, bestand darin, das Teleskop auf einen dunklen Fleck auszurichten, also einen Bereich, in dem mit erdgebundenen Teleskopen keine Sterne zu finden sind. Mit hinreichend langer Belichtung ergaben sich Bilder wie das in Abb. 89. Alle diese Flecken und Scheiben stehen wieder für eine Galaxie ähnlich groß wie die Milchstraße. Der Blick in den Himmel führt uns so vor Augen, wie winzig wir im Vergleich zu der Größe des Kosmos sind und gibt so, unabhängig von religiösen Aspekten, Anlass zur Bescheidenheit.

Diese Begrenztheit des menschlichen Erfahrungshorizontes misst sich aber nicht nur an der Größe des Kosmos. Es gibt Formen der Materie, die sich so radikal von den Materialien unterscheiden, wie wir sie aus dem täglichen Leben kennen, dass auch dies unser Vorstellungsvermögen übersteigt. Als ein Beispiel

89 Hubble Deep Field

sei hier die Materie von Neutronensternen genannt. Ein Neutronenstern ist so etwas wie die Asche eines ausgebrannten großen Sterns, der etwa zehnmal so groß wie die Sonne ist und alle Brennstoffzyklen der Kernfusion durchlaufen hat, so dass das Gleichgewicht aus thermischem Druck und Gravitation gestört wird und der ausgebrannte Stern implodiert. Bei einer solchen Supernova, einer der spektakulärsten Erscheinungen am Himmel, wird ein Teil der Hülle unter Freisetzung riesiger Energiemengen abgesprengt, während der Kern mit einer Masse von etwa der der Sonne auf eine kompakte Kugel mit einem Radius von 10 Kilometer kollabiert. Abbildung 90 zeigt in einer Entfernung von 6500 Lichtjahren die expandierende Hülle einer solchen Supernova, die im Jahre 1054 von Astronomen in Japan, China und Korea beobachtet wurde.

Der kompakte Kern, ein Neutronenstern, hat eine typische Dichte von 10^{12} kg pro cm3. Eine ähnliche Dichte würde man erreichen, wenn man mit einer imaginären Superpresse 500 Millionen Personenkraftwagen auf einen Würfel mit einem Zentimeter Kantenlänge zusammenpressen würde. Zum Vergleich: 500 Millionen PKW könnten immerhin eine vierspurige Autobahn von der Erde zum Mond vollständig belegen. Mögen uns diese Materieformen extrem exotisch erscheinen, so ist es doch interessant, zu wissen, dass die Atomkerne, aus denen die Erde aufgebaut ist, wenigstens einmal an einer solchen Supernova partizipiert haben. Denn nur bei den Fusionsprozessen in den Endphasen solcher Riesensterne können Elemente wie Eisen oder noch schwerere entstehen. Der Blick der Astrophysik auf den Himmel beschränkt sich aber nicht auf den Bereich des sichtbaren Lichts. Von großem Interesse im Bereich der Mikrowel-

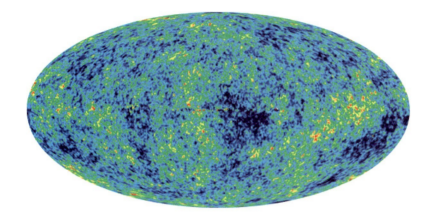

90 Temperaturschwankungen in der kosmischen Hintergrundstrahlung

len ist die berühmte kosmische Hintergrundstrahlung, die 1948 von George Gamow und Mitarbeitern im Rahmen der *Big Bang*-Theorie des Kosmos vorhergesagt und 1965 von Arno Penzias und Robert Wilson experimentell nachgewiesen wurde. Diese Hintergrundstrahlung stammt aus einer Zeit von etwa 400 000 Jahren nach dem Urknall, als sich das Universum soweit abgekühlt hatte, dass sich aus Protonen und Elektronen elektrisch neutrale Moleküle bildeten, womit der Kosmos für elektromagnetische Wellen transparent wurde. Durch die Expansion des Kosmos hat sich diese Wärmestrahlung zu längeren Wellenlängen verschoben, so dass sie jetzt einer Temperatur von 2,725 Kelvin entspricht.

Die Farbkodierung in der Abb. 90 zeigt kleine Temperaturschwankungen dieser Hintergrundstrahlung abhängig von der Richtung, aus der sie empfangen wurde. Rote Flecken sind etwa 0,0002 Kelvin heißer, als blaue Bereiche. Damit ist die Abb. 90 ein Abbild von großen kosmischen Strukturen etwa 400 000 Jahre nach dem Urknall.

Der Blick in den Himmel liefert uns inzwischen also sehr präzise Daten, an deren Interpretation sich die Modelle zur Entstehung und Entwicklung des Kosmos bewähren müssen. Daraus ergeben sich in der Astrophysik für die Suche nach den Strukturen des gesamten Universums die gleichen Fragen, wie sie sich den Teilchenphysikern bei ihrer Suche nach den kleinsten Grundbausteinen der Materie stellen:[3] Was ist der Ursprung der Materie? Gibt es *Dunkle Materie* und

---

[3] So arbeiten auch an der Universität Tübingen Astrophysiker und Kern- und Teilchenphysiker zusammen im Kepler Center for Astro and Particle Physics, vgl. http://www.kepler.uni-tuebingen.de [Stand: 09.03.2011].

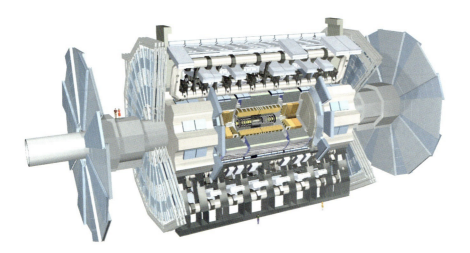

91 Computerbild des ATLAS Detektors am CERN

„Dunkle Energie" also Bestandteile des Universums, die ganz anders sind, als die uns bekannte *Baryonische Materie*? Wie entstanden Raum und Zeit?

Die moderne Astrophysik wird bei diesen Fragen ergänzt durch die Teilchenphysik, wie sie etwa am Detektorsystem ATLAS[4] (Abb. 91) des Large Hadron Colliders beim CERN in Genf ausgeübt wird. Es ist natürlich publizistisch überzogen, wenn diese Experimente mit ihrer Zielsetzung, Spuren des Higgs Bosons zu identifizieren, in der Presse als *Suche nach dem Gottesteilchen* bezeichnet werden.[5] Eine experimentelle Bestätigung des Higgs Mechanismus zur Generierung von Massen würde aber einen wichtigen Beitrag zum Verständnis von Materie, Raum und Zeit liefern.

Dieser einführende Beitrag soll verdeutlichen, wie uns auch heute, gerade mit Hilfe der modernen Methoden der Wissenschaft, der Blick in den Himmel faszinierende Perspektiven eröffnet und uns nach wie vor mit den Grundfragen unseres Seins konfrontiert.

4 Vgl. http://atlas.ch [Stand: 09.03.2011].
5 Etwa am 23. 11. 2009 in der Zeitung „Die Welt". Vgl. http://www.welt.de/wissenschaft/urknallexperiment/article5298849/Suche-nach-dem-Gottesteilchen-beginnt.html [Stand: 09.03.2011].

MATHIEU OSSENDRIJVER
DER HIMMEL ÜBER BABYLON. ASTRONOMIE IM ALTEN ORIENT

Am Ende des 19. Jahrhunderts erwarb das British Museum etwa 20 000 Fragmente von Keilschrifttafeln, die über einige Jahrzehnte in Babylon, 100 km südlich von Bagdad, von der lokalen Bevölkerung ausgegraben worden waren. Zu dem Zeitpunkt war unser Wissen über die babylonische Astronomie beschränkt auf wenige, verzerrte Darstellungen bei griechischen Historikern und in der Bibel. Babylonien, das Land der Chaldäer, gilt dort als Wiege der Sternkunde (dieser altmodische Begriff soll hier für Astronomie und Astrologie stehen), aber stichhaltige Information über die Methoden der babylonischen Astronomen sucht man vergebens. Modernen Schätzungen zufolge ist etwa ein Viertel der Londoner Tafeln der Sternkunde gewidmet. Hunderte weitere Tafeln mit ähnlichem Inhalt kamen später bei deutschen Ausgrabungen in Uruk (1912–2001), 220 km südöstlich von Bagdad, und den Ausgrabungen von Robert Koldewey in Babylon (1899–1917) zutage. Durch diese Tafeln, deren Übersetzung noch immer nicht abgeschlossen ist, wissen wir mittlerweile ziemlich gut darüber Bescheid, wie die babylonische Sternkunde des 1. Jahrtausends v. Chr. funktionierte. In diesem Beitrag möchte ich, nach einer Einführung in die Schriften assyrischer und babylonischer Sternkundler, insbesondere auf eine Frage eingehen, die noch nicht zufriedenstellend beantwortet wurde: Was war der Zweck der babylonischen Astronomie?

ZEICHEN AM HIMMEL

Für die Beantwortung dieser Frage ist es sinnvoll, einen Blick zurück in die mesopotamische Sternkunde des 2. Jahrtausends v. Chr. zu werfen. Die traditionelle Form der mesopotamischen Astrologie beruht auf der Vorstellung, dass die Götter mit dem Menschen durch Zeichen, auch Omina genannt, kommunizieren. Die frühesten Hinweise, dass Himmelsphänomene als göttliche Zeichen aufgefasst wurden, entstammen sumerischen literarischen Kompositionen aus dem 3. Jahrtausend v. Chr. Beobachtung und Interpretation der Zeichen am Himmel war Aufgabe der Astrologen. Spätestens seit der altbabylonischen Zeit (1800–1600 v. Chr.) konnten sie dafür auf schriftliche Sammlungen astrologischer Omina, verfasst in akkadischer Sprache, zurückgreifen. Um etwa 1000 v. Chr. war daraus eine mehr als 70 Tafeln zählende Omenserie geworden, genannt Enūma Anu Enlil („Als Anu und Enlil"). Ein beliebiges Beispiel aus der 33. Tafel mag die Struktur dieser Omina verdeutlichen:

Wenn am ersten Tag des Monats Nisan eine Sonnenfinsternis stattfindet, wird der König von Akkad sterben. Wie in diesem Beispiel betreffen die Vorhersagungen immer das Schicksal ganzer Länder und deren Herrscher. Dementsprechend war die Omenastrologie keine Angelegenheit von Privatmenschen, sondern nur des Königs. Astrologische Texte und die Korrespondenz aus der Palastbibliothek des assyrischen Königs Assurbanipal (668–627 v. Chr.) in Ninive informieren uns detailliert darüber, wie die Omenastrologie in der Praxis vonstattenging und wie die Könige sie für ihre Zwecke einsetzten.[1] Wenn die Astrologen dem König Berichte über aktuelle Himmelszeichen schrieben, verknüpften sie die Deutung der Zeichen oft mit politischen, militärischen, gesundheitlichen und anderen Empfehlungen oder Vorschlägen zur Abwendung eines ungünstigen Zeichens. Für die Könige war die Omenastrologie ein wichtiges politisches Instrument zur Legitimierung, weil durch einen geschickten Umgang mit den Himmelszeichen ihre Herrschaft und Politik im Einklang mit den Entscheidungen der Götter zu sein schien.

BABYLONISCHE ASTRONOMIE: TAGEBÜCHER UND DIE ZIELJAHRMETHODE

Als Babylonier und Meder 612 v. Chr. das assyrische Reich eroberten, verlagerte sich der Schwerpunkt der mesopotamischen Gelehrsamkeit nach Babylonien. Die am stärksten repräsentierte Textgruppe der babylonischen Sternkunde des 1. Jahrtausends v. Chr. sind astronomische Tagebücher und verwandte Texte.[2] Sie sind Zeugnisse eines systematischen Beobachtungsprogramms, das vom 7. Jahrhundert v. Chr. bis zum Ende der Keilschrift um 100 n. Chr. fortgeführt wurde. Einteilung und Themen der Tagebücher änderten sich kaum über die Jahrhunderte. Die meisten enthalten Aufzeichnungen für sechs Monate, wobei jeder Monatsabschnitt mit astronomischen Phänomenen anfängt. Folgendes Zitat aus einem Tagebuch aus Babylon für den siebten Monat (Taschritu) des Jahres 38 der Seleukidenära (Oktober/November 274 v. Chr.) soll dies veranschaulichen:

„Jahr 38, Könige Antiochos und Seleukos, Taschritu: am 30. (des vorigen Monats: erste Mondsichel), Sonnenuntergang bis Monduntergang (NA): 15 Grad. [Nacht des 3.: der Mond war] 1 Elle [hinter] dem Hellen Stern an der Pfeilspitze von Sagittarius (θ Oph). Am 4.: Saturn stationär in Wassermann, ich habe es nicht beobachtet [...]. Nacht des 8.: der Mond war 1 ½ ‚Ellen' hinter dem Hinteren Stern des Ziegenfisches (δ Cap). Am 8.: Wolken [...], die Sonne war umgeben von einem Halo. Am 9.: Wolken am Himmel [...]. Nacht des 14.: Mondaufgang bis Sonnenuntergang 11 Grad, gemessen; Wolken am Himmel [...]."[3]

Für ein richtiges Verständnis ist zu beachten, dass der Tag in Mesopotamien mit Sonnenuntergang anfing, der Monat mit der ersten Beobachtung der neuen Mondsichel, und dass ein Monat 29 oder 30 Tage hatte. Die Zahl 30 in der ersten Zeile besagt, dass die neue Mondsichel am 30. Tag des vorigen Monats, kurz nach Son-

---

[1] Vgl. Hermann Hunger: Astrological Reports to Assyrian Kings, State Archives of Assyria VIII, Helsinki 1992.
[2] Dazu Hermann Hunger; Abraham J. Sachs (Hg.): Astronomical Diaries and Related Texts from Babylonia, 6 Bde., Wien 1988–2006, Bde. 1-3, 5-6.
[3] Tagebuch Nr. -273, übers. v. Verf. nach: Hunger; Sachs 1988–2006, Bd. 1, S. 334–347, hier S. 337.

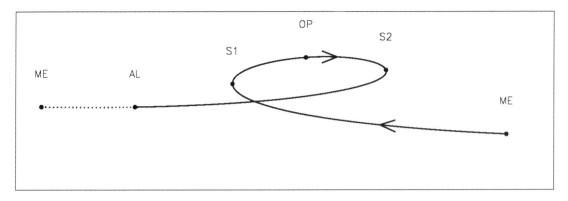

92 Synodischer Zyklus eines Außenplaneten (Mars, Jupiter, Saturn). Die Abbildung zeigt die scheinbare Bewegung des Planeten, für einen Beobachter auf der nördlichen Halbkugel, von Morgenerst (ME), über die 1. Station (S1), Opposition (OP), 2. Station (S2), Abendletzt (AL), wonach der Planet unsichtbar ist, bis zum nächsten ME

nenuntergang, zum ersten Mal erschien, wodurch dieser Tag zum ersten Tag des neuen Monats (Taschritu) wurde (und der vorige Monat 29 Tage hatte). Das entsprechende Zeitintervall zwischen Sonnenuntergang und Monduntergang (NA = 15 Grad) ist das erste von sechs sogenannten Lunar-Six-Intervallen, deren Länge in Grad angegeben wird, wobei 1 Grad vier Minuten entspricht. Die Position des Mondes und die der Planeten werden durch Abstände definiert, gemessen in Ellen ‚vor/hinter' und ‚über/unter' benachbarten Referenzsternen, wobei eine Elle ungefähr 2 Grad gleichkommt. Für die Planeten werden auch Zeiten und Positionen der synodischen Phänomene aufgelistet: erste und letzte Sichtbarkeiten, Stationen und – für Mars, Jupiter und Saturn – Oppositionen (Abb. 92). Für den Mond werden um die Mitte des Monats (etwa am 14.) vier weitere Lunar-Six-Intervalle (NA) zwischen Sonnenuntergang oder -aufgang und Monduntergang oder -aufgang aufgezeichnet sowie eines am Ende des Monats.

Angesichts der technisch-stenographischen Formulierung mag klar sein, dass die Tagebücher nur für den eigenen Gebrauch der Astronomen verfasst wurden. Auch fällt auf, wie sachlich und frei von astrologischer Interpretation die Aufzeichnungen sind. Ein wichtiger Aspekt für die Fragestellung dieses Beitrags ist, dass einige der aufgezeichneten Phänomene nicht beobachtet wurden – etwa an Tag 4, als die Station von Saturn stattfand; sie müssen also berechnet sein. In den letzten Jahrzehnten ist klar geworden, dass dies wahrscheinlich mit der sogenannten Zieljahrmethode geschah. Der Begriff der Zieljahrmethode ist ein moderner und bezieht sich auf sogenannte Zieljahrtexte, in denen Beobachtungen des Mondes und der Planeten nach diesem Prinzip aus Tagebüchern exzerpiert und als Vorhersagungen für ein zukünftiges Jahr, das Zieljahr, eingesetzt wurden. Obwohl solche Texte erst seit dem 2. Jahrhundert v. Chr. belegt sind, wird angenommen, dass die Zieljahrmethode schon ab dem 6. Jahrhundert v. Chr. verwendet wurde, um in Tagebüchern und verwandten Beobachtungstexten wetterbedingte Datenlücken zu ergänzen. Diese Methode benutzt die empirische Tatsache, dass ein Planet oder der Mond sich nach einer charakteristischen Periode wieder am gleichen Tag des babylonischen Kalenders an der gleichen Himmelsposition befinden wird. Für jeden Planeten und für den Mond waren solche Perioden spätestens im 6. Jahrhundert v. Chr. bekannt. Sie umfassen etwa 18 Jahre für den Mond oder acht Jahre für die Venus. Dies erlaubt es, Zeit und Position eines noch nicht beobachteten Phänomens vorherzusagen, indem man um die geeignete Periode in der Zeit zurückgeht und Datum und Position aus dem entsprechenden Tagebuch abliest.

Erst durch die Wiederentdeckung der Zieljahrmethode verstehen wir den direkten Zweck der astronomischen Aufzeichnungen. Zuvor nahm man an, dass sie dazu dienten, die Perioden zu ermitteln, wonach sich die astronomischen Phänomene wiederholen. Dagegen ist jetzt klar, dass diese Perioden im 6. Jahrhundert v. Chr. bereits bekannt waren. Zweck der Tagebücher war vielmehr die Vorhersage der darin aufgezeichneten Phänomene mittels der Zieljahrmethode. Für jede Vorhersage ist nach dieser Methode eine entsprechende Beobachtung des gleichen Phänomens in der Vergangenheit erforderlich. Dementsprechend wurden in den Tagebüchern praktisch nur solche astronomische Phänomene aufgezeichnet, für die eine Zieljahrperiode bekannt war; zu den wenigen Ausnahmen gehören Halos und Kometen.

ANWENDUNGEN DER ASTRONOMISCHEN VORHERSAGEN

Nachdem klar geworden ist, wie die Tagebücher in Zusammenhang mit der Zieljahrmethode eingesetzt wurden, stellt sich die Frage, warum die Babylonier überhaupt an der Vorhersage astronomischer Phänomene interessiert waren. Eine Anwendung hängt mit dem babylonischen Kalender zusammen, denn mit der Zieljahrmethode konnte ermittelt werden, wann die neue Mondsichel sichtbar sein würde. Dies geschah durch Vorhersage des entsprechenden Lunar-Six-Intervalls (NA), welches einen bestimmten Schwellwert überschreiten muss, damit die Mondsichel hell genug ist. Wann genau die Babylonier dazu übergingen, die Monatsanfänge für ein ganzes Jahr mit dieser Methode im Voraus festzulegen, anstatt jeden Monat empirisch durch Beobachtung der neuen Mondsichel, ist nicht klar. Untersuchungen haben ergeben, dass dies sicher ab dem 3. Jahrhundert v. Chr. so war, aber die entsprechende Zieljahrmethode war bereits im 6. Jahrhundert v. Chr. bekannt.

Da die Vorhersage von Monatsanfängen für den Kalender über die Lunar-Six-Intervalle zustande kommt, erklären die Bedürfnisse des Kalenders nicht, warum die anderen Phänomene in den Tagebüchern aufgezeichnet und mit der Zieljahrmethode vorhergesagt wurden; es müssen also noch andere Anwendungen identifiziert werden. Dazu hilft ein weiterer Blick in das bereits zitierte astronomische Tagebuch, das sich nach dem astronomischen Teil wie folgt fortsetzt:

„In diesem Monat wurden gegen den Wert von 1 Schekel Silber 1 pan Getreide, 2 pan Datteln, 3 pan und 2 kleine sut(-Maße) Senfkraut, 1 sut 2 qa Kresse, 3 sut 3 qa Sesam, oder 5 Minen Wolle gehandelt. Zu der Zeit war Jupiter in Jungfrau, Venus in Skorpion, Merkur, der untergegangen war, war unsichtbar, Saturn in Krebs, Mars in Schütze, am Ende des Monats in Steinbock. In diesem Monat ist der Flusspegel bis zum 29. um 8 Finger gestiegen, der Stand war 28. In diesem Monat hat der Vize-General, den der König in Akkad eingesetzt hatte, Babylon betreten.

Am 21. hat er den Schlächtern des Esagil für das regelmäßige Opfer des Bel einen Stier und [...] Schafe geschenkt, und sie haben sie Bel geopfert."[4]

Interessanterweise geht es hier um irdische Phänomene, wie den Marktpreis von Lebensmitteln (pan, sut und qa sind Hohlmaße; die Mine ist ein Gewichtsmaß), den Flusspegel des Euphrats und historische Ereignisse. Unter der letzten Zeile gibt es eine Trennlinie, wonach der achte Monat folgt. Über die ganze Periode, aus der es Tagebücher gibt (650–50 v. Chr.), hat sich diese Struktur kaum geändert. Daraus kann geschlossen werden, dass die Zusammenstellung von astronomischen und irdischen Phänomenen von Anfang an beabsichtigt war und mit einem bestimmten Zweck erfolgte. Es ist naheliegend, dass Korrelationen zwischen irdischen und astronomischen Phänomenen erfasst werden sollten. Durch die Kenntnis solcher Korrelationen würde sich die Vorhersage eines irdischen Phänomens auf die Vorhersage der damit korrelierten astronomischen Phänomene reduzieren, die bereits mit der Zieljahrmethode möglich war. Diese Interpretation wird durch Texte bestätigt, die das Korrelationsprinzip explizit für Marktpreise und Wetterphänomene formulieren. Eine Tafel über Marktpreise kam bei den deutschen Ausgrabungen in Uruk zutage und gehörte zur Privatbibliothek eines Beschwörungspriesters namens Iqischa, der um 310 v. Chr. in Uruk tätig war. Der Anfang lautet wie folgt:

„Wenn du für den Bereich des Getreidepreises eine Vorhersage treffen willst – gebrochen – [dieser Einschub bezeichnet in der Altorientalistik die Praxis, dass der Keilschrifttext von einer älteren Vorlage kopiert wurde, die an dieser Stelle beschädigt war (M. O.)] dann untersuchst du den Lauf der Planeten, und du beobachtest die Erste Sichtbarkeit, die letzte Sichtbarkeit, die Station, die Opposition, die (Stern-)Passage, die Schwäche und die Helligkeit der Planeten, und das Tierkreiszeichen in dem sie anfangen auf- und abzusteigen, und dann triffst du eine Vorhersage für dein Jahr, und sie wird stimmen."[5]

In dieser außergewöhnlichen Passage wird ein allgemeines Prinzip formuliert, mit dem der Getreidepreis für ein zukünftiges Jahr ('dein Jahr') astrologisch vorhergesagt werden kann. Die erwähnten astronomischen Phänomene sind genau diejenigen, die in den Tagebüchern aufgezeichnet werden. Im weiteren Verlauf des Textes werden konkrete Korrelationen zwischen astronomischen Phänomenen und Preisentwicklungen aufgelistet. Um zum Beispiel vorherzusagen, wann der Getreidepreis steigen oder sinken wird, müsste berechnet werden, wann die damit korrelierten astronomischen Phänomene erneut gleichzeitig auftreten. In zwei anderen Texten aus Uruk, die sich im Louvre (Paris) befinden, wird auf ähnliche Weise ein Zusammenhang zwischen astronomischen Phänomenen und Wetterphänomenen hergestellt. Die Bedeutung des Korrelationsprinzips geht wohl weit über diese Texte hinaus: Erstens erklärt es, warum in den Tagebüchern neben astronomischen Phänomenen auch Marktpreise, Wetterphänomene, Flusspegel und andere irdische

---
[4] Tagebuch Nr. -273, übers. v. Verf. nach: Hunger; Sachs 1988–2006, Bd. 1, S. 334–347, hier S. 339.
[5] Tafelinschrift Nr. 94, im Wortlaut d. Verf. zitiert nach: Hermann Hunger: Spätbabylonische Texte aus Uruk (= Ausgrabungen der Deutschen Forschungsgemeinschaft in Uruk-Warka, Bd. 9), 3 Bde., Berlin 1976–1988, Bd. 1, S. 95–99, hier S. 97.

93 Tabelle der mathematischen Astronomie, mit Zeiten und Positionen sukzessiver Ereignisse der synodischen Phänomene für Jupiter für die Jahre 180–252 der Seleukidenära (132–60 v. Chr.).

Ereignisse aufgezeichnet werden. Zweitens erklärt es, warum die Tagebücher nicht nur Aufzeichnungen von Mondphänomenen enthalten, die relevant für den Kalender sind, sondern eine Reihe weiterer Phänomene, die für die Vorhersage irdischer Phänomene eingesetzt werden konnten. Die Vorhersage irdischer Phänomene erscheint somit neben der Vorhersage von Monatsanfängen als ein Hauptzweck der astronomischen Tagebücher.

BABYLONISCHE MATHEMATISCHE ASTRONOMIE

Obwohl mit der Zieljahrmethode astronomische Phänomene erfolgreich vorhergesagt werden konnten, entstand um 450 v. Chr., als Babylonien Teil des Achämenidenreiches war, eine alternative Vorhersagemethode auf Basis mathematischer Algorithmen. Dieses frühest bekannte Beispiel von mathematischer Astronomie in der antiken Welt ist belegt durch etwa 450 Tafeln aus Babylon und Uruk aus der Periode 450–50 v. Chr., die sich in tabellarische Texte mit berechneten Daten des Mondes und der Planeten einerseits und in Prozedurtexte mit den entsprechenden Recheninstruktionen andererseits unterteilen.[6] Die meisten Tabellen listen Zeiten und Positionen der synodischen Phänomene der Planeten (Abb. 93) oder des Mondes auf, einige geben tägliche Positionen an. Die Mondtabellen enthalten zusätzlich Kolumnen für die Lunar-Six-Intervalle und für die Vorhersage von Mond- und Sonnenfinsternissen sowie zahlreiche Hilfsgrößen. Insgesamt werden daher die gleichen Phänomene vorhergesagt wie mit der Zieljahrmethode. Eine wesentliche Innovation der mathematischen Astronomie ist ihr Koordinatensystem, das auf dem

---

6 Vgl. hierzu Mathieu Ossendrijver: Babylonian Mathematical Astronomy. Procedure Texts, Berlin/New York 2011 (in Druck).

Tierkreis beruht, den die babylonischen Astronomen ebenfalls um 450 v. Chr. erfanden. Dazu wurde die Ekliptik, der Himmelskreis über dem sich die Sonne bewegt, in zwölf Abschnitte von 30 Grad eingeteilt, die nach einer benachbarten Konstellation benannt wurden. Daraus sind die modernen Tierkreiszeichen entstanden. Positionen wurden durch das Tierkreiszeichen und zwei Abstände in Grad festgelegt, erstens parallel zur Ekliptik gemessen vom Anfang des Zeichens, zweitens über oder unter der Ekliptik.

Die Frage, warum diese mathematische Astronomie entstand, konnte noch nicht zufriedenstellend beantwortet werden. Wie bei der Zieljahrmethode kann auch hier die Annahme, dass die berechneten Monatsanfänge für den Kalender eingesetzt wurden, höchstens erklären, warum die NA-Werte berechnet werden, aber nicht, warum die anderen Phänomene berechnet werden. Eine andere Anwendung, die speziell für die mathematische Astronomie zutrifft, sind Horoskope. Zusammen mit der mathematischen Astronomie entstanden in der Achämenidenzeit neue Formen von Astrologie, die auf dem Tierkreis basieren. Dazu gehören Tontäfelchen, die als Vorläufer des modernen Horoskops gelten.[7] Im Gegensatz zur traditionellen Omenastrologie wurden Horoskope nicht von Königen, sondern von Privatpersonen beauftragt. Sie erwähnen die Position von Sonne, Mond und Planeten während der Geburt eines Kindes, und zwar in den gleichen Koordinaten und Einheiten, die in der mathematischen Astronomie benutzt werden. Es gilt daher als sicher, dass die Positionen in den Horoskopen nicht aus Tagebüchern stammen oder direkt beobachtet wurden, sondern mit der mathematischen Astronomie berechnet sind.

Die Tabellen mit täglichen Positionen, die als Quelle dieser Daten gedient haben, bilden aber nur einen Bruchteil der tabellarischen Texte. Wie die Tagebücher befasst sich die mathematische Astronomie vor allem mit synodischen Phänomenen, die in Horoskopen keine Rolle spielen. Ein interessanter Aspekt des zitierten Textes über Marktpreise ist aber, dass er keine Aussage darüber macht, mit welcher Methode die astronomischen Phänomene vorhergesagt werden. Es liegt daher nahe, dass die mathematische Astronomie, genau wie die Zieljahrmethode, zusammen mit dem Korrelationsprinzip für die Vorhersage irdischer Phänomene benutzt wurde. Eine Erklärung, warum die mathematische Astronomie als alternative Vorhersagemethode erfunden wurde, liegt darin, dass ihre Algorithmen, verglichen mit denen der Zieljahrmethode, nur ganz wenige Beobachtungen erfordern. Denn sobald gewisse Anfangswerte festgelegt sind, können mit der mathematischen Astronomie praktisch beliebig lange Sequenzen von Zeiten und Positionen der synodischen Phänomene berechnet werden. Die Zieljahrmethode braucht dagegen für jede einzelne Vorhersage eine entsprechende Beobachtung.

---

[7] Siehe Francesca Rochberg: The Heavenly Writing. Divination, Horoscopy, and Astronomy in Mesopotamian Culture, Cambridge 2004.

FAZIT

Der Gedanke, dass Phänomene am Himmel mit Ereignissen auf der Erde korrelieren, kam in Mesopotamien sehr früh auf. In der Omenastrologie galten fast beliebige Himmelsphänomene als göttliche Zeichen. Ob ein Phänomen vorhersagbar war oder nicht, hatte dabei höchstens eine praktische Bedeutung, weil ein Astrologe im ersten Fall mehr Zeit hatte, um den König zu warnen und auf das Zeichen zu reagieren. In Babylonien im 1. Jahrtausend v. Chr. erhält das Korrelationsprinzip eine völlig neue Prägung. Erstens befasst sich die babylonische Astronomie fast ausschließlich mit über viele Jahrzehnte vorhersagbaren Phänomenen. Zweitens gibt es keine Hinweise, dass die damit korrelierten irdischen Phänomene (Marktpreise, Flusspegel, Wetter, historische Ereignisse) als göttliche Entscheidungen gedeutet wurden, die durch rituelle Handlungen beeinflussbar waren. In welchem Sinn die Himmelsphänomene als göttliche Zeichen galten, ist daher zumindest in den vorhandenen Texten schwer greifbar. Abgesehen von den wenigen Horoskopen ist nicht bekannt, wer die astrologischen Vorhersagen der irdischen Phänomene benutzen konnte und wie sie eingesetzt wurden.

Aus heutigem Gesichtspunkt mag es merkwürdig erscheinen, dass in Babylonien eine wissenschaftlich anmutende, hochentwickelte Astronomie im Dienst der Astrologie existierte. Während Astronomie und Astrophysik nach wie vor ein hohes Ansehen als Naturwissenschaften genießen, wird Astrologie heute als Pseudowissenschaft oder Aberglaube eingestuft und bestenfalls als esoterisches Randphänomen der Religion und in Boulevardzeitungen wahrgenommen. In Babylonien und lange danach waren Astronomie und Astrologie keine getrennten Disziplinen. Astronomie war, als Methode zur Vorhersagung astronomischer Phänomene, vielmehr Hilfsmittel für Astrologie und für den Kalender. Wie schon erwähnt, fällt aber auf, dass die Tagebücher und insbesondere die Texte der mathematischen Astronomie äußerst sachlich und technisch sind – und völlig frei von astrologischer Interpretation. Es ist daher meiner Meinung nach nicht auszuschließen, wenn auch schwer beweisbar, dass die persönliche Motivation mancher Sternkundigen mehr mit der astronomischen Berechnung zu tun hatte als mit der astrologischen Anwendung.

CHRISTIAN LEITZ
ALTÄGYPTISCHE STERNUHREN

Von weniger als zwanzig überhaupt erhaltenen altägyptischen Sternuhren[1] befindet sich eine auf dem Sarg des Idi auf Schloss Hohentübingen (Abb. 94), einem Sarg von außergewöhnlich gutem Erhaltungszustand. Zeitlich befinden wir uns in der so genannten Ersten Zwischenzeit und dem Mittleren Reich, in Zahlen am Ende des 3. Jahrtausends und am Beginn des 2. Jahrtausends v. Chr. Im Folgenden geht es also um ein System der Zeitmessung, das schon mehr als 4000 Jahre alt ist.

In der Mitte des Sarges (Abb. 95) sind vier Figuren zu erkennen: Die Himmelsgöttin Nut ganz oben, neben ihr ein Stierschenkel, in den sieben Sterne eingezeichnet sind. Hier handelt es sich um die sieben Wagensterne des heutigen Sternbilds Großer Bär. Mit umgewandtem Kopf folgt der Gott Orion, der in etwa, jedoch nicht exakt, mit dem heutigen Sternbild Orion gleichzusetzen ist. Bei der stehenden Göttin ganz am Rand, die ein spitzes Dreieck auf dem Kopf trägt, handelt es sich um die Göttin Sothis, die Personifikation des Sirius, des hellsten Fixsternes, der in Ägypten von großer Bedeutung war. Das sind auch schon alle Sternbilder, die mit Sicherheit identifiziert sind, also mit Ausnahme des Orion und der Sothis sind auch alle Dekansterne unbekannt.

Vor einer Beschreibung der Funktionsweise der Uhr sind ein paar Worte zum ägyptischen Kalender angebracht. Dieser besteht aus drei Jahreszeiten à vier Monaten zu jeweils 30 Tagen; am Ende des Jahres gab es noch fünf Zusatztage. Damit war das ägyptische Kalenderjahr gegenüber dem Naturjahr um einen Viertelltag zu kurz; ein bestimmter Tag in diesem Kalender wanderte im Laufe der Jahrhunderte durch das Naturjahr. Jeder Tag bestand wie bei uns aus 24 Stunden, nur die Einteilung war anders: Jeweils zwölf waren für den Tag (er begann bei Sonnenaufgang und endete bei Sonnenuntergang) und die Nacht reserviert, so dass die Nachtstunden im Sommer kürzer und im Winter länger waren. Statt Wochen zu sieben Tagen gab es Dekaden zu zehn Tagen.

Damit können wir uns erneut dem Tübinger Sarg zuwenden: Links neben den gerade beschriebenen Figuren befindet sich ein Teil der Sternuhr. Zu sehen sind sieben durch gelbe Balken voneinander abgetrennte Kolumnen, das in der Mitte verlaufende Schriftband ist der Einfachheit halber zu vernachlässigen. Jede Kolumne besteht aus zwölf Zeilen, sechs oberhalb und sechs unterhalb des Schriftbandes. In jeder

---
[1] Grundlegend dazu Christian Leitz: Altägyptische Sternuhren, Löwen 1995.

94   Sarg des Idi, Ägyptologische Sammlung

Zeile steht hinter den Hieroglyphen jeweils ein fünfstrahliger Stern, der ebenfalls durch eine feine Linie abgetrennt ist. Ganz oben in jeder Kolumne erkennt man noch eine weitere Zeile mit roten Schriftzeichen, in der sich jedoch kein Stern befindet. In der ersten Zeile steht das Datum, von der ersten Dekade des ersten Monats bis zur letzten Dekade des letzten Monats. Darunter stehen zwölf weitere Zeilen, die erste symbolisiert die erste Nachtstunde, die zweite die zweite Nachtstunde usw., bis zur zwölften Nachtstunde. In den einzelnen Kästchen sind die Sternnamen aufgelistet, die pro Dekade eine Stunde nach vorne rücken. Dass diese Anordnung graphisch eine Diagonale ergibt, brachte den Namen „diagonale Sternuhr" hervor. Die Bewegungsrichtung ist klar, da sich alle Sternpositionen pro Tag um knappe vier Minuten nach vorn verschieben. Ein Stern, der am Tag x die zwölfte Nachtstunde anzeigt, wird also am Tag x + 10 etwa 40 Minuten früher die gleiche Position erreichen und folglich die elfte Stunde anzeigen.

Mit dem Vorhergehenden ist alles aufgezählt, was diagonale Sternuhren selbst an unmittelbarer Information liefern. Dass dies recht wenig ist, wird deutlich, wenn man sich alle fehlenden Angaben vergegenwärtigt:

1. Um welche Position des Dekans[2] handelt es sich?
2. Welches ist das absolute Bezugsjahr (und der absolute Bezugsort) der Sternuhr?
3. Wird durch eine Position an einem bestimmten Datum der Anfang oder das Ende der jeweiligen Nachtstunde bezeichnet?
4. Was ist eine Nachtstunde in den diagonalen Sternuhren?
5. Besteht ein Dekan aus einem oder mehreren Sternen?

---

[2] Mit dem Begriff Dekan werden in der Astrologie die 36 Abschnitte des Tierkreises zu je 10 Grad bezeichnet, die durch die dreifache Unterteilung der zwölf Sternzeichen entstehen.

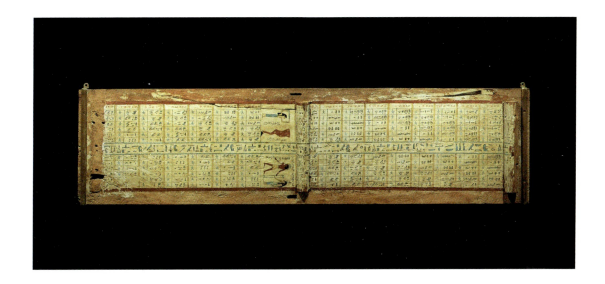

95 Sargdeckel des Idi, Ägyptologische Sammlung

Diese Fragen zu beantworten, stellt eine Art Minimalvoraussetzung zur Identifikation etwa einzelner Dekansterne dar. Deshalb ist es ein Glück, dass drei andere Textgattungen aus späterer Zeit zumindest Hinweise auf die früheren Verhältnisse geben: Zunächst die Texte im Kenotaph Sethos I. in Abydos und im Grab Ramses IV. sowie der Papyrus Carlsberg I. Hinzu kommen die Dekanlisten ab Senenmut (Neues Reich) bis in die Römerzeit. Die dritte Gattung bilden hellenistische und römische Denkmäler, in denen die Dekane als 10 Grad-Abschnitte der Ekliptik auftreten. Dabei entsprechen jeweils drei Dekane einem Tierkreiszeichen.
Weitere Hilfe bietet der Umstand, dass zwei Sterne bzw. Sternbilder (nämlich Sothis und Orion) in etwa bekannt sind und dass die grobe zeitliche Einteilung der Särge in die Erste Zwischenzeit und das Mittlere Reich gesichert ist.

Betrachten wir einmal die erste Frage: Um welche Position eines Dekans handelt es sich? In den Nutbildern im Kenotaph Sethos I. und im Grab Ramses IV. sind bei allen Dekanen drei Positionen aufgezeichnet. 1. Die Kulmination, also der Durchgang oder Transit durch den Süd-Nord-Meridian, also das Erreichen des höchsten Punktes am Himmel am Anfang der ersten Nachtstunde. 2. Der heliakische Untergang, also der Tag der letztmaligen Sichtbarkeit und 3. der heliakische Aufgang, also der Tag der erstmaligen Sichtbarkeit.
Die astronomischen Bedeutungen der Termini wurden von den Herausgebern des aus der Römerzeit stammenden Papyrus Carlsberg I in überzeugender Weise erschlossen. Dieser Text lässt erkennen, dass in dem dort beschriebenen System die einzelnen Nachtstunden mit Hilfe kulminierender Dekansterne angezeigt wurden. Man kann nun mittels Überschlagsrechnung feststellen, ob mit den Angaben auf

den diagonalen Sternuhren ebenfalls Kulminationen gemeint sind. Einer Tabelle aus dem Standardwerk zur ägyptischen Astronomie von Otto Neugebauer und Richard Parker zufolge fiel der Frühaufgang der Sothis etwa von 2180 bis 2060 v. Chr. in den sechsten Monat des Jahres, von 2060 bis 1940 in den siebten Monat und von 1940 bis 1820 in den achten Monat.³ Da die meisten Särge die Sothis erstmalig in der 18. Dekade, also dem Zeitraum vom 21. bis zum 30. Tag des sechsten Monats verzeichnen und die Kulmination in der zwölften Nachtstunde nach den zwar schematischen, aber in etwa zutreffenden Angaben des Papyrus Carlsberg I 80 Tage nach dem heliakischen Aufgang erfolgt, kann in den diagonalen Sternuhren keine Kulmination gemeint sein; die Sothis dürfte dann kaum vor dem neunten Monat auftauchen.

Andererseits scheinen die Zeitangaben so gut zum Aufgang der Sothis zu passen, dass schon früh vorgeschlagen wurde, in der zwölften Stunde am Ende der 18. Spalte den heliakischen Aufgang der Sothis zu sehen. Neugebauer und Parker drücken dies noch radikaler aus, wenn sie nur bei der Annahme aufgehender Dekansterne eine Übereinstimmung zwischen den archäologischen Gegebenheiten (also Grobdatierung in die erste Zwischenzeit und das Mittlere Reich) und dem Aufgang der Sothis (in den Sternuhren) für erreichbar halten. Da nun bekanntermaßen der Aufgang der Sothis für die Festlegung des Neujahrstages entscheidend war, sei es naheliegend, hierin auch das Vorbild für die Dekanuhren zu sehen. Aufgrund dieser Übereinstimmung kommen sie dann zum Ergebnis, dass die in den Sternuhren genannten Daten eine jeweils zeitgenössische Gültigkeit besaßen und dass man mit Hilfe der Zeiten des Sothisaufganges in etwa den Gültigkeits- und damit auch den Entstehungsbereich der Sternuhr bestimmen kann. Sie gehen ferner davon aus, dass die Sternuhren einer ständigen Anpassung unterlagen und die erhaltenen Exemplare nur einige Zwischenstufen darstellen, deren Ursprünge bis ins 28. oder 29. Jahrhundert v. Chr. zurückreichen.

Ich muss bekennen, dass mir diese Argumentation lange Zeit völlig einleuchtend erschien. Erst nach näherer Beschäftigung mit den Dekanuhren sind dann Zweifel aufgetaucht, die mit folgenden Beobachtungen und Überlegungen zusammenhängen: 1. Es scheint sich im Wesentlichen um zwei Gruppen zu handeln. Eine erste legt die Beobachtung der Sothis in der zwölften Nachtstunde in die 18. Dekade. Eine zweite Gruppe dagegen ist gegenüber der ersten um sechs bis sieben Dekaden verschoben. Kein einziger Sarg der zweiten Gruppe weist 36 Spalten auf, maximal sind es 24, kein einziger besitzt eine Datumszeile. Da andererseits acht der zehn Särge der ersten Gruppe eine Datumszeile aufweisen, ist es fraglich, ob man einfach, wie Neugebauer und Parker dies tun, den Spalten der zweiten Gruppe jeweils die gleichen Daten zuteilen darf; die Wahrscheinlichkeit, dass das Fehlen der Datumszeile in der zweiten Gruppe genauso zu beurteilen ist wie in der ersten, nämlich als selbstverständlich weggelassen, geht gegen Null, die Rechnung ist hier entbehrlich.

---

3 Vgl. Otto Neugebauer; Richard Parker: Egyptian Astronomical Texts, 2 Bde., Bd. 1: The early decans, London 1960, S. 127.

2. Die Überlegungen von Neugebauer und Parker hätten ebenfalls zur Folge, dass die Särge der zwei Gruppen zeitlich 240 bis 280 Jahre auseinander liegen – und zwar so eigenartig verteilt, dass die Särge aus der ersten Gruppe aus der gleichen Zeit stammen müssten und danach zwei Jahrhunderte keine kämen, bis die zweite Gruppe folgen würde.

3. Eine diagonale Sternuhr ist in der Sicht von Neugebauer und Parker eine Uhr, die schon nach 40 Jahren nicht mehr richtig geht. Dass sie gleichzeitig im Innern eines Sarges angebracht ist, also eigentlich für die Ewigkeit gültig sein sollte, steht in offenkundigem Widerspruch zur ersten Feststellung. Ich gestehe, dass mich die gängigen Erklärungsmuster in diesen Fällen nicht befriedigen, nämlich dass bei solchen religiösen oder funerären Texten irgendeine Art von Genauigkeit unwichtig sei.

4. Praktikabilitätserwägungen, die anscheinend noch keiner vorgenommen hat: Wird der Aufgang und gar der heliakische Aufgang eines Sterns beobachtet, so kann es aufgrund der schlechten Sichtbarkeit der Sterne in Horizontnähe durchaus zu Problemen kommen. Handelt es sich um einen sehr hellen Stern wie beispielsweise den Sirius, wird es nicht so leicht zu Verwechslungen kommen. Die meisten Dekane werden aber eher schwächere Sterne gewesen sein, bis zur dritten oder vierten Größe, die dann nur 1/50 oder noch weniger der Leuchtkraft des Sirius aufweisen. Als gutes Beispiel sei der siebte Dekan betrachtet. Nach einer Sternkarte kommen bei dem System aufgehender Dekane sechs verschiedene Sterne infrage, die alle etwa zur gleichen Zeit aufgehen. Ihre Helligkeit beträgt nur 1/35 bis 1/70 der Helligkeit des Sirius, der Aufgangsort der ersten fünf Sterne am Horizont liegt nur jeweils ein bis zwei Grad auseinander. Da sie zudem schräg noch oben steigen und es je nach den örtlichen Sichtbarkeitsverhältnissen unklar ist, in welcher Höhe sie genau erkennbar werden, wird es ein potentieller Beobachter selbst bei ohnehin nur hypothetischen genauen Aufgangsangaben schwer haben zu unterscheiden, ob es sich bei einem gerade sichtbar gewordenen Stern nun wirklich um den gesuchten Dekan oder um einen der benachbarten Sterne handelt. Die endgültige Entscheidung wird er in vielen Fällen erst nach einiger Zeit treffen können, wenn die benachbarten Sterne mit aufgegangen sind – ein Umstand, der die Praktikabilität einer solchen Sternuhr für den Kult doch einschränken dürfte.

All diese Bedenken lassen es zusammengefasst nicht als völlig überflüssig erscheinen, einmal die Alternative zu betrachten. Weiter oben war schon erwähnt worden, dass in den Dekanlisten des Nutbildes Zeitangaben zu drei astronomischen Ereignissen gemacht werden: Kulmination, Untergang und Aufgang. Die Kulmination kam den Überschlagsrechnungen zufolge nicht infrage; der Aufgang, der zeitlich so gut zu passen schien, führte zu den oben aufgezählten Bedenken. Bleibt als Drittes der Untergang. Bei diesem Himmelsereignis würden die unter Punkt 4 angestellten Praktikabilitätserwägungen zu einem anderen Ergebnis führen. Im Gegensatz zum Aufgang eines Sterns kann es bei dessen Untergang zu Verwechslungen kommen, da der betreffende Dekan und seine Nachbarsterne abgesehen vom Spezialfall des Beginns der ersten Nachtstunde schon längere Zeit zu sehen war, es dem Beobachter also immer klar sein wird, welcher Stern gerade untergeht.

Betrachtet sei jetzt der häufigste Fall, bei dem die Sothis, also der Sirius, erstmalig in der 18. Dekade in der zwölften Nachtstunde erwähnt wird. Sie wandert dann weiter bis zur 29. Dekade, in der sie die erste Nachtstunde anzeigt. Dies ist ein im Zusammenhang mit der Sothis doch recht auffälliges Datum. Gesetzt den Fall, es handelt sich in den Dekanuhren um Untergänge, dann hieße dies in erster Näherung, dass der heliakische Untergang der Sothis ans Ende der 29. Dekade fällt. Danach folgen gemäß den schematischen Angaben des Papyrus Carlsberg I 70 Tage, also sieben Dekaden Unsichtbarkeit und Aufenthalt in der Unterwelt. Diese Phase wäre am Ende der 36. Dekade beendet, dann würde der heliakische Aufgang folgen, das erstmalige Sichtbarwerden der Sothis. Es fällt nach diesem Schema an den Anfang der ersten Dekade. Man ist demnach unversehens auf einen Kalender gestoßen, bei dem der Frühaufgang der Sothis auf den Neujahrstag fällt, was weitestgehend der Definition des ägyptischen Kalenders überhaupt entspricht.

Würde man jetzt wie Neugebauer und Parker argumentieren, so müsste man auf eine Entstehung der diagonalen Sternuhren im frühen Alten Reich schließen (etwa 2772 v. Chr.), als der tatsächliche bürgerliche Kalender mit dem Naturjahr zusammenfiel.[4] Eine solche Schlussfolgerung scheint mir aber unnötig zu sein, oder, um es noch klarer zu sagen, eher unwahrscheinlich und falsch. Vielmehr wird es sich, wenn die Annahme der untergehenden Dekansterne richtig ist, um einen idealisierten und damit immer währenden bürgerlichen Kalender handeln. Unter dieser Bezeichnung verstehe ich einen Kalender, bei dem der Sothisaufgang den Neujahrstag festlegt. Das Gegenteil dazu ist der genannte tatsächliche bürgerliche Kalender, in dem ein im idealisierten bürgerlichen Kalender fixes Datum durch das ganze Jahr wandert, im Mittel alle vier Jahre um einen Tag. So fiel beispielsweise das Minfest immer in den neunten Monat. Da es ein Erntefest war, wird es auch tatsächlich zur Erntezeit im März gefeiert worden sein, unabhängig davon, in welcher Jahreszeit nun gerade der neunte Monat des tatsächlichen bürgerlichen Kalenders lag.

Nach diesen doch etwas langen, aber hoffentlich nicht zu komplizierten Erörterungen kann jetzt die erste Frage beantwortet werden. Es handelt sich bei der Position der diagonalen Sternuhren der ersten Gruppe, also denen mit den Datumsangaben wie dem Tübinger Objekt, mit hoher Wahrscheinlichkeit um Sternuntergänge. Die Datumsangaben sind in einem ideellen bürgerlichen Kalender aufgezeichnet, der eine dauernde Gültigkeit besaß. Die zuvor angeführten Bedenken hinsichtlich der Gültigkeit der Sternuhren sind somit hinfällig.

Die zweite Frage war die nach dem absoluten Bezugsjahr der Sternuhr und die nach den geographischen Breiten ihres Bezugsortes.

Die erste Teilfrage, die nach dem absoluten Bezugsjahr, lässt sich, da es sich um einen idealisierten bürgerlichen Kalender handelt, der ständig und nicht nur 40 Jahre gültig war, nicht in einfacher Form beantworten. Man weiß immerhin, dass es Särge aus der 9./10. oder 11. Dynastie sind. Einer von ihnen ist sogar ziemlich genau da-

---

[4] Der tatsächliche bürgerliche Kalender wurde in allen Bereichen des täglichen Lebens verwendet (Rechnungen, Briefe, oder historische Inschriften), der ideelle bürgerliche Kalender spielte hauptsächlich in der Religion eine Rolle.

tiert, er stammt aus der Zeit Mentuhotep II Nebhepetre, also aus den Jahren 2060 bis 2010 v. Chr. Die 9./10. Dynastie begann irgendwann in der zweiten Hälfte des 22. vorchristlichen Jahrhunderts, so dass man im Groben mit dem Jahr 2100 v. Chr. rechnen kann. Diese Antwort ist nicht sonderlich präzise, reicht jedoch aus, da es nur um die relativen Abstände der Untergänge der Dekansterne zum Untergang des Sirius geht. Diese Zeitabstände bleiben auch über längere Zeiträume wie mehrere Jahrhunderte nahezu konstant.

Der andere wichtige Punkt ist der geographische Bezugsort der Sternuhren. Die Särge wurden in Assiut, Theben, Gebelen und Aswan gefunden, ohne dass lokale Unterschiede in den Listen zu erkennen sind. Da festgestellt wurde, dass es sich um einen idealisierten bürgerlichen Kalender handelt, dessen geographischer Bezugspunkt auf der Höhe von Memphis oder Heliopolis liegt, die Sargtexte obendrein noch aufgrund ihrer Verwandtschaft mit den Pyramidentexten auf eine unterägyptische Tradition zurückgehen, scheint es sinnvoll, auch die diagonalen Sternuhren wie alle anderen astronomischen Texte zu behandeln und von einer geographischen Breite von 30 Grad auszugehen.

Die dritte Frage war, ob eine Position an einem bestimmten Datum den Anfang oder das Ende der jeweiligen Nachtstunde bezeichnet. Was auf den ersten Blick kaum lösbar erscheint, lässt sich mit zwei einfachen Überlegungen doch recht klar entscheiden:

1. Gesetzt den Fall, ein Dekan würde schon zu Anfang einer Dekade in einer bestimmten Stunde x den Anfang der Stunde x anzeigen, so würde dies zu dem Ergebnis führen, dass er ab dem zweiten Tag der Dekade seine Position schon in der Stunde x-1 erreicht und am Ende der Dekade fast schon am Anfang der Stunde x-1 liegt, was doch kaum anzunehmen sein wird. Zeigt er dagegen am Anfang der Dekade das Ende der betreffenden Nachtstunde an, so fällt sein Untergang oder seine Kulmination während der ganzen Dekade auch in die betreffende Stunde, die der Dekan anzeigen soll.

2. Die Nachtstunden sind systembedingt Gleichstunden von knapp 40 Minuten Länge. Wieder gesetzt den Fall, ein Dekan würde am Anfang einer Dekade den Beginn einer Nachtstunde anzeigen, so würde dies bei den Dekaden in der Nähe der Sommersonnenwende zu folgendem Problem führen: Die Gesamtnachtlänge in Unterägypten beträgt zur Zeit des Sommersolstitiums nur etwa zehn Stunden, zwölf Dekanstunden ergeben schon knappe acht Stunden. Am Abend und am Morgen verbleiben demnach nach Sonnenuntergang oder vor Sonnenaufgang nur rund 60 Minuten. Würde nun ein Dekan am Dekadenbeginn den Anfang der ersten Nachtstunde anzeigen, so würde er seine Position am Ende der Dekade schon 20 Minuten nach Sonnenuntergang erreichen – eine Zeit noch vor Beginn der bürgerlichen Dämmerung, die so definiert ist, dass bei ihr eben die hellsten Sterne sichtbar werden können. Mit der eventuellen Ausnahme des Sirius (auf Grund seiner überragenden Leuchtkraft) wäre also der Stern gegen Ende der Dekade überhaupt nicht mehr sichtbar, so dass diese Möglichkeit aus praktischen Gründen ausscheiden muss. Im anderen Fall dagegen wird er gegen Ende der Dekade etwa 60 Minuten nach Son-

nenuntergang untergehen, was zu den Dämmerungszeiten in Ägypten passt.

Die Antwort auf die eingangs gestellte Frage lautet also: Die Dekane in den diagonalen Sternuhren zeigen am Anfang einer Dekade das Ende der betreffenden Nachtstunde an.

Die vierte Frage war, was eigentlich eine Nachtstunde sei. Die Ursache für die sich jeden Tag leicht ändernde Position der Sterne zur gleichen Uhrzeit ist die jährliche Bewegung der Erde um die Sonne. Ob es sich nun um aufgehende oder um untergehende Dekansterne handelt, es war in jedem Fall möglich, gleich lange Stunden zu erhalten. Die Länge der Stunden ergibt sich also, egal welche Sternposition gemessen wird, aus der Anordnung der Uhr. Eine Stunde dauert genau 24 Stunden x 10/365,25 = 39, 45 Minuten. Die bei weitem wahrscheinlichste und dem ägyptischen Symmetriestreben am weitesten entgegenkommende Anordnung ist dann die, dass Mitternacht, also die Hälfte der Zeit von Sonnenuntergang bis Sonnenaufgang, genau auf den Zeitpunkt nach Ablauf der sechsten Nachtstunde fiel.

Die fünfte Frage lautete: Besteht ein Dekan aus einem oder mehreren Sternen? Praktische Erwägungen sprechen eher für die erste Variante. Wer genau den Beginn oder das Ende einer bestimmten Stunde anzeigen möchte, wird sich eher für ein einziges, klar markiertes Ereignis entscheiden, also den Untergang eines einzigen Sterns, als für mehrere, sich zeitlich verteilende Ereignisse, wie sie die Untergänge verschiedener Einzelsterne darstellen.

Stattdessen scheint es aber lohnend, etwas über die Genauigkeit einer solchen Sternuhr zu sagen. Sollten meine hier nicht auszuführenden Berechnungen und Identifikationen der Dekansterne einigermaßen richtig sein,[5] so kommt man auf einen Fehler von etwa 13 %. Wem dies zu hoch erscheint, der sei an die Berechnungen Ludwig Borchards über die Genauigkeit altägyptischer Wasseruhren erinnert, die ebenfalls einen mittleren Fehler von 10 % oder 13 % aufweisen.[6] Der Grund für einen Fehler in dieser Größenordnung bei der Sternuhr liegt auf der Hand. Durch den Umstand, dass die Position eines Sterns – hier der Untergang des Sirius – als fester Ausgangspunkt dient, sind automatisch die theoretischen Positionen für die übrigen 35 Sterne festgelegt. Nur in den seltensten Fällen wird sich dann aber ein heller Stern genau an diesem Punkt oder auf dieser Linie des Himmels befinden, im Regelfall wird der nächste hellere Stern ein Stück weit von dieser Ideallinie weg sein, bisweilen wird es auch nur schwächere Sterne in dieser Himmelsgegend geben. In anderen Fällen wird der Konstrukteur einer solchen Uhr vor der Wahl stehen, entweder einen weiter weg stehenden helleren Stern oder einen näheren, dafür aber schwächeren Stern als Dekan zu wählen. Alles in allem kann eine solche Dekanuhr, bei der die Positionen fest bleiben, nicht viel genauer sein als oben dargelegt. Der nächste Entwicklungsschritt ist erreicht, wenn vom Konstrukteur wie bei den sogenannten ramessidischen Sternuhren mehrere Positionen zugelassen werden.

---

5 Dazu Leitz 1995.

6 Vgl. Ludwig Borchardt: Die Geschichte der Zeitmessung und der Uhren, Berlin/Leipzig 1920, B. 15 mit Zusammenfassung auf B. 21.

GUDRUN WOLFSCHMIDT
DIE GENESE DES MODERNEN WELTBILDES MIT COPERNICUS UND KEPLER

„In der Mitte aber von allen steht die Sonne. [...] Denn wer wollte diese Leuchte in diesem wunderschönen Tempel an einen anderen oder besseren Ort setzen als dorthin, von wo sie das Ganze zugleich beleuchten kann? Zumal einige sie nicht unpassend das Licht, andere die Seele, noch andere den Lenker der Welt nennen. [...] So lenkt in der Tat die Sonne, auf dem göttlichen Thron sitzend, die sie umkreisende Familie der Gestirne."[1]

Dieses Zitat enthält das neue heliozentrische Weltbild – den Kern der Aussage des Copernicus.[2] So selbstverständlich und wenig spektakulär dies für uns heute klingt, waren diese Ideen nicht immer. Blickt man hinauf zum Himmel, drängt sich der Eindruck auf, alles drehe sich um uns. Die Sonne geht auf, erreicht ihren höchsten Punkt im Süden und geht schließlich unter. Wir beobachten die Sterne, wie sie während der Nacht von Ost nach West wandern. So ist es verständlich, dass sich der Mensch im Zentrum des Kosmos wähnte und die Abkehr von diesem Weltbild zu einer der tiefsten Kränkungen des menschlichen Selbstverständnisses überhaupt wurde.

GEOZENTRISCHE WELTSYSTEME

In der Antike wurden hauptsächlich zwei Weltsysteme entwickelt, bei denen die Erde das Zentrum des Universums bildete; diese geozentrischen Weltsysteme behielten auch noch für das Mittelalter ihre Gültigkeit. Aristoteles (384–322 v. Chr.) stellte sich die ruhende Erde inmitten von materiellen Kugelschalen aus Äther als physikalische Realität vor: Ein „unbewegter Beweger" – der aristotelische Gott – wirkt auf die höchste Sphäre, die diese Kraft auf die innen liegenden Sphären weiterleitet. Nach Platon (428–347 v. Chr.) war die Voraussetzung für jedes Weltmodell, dass sich die Planeten als göttliche Wesen auf spezieller Art bewegen: 1. Die Himmelskörper müssen sich auf Kreisen um die Erde bewegen, also auf konzentrischen Kreisbahnen. 2. Die Bewegung dieser Kreise muss mit konstanter Geschwindigkeit erfolgen, das heißt, sie müssen sich gleichmäßig und gleichförmig bewegen. Die Wurzeln dieser Forderung, die in umgekehrter Formulierung auch bei den Py-

---
[1] Nikolaus Coppernicus: Über die Kreisbewegungen der Himmelskörper, übers. v. Carl Ludolf Menzzer, Leipzig 1939 (Thorn 1879), Buch I, Kap. 10, S. 27f.
[2] Zentral dazu Gudrun Wolfschmidt (Hg.): Nicolaus Copernicus (1473–1543). Revolutionär wider Willen (Begleitbuch zur Copernicus-Ausstellung, Zeiss-Großplanetarium Berlin, Juli–Oktober 1994), Stuttgart 1994.

96 Christlich-aristotelisches Weltbild des Mittelalters, Schedelsche Weltchronik (Nürnberg 1493)

thagoräern vorkommt, liegen im allgemeinen griechischen Verständnis von Einfachheit und Harmonie. Nur eine Kreisbewegung konnte vollkommen ausgewogen und ewig sein. Die Geometrie wurde damit zur Modellwissenschaft – weit über den heutigen Bereich von Wissenschaft hinaus.[3] Aber es gab Probleme bei der Aufstellung eines Weltbildes, zwei Anomalien mussten berücksichtigt werden: Die Planeten bewegen sich erstens auf ihrer Bahn mit ungleichmäßiger Geschwindigkeit, was sich bei der Sonne durch die ungleich langen Jahreszeiten bemerkbar macht – bei den Planeten handelt es sich um die siderische Periode, die Zeit, bis ein Planet wieder die gleiche Stellung zum Fixsternhimmel einnimmt. Zweitens vollführen die Planeten eine schwer erklärbare Schleifenbewegung und sind rückläufig (synodische Periode).

Um größere Übereinstimmung mit seinen Beobachtungen zu erreichen, erdachte sich Klaudios Ptolemaios (100–170 n. Chr.) ein geometrisch-mathematisches Modell: Er kombinierte die Epizykel des Apollonius von Perge (240–170 v. Chr.) mit der exzentrischen Bewegung nach Hipparch von Nikaia (190–120 v. Chr.). Zusätzlich führte er einen Äquanten (Ausgleichspunkt) ein, auf den bezogen die Geschwindigkeit des Planeten vom Beobachter aus gleichförmig erscheint. Ptolemaios erhob allerdings keinen Anspruch darauf, dass dieses hypothetische Modell physikalisch real existiere. Das System sollte nur gestatten, den Lauf von Sonne, Mond und Planeten zu berechnen und deren Sichtbarkeit und Finsternisse vorherzusagen.

---

3 Vgl. Jürgen Teichmann: Wandel des Weltbildes. Astronomie, Physik und Meßtechnik in der Kulturgeschichte, Stuttgart/Leipzig ⁴1999.

Im Hoch- und Spätmittelalter, der Zeit der Scholastik, wurde das geozentrische System des Aristoteles in eine christlich orientierte Weltordnung eingebaut (Abb. 96):[4]
– Sublunare Region (Sphaera elementaris) mit den vier Elementen Erde, umgeben von Wasser, dann Luft- und Feuersphäre.
– Translunare Region (Sphaera aetherica), bestehend aus Äther (quinta essentia), wo sich Sonne, Mond und Planeten bewegen.
– Das Firmamentum (der Fixsternhimmel) als 8. Sphäre.
– Die Präzessionsbewegung (coelum cristallum) als 9. Sphäre.
– Das „primum mobile" als 10. und äußerste Sphäre, als die Wirkursache für die Bewegung des Kosmos und des Feuerhimmels (Empyreum). Dieser war der Bereich der himmlischen Heerscharen, der drei mal drei Hierarchien von Engeln: Engel (angeli), Erzengel (arcangeli), Fürstentümer (principatus), Gewalten (potestates), Mächte (virtutes), Herrschaften (dominationes), Throne (troni), Cherubim und Seraphim. Angetrieben wird dieses Weltsystem, indem Engel kurbeln, damit die Planeten ihre himmlischen Kreise ziehen.

NICOLAUS COPERNICUS (1473–1543) ALS SCHÖPFER DES HELIOZENTRISCHEN WELTBILDES

„Denn solange die Erde stille stand,
stand alle wahre Astronomie stille [...]
sowie aber der Mann erschien,
der die Sonne stille stehen hieß,
in dem Augenblick fing die Astronomie an fortzuschreiten."[5]

Wer ist nun der Schöpfer dieser neuen Ideen? Was wissen wir über Leben und Werk des Copernicus? Was waren die Grundlagen für sein neues Weltbild? Wie kam es zur Veröffentlichung? Wie hat sich das Weltbild durchgesetzt? Wie war die Nachwirkung? Wie wurde der Mensch mehr und mehr aus seiner Mitte verdrängt?
Nicolaus Copernicus (1473–1543) wurde in Thorn geboren und begann 1491 das Studium der *Freien Künste* in Krakau am Collegium Maius der Jagiellonischen Universität. Die örtliche Universität war als bedeutendes Zentrum der Wissenschaften, speziell der Astronomie, bekannt, wie die Schedelsche Weltchronik von 1493 berichtet.[6] Wie es in der Zeit des Humanismus üblich war, studierte Copernicus auch in Italien, zunächst in Bologna Rechtswissenschaften (1496–1500), dann an der Universität Padua Medizin (1501–1503). An der Universität Ferrara wurde er 1503 als Doktor des Kirchenrechts promoviert.
Dann begann für Copernicus eine vielseitige Tätigkeit im Ermland. Von 1506/07 bis 1511/12 war er Leibarzt und Sekretär seines Onkels Lucas Watzenrode, Bischof in Heilsberg (Lidzbark). Ferner wirkte er als Verwalter der Kapitelgüter des Bischofs,

---
4 Dazu Edward Grant: Das physikalische Weltbild des Mittelalters, Zürich/München 1980.
5 Georg Christoph Lichtenberg: Schriften und Briefe, 4 Bde., Bd. 1: Sudelbücher, hg. v. Wolfgang Promies, München 1968–1992, S. 171.
6 Nachzulesen bei Henryk Bietkowski, Włodzimierz Zonn: Die Welt des Copernicus, Warschau 1973.

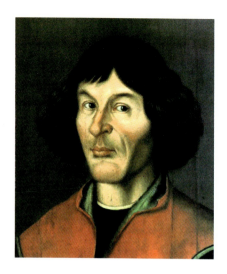

97 Porträt von Nicolaus Copernicus (1473–1543), um 1580
98 Illustration des Heliozentrischen Weltbilds, in: Andreas Cellarius: Harmonia Macrocosmica, Amsterdam 1660/61

als Ökonom, Feldherr, Abgesandter des polnischen Königs zu Friedensverhandlungen mit dem Deutschen Orden auf Burg Allenstein (Olsztyn). Nebenher wirkte er, bereits seit 1497 Kanonikus in Frauenburg (Frombork), von 1512 bis 1516 als Domherr.

1514 erhielt Copernicus eine Aufforderung zur Mitarbeit an der Kalenderreform im Rahmen des V. Laterankonzils. Vorbereitend führte er von 1516 bis 1519 in Allenstein Messungen der Sonnenhöhe durch, um die Jahreslänge genau zu bestimmen. Dafür verwendete er zwei Spiegel, um die Sonne in die Galerie zu lenken; ein „Gnomon" warf dann einen Schatten an die Wand, den er über drei Jahre markierte.

Heute ist Copernicus am bekanntesten als Astronom. Er verwendete die bereits in der Antike wichtigen Instrumente Quadrant, Armillarsphäre und Triquetrum. Umgeben von seinen Instrumenten in Frauenburg, wurde Copernicus auf dem Gemälde des polnischen Historienmalers Jan Matejko (1838–1893) dargestellt (Abb. 97). Von ihm sind auch astronomische Beobachtungen überliefert, beispielsweise eine Tafel der Auf- und Untergänge der Sonne für das tägliche Stundengebet im Frauenburger Dom. Allerdings legte Copernicus auf neue eigene Beobachtungen keinen großen Wert, sondern er stützte sich im Wesentlichen auf antike Beobachtungen: „Allein wir müssen ihrem Vorgange [dem der antiken Gelehrten] genau folgen und ihren Beobachtungen, welche uns, wie durch ein Vermächtniss, überliefert sind, fest anhangen. [...] Es steht wohl unumstößlich fest, dass die Alten mit größter Sorgfalt und emsigem Eifer ihre Bebachtungen angestellt haben, die uns so viele herrliche und bewunderungswürdige Aufschlüsse hinterlassen haben."[7] Von Copernicus selbst

---

7 Brief von Nicolaus Copernicus an Bernhard Wapowski, Kanonikus in Krakau, Frauenburg, 03.06.1524, zitiert nach: Leopold Prowe: Nicolaus Coppernicus, 2 Bde., Bd. 1, Teil 2: Das Leben, 1512–1543, Osnabrück 1967 (Berlin 1883), S. 229.

sind bis 1541 nur 63 Beobachtungen erhalten; 27 davon arbeitete er in sein Hauptwerk ein, aufgezeichnet teilweise als Randnotizen.[8]

Angeregt von antiken Quellen, besonders von Philolaos (470–380/399 v. Chr.) und Aristarch von Samos (310–230 v. Chr.), gab Nicolaus Copernicus der Sonne statt der Erde den Platz im Zentrum des Kosmos. Copernicus griff also auf antike Vorbilder zurück und ersetzte das im Mittelalter verbreitete Weltbild des Aristoteles durch sein heliozentrisches System, wobei er besonderen Wert darauf legte, die antiken Voraussetzungen von Kreisbewegung und gleichförmiger Geschwindigkeit einzuhalten: „Über die bislang herrschende Unsicherheit der Mathematiker bei der Berechnung der Bewegungen des Systems der Himmelskörper habe ich lange nachgedacht. [...] Aus diesem Grund nahm ich mir die Mühe, die Werke aller Philosophen wieder zu lesen, deren ich habhaft werden konnte; ich wollte ausfindig machen, ob irgendeiner von ihnen je auf den Gedanken gekommen war, die Bewegungen der Himmelskörper könnten andere sein als die von den mathematischen Schulen angenommenen."[9]

Zwischen 1507 und 1514 verfasste Copernicus sein erstes astronomisches Werk, den Commentariolus, und damit den ersten Entwurf für sein neues Weltsystem. Sein Weltbild basiert auf sieben Thesen:

1. Die Himmelsbewegungen haben verschiedene Mittelpunkte.
2. Die Erde ist nicht Mittelpunkt der Welt.
3. Der Mittelpunkt der Welt befindet sich in der Nähe der Sonne.
4. Der Abstand zwischen Erde und Fixsternsphäre ist unmessbar groß.
5. Der Erde ist eine tägliche Bewegung zu Eigen, während der Fixsternhimmel ruht und sich nur scheinbar um sie dreht.
6. Ebenso ist die Sonnenbewegung nur eine scheinbare und entsteht durch die Jahresbewegung der Erde, der mehrere Bewegungen zu Eigen sind.
7. Die relative Bewegung zwischen der Erde und allen anderen Planeten genügt, um die verschiedenartigsten Erscheinungen am Himmel zu erklären.

Copernicus strebte ein harmonisches Weltbild an, versuchte also, die Einheit zwischen physikalischer Realität – dem Weltbild des Aristoteles – und dem mathematischen Modell des Ptolemaios wiederherzustellen.[10] Auch dieses neue Weltbild beruhte allerdings noch auf komplizierten Kreisbewegungen (Epizykeltheorie). Verzichten konnte Copernicus jedoch auf die Äquanten, auf den fiktiven Ausgleichspunkt des Ptolemaios.

Copernicus zögerte bis 1543 mit der Veröffentlichung seines Hauptwerkes, obwohl sogar Kirchenkreise Interesse an der neuen Theorie gezeigt hatten: Er erhielt mehrere Anfragen und Bitten um Erklärung der neuen Theorie, zum Beispiel von Tiede-

---

[8] Von Bedeutung ist in dieser Hinsicht das Uppsalaer Notizbuch (Raptularium Uppsalense).

[9] Nicolaus Copernicus: De revolutionibus. Vorrede, zitiert nach: Nicolaus Copernicus: De revolutionibus orbium coelestium. Über die Kreisbewegungen der Weltkörper, Lateinisch–Deutsch, hg. u. eingel. v. Georg Klaus, Anm. v. Aleksander Birkenmajer, Berlin 1959, S. 4–6.

[10] Siehe Fritz Krafft: Physikalische Realität oder mathematische Hypothese? Andreas Osiander und die physikalische Erneuerung der antiken Astronomie durch Nicolaus Copernicus, in: Philosophia naturalis 14 (1973), S. 243–275.

mann Giese (1480–1549), Bischof des Ermlands, von Johann Albrecht Widmannstetter (um 1506–1557), der in Tübingen studiert hatte und Sekretär des Papstes Clemens VII. war, und von Nicolaus von Schönberg (Szymbark) (1472–1537), Kardinal von Capua. Aber Copernicus hatte wohl das Gefühl, mit seinen Forschungen nicht fertig zu sein. In quantitativer Hinsicht meinte er, noch zu wenige und zu ungenaue Daten zu haben; daher lehnte er auch ab, bei der Kalenderreform mitzuwirken. In qualitativer Hinsicht empfand er es als störend, dass in seiner Theorie die Sonne nicht genau im Zentrum der Welt steht. Er zögerte dagegen nicht aus Angst vor der Kirche. Im Gegenteil – Copernicus widmete 1542 sein Werk Papst Paul III. (1468–1549):

„Damit aber [...] Gelehrte und Ungelehrte sehen, dass ich durchaus niemandes Urteil scheue, so wollte ich diese meine Nachtarbeiten lieber Deiner Heiligkeit als irgendeinem anderen widmen, weil Du [...] an Würde des Ranges und an Liebe zu allen Wissenschaften und zur Mathematik für den Erhabensten gehalten wirst, so dass Du durch Dein Ansehen und Urteil die Bisse der Verleumder leicht unterdrücken kannst. [...] Mathematische Dinge werden für Mathematiker geschrieben, die, wenn mich meine Meinung nicht täuscht, einsehen werden, dass diese unsere Arbeiten auch an dem kirchlichen Staate mitbauen, dessen höchste Stelle Deine Heiligkeit jetzt einnimmt."[11]

Erst sein Schüler Georg Joachim Rheticus (1514–1574) überredete Copernicus zur Veröffentlichung und übergab die Überwachung des Drucks an Andreas Osiander (1498–1552), einen lutherischen Theologen und Mathematiker an der Lorenzkirche in Nürnberg. De revolutionibus orbium coelestium, „Von den Umdrehungen der Himmelssphären", entstand in 36 Jahren Arbeit. Es erschien 1543 in Nürnberg, gedruckt bei Petreius.

DIE REZEPTION DES COPERNICANISCHEN WELTBILDES

Zusammenfassend könnte man die Leistung des Copernicus folgendermaßen beurteilen: Copernicus hat zwar die richtige Anordnung der Planeten gefunden (Abb. 98), aber sonst nur „die Phänomene gerettet" (salvare phaenomena), weil er die Voraussetzungen des antiken Weltbildes, besonders die Vollkommenheit, Einfachheit und Harmonie (Kreisbewegung und gleichförmige Geschwindigkeit), nicht aufgeben wollte. Das Buch De revolutionibus wurde zunächst ohne Begeisterung aufgenommen, da es viel Mathematik und Tabellen enthielt und auch nicht ohne komplizierte Epizyklen der Antike auskam. Außerdem wurde die Berechnung der Planetenpositionen aufgrund der heliozentrischen Lehre weder genauer, noch war diese physikalisch oder astronomisch „überprüfbar". Ferner war es wegen des Problems der bewegten Erde unvereinbar mit der Physik des Aristoteles und schließlich unvereinbar mit dem Alten und Neuen Testament. Überliefert ist Martin Luthers (1483–1546) Bemerkung während eines Tischgesprächs von 1539:

---

11 Copernicus, Vorrede, zitiert nach: Klaus (1959), S. 7f.

„Es ward gedacht eines newen Astrologi / der wollte beweisen / das die Erde bewegt würde und umbgienge / Nicht der Himel oder das Firmament / Sonne und Monde / Gleich als wenn einer auff einem Wagen oder einem Schiffe sitzt und bewegt wird / meinete / er sesse still und rugete / das Erdreich aber und die Beume gingen umb und bewegten sich. Aber es gehet jitzt also / Wer das will klug sein / der sol jm etwas eigens machen / das mus das aller beste sein / wie ers machet / Der Narr will die gantze kunst Astronomiae umbkehren / Aber wie die heilige Schrift anzeiget / so hies Josua die Sonne stillstehen / und nicht das Erdreich."[12]

Man sollte grundsätzlich eine einzelne Aussage Luthers nicht überbewerten. Sicher ist aber richtig, dass die Protestanten die Bedeutung der Bibel als Grundlage des christlichen Glaubens stark betonten sowie eine wörtliche Auslegung bevorzugten und somit beispielsweise stärker Anstoß an dem Josua-Zitat nahmen als die Katholiken. Eine kritische Äußerung ist auch von Philipp Melanchthon (1497–1560), dem Praeceptor Germaniae, von 1541 überliefert: „Es gibt da Leute, die glauben, es sei ein hervorragender Fortschritt, eine so absurde Behauptung zu verfechten wie dieser sarmatische Astronom, der die Erde bewegt und die Sonne anheftet. Wahrlich, kluge Herrscher sollten die Frechheit der Geister zügeln!"[13] Bei seiner *Initia doctrina physicae* von 1549 äußerte sich Melanchthon aber anerkennend bezüglich der Mondtheorie des Copernicus, und in der nächsten Auflage des Werks von 1550 schwächte er seine ablehnende Haltung gegenüber Copernicus weiter ab.[14] Jedenfalls führte das neue Weltbild des Copernicus zu theologischen und philosophischen Auseinandersetzungen – zunächst im protestantischen, später im katholischen Bereich.

DER KAMPF UM DAS NEUE WELTBILD – TYCHO UND GALILEI

Einen experimentellen Weg als Copernicus ging der dänische Astronom Tycho Brahe (1546–1601) (Abb. 100). Weil es ihm trotz seiner hervorragenden Instrumente (Abb. 99) nicht gelungen war, die Entfernung der Fixsterne zu messen, entwickelte er ein neues Weltbild, bei dem alle Planeten die Sonne umkreisen und alle gemeinsam die Erde. Das Weltbild von Tycho, das die Erde im Zentrum beließ, bot einen günstigen Kompromiss zwischen altem und neuem Weltbild.[15] Deshalb war es im 17. Jahrhundert verbreitet und wurde von Seiten der Kirche – besonders von den Jesuiten – favorisiert, da es Widersprüche zur Bibel vermied, insbesondere zu dem bekannten Josua-Zitat. Solange es keine physikalische Begründung für die Be-

---

12 Tischreden oder colloquia doct. Martin Luthers, so er in vielen Jaren gegen gelarten Leuten, auch frembden Gesten, und seinen Tischgesellen gefüret, nach den Heubtstücken unserer christlichen Lere zusammengetragen von Johannes Aurifaber, Eisleben 1566, Faksimile-Ausgabe, hg. von Helmar Junghans, Leipzig 1981, Bl. 580v.

13 Brief Philipp Melanchthons an Burkhard Mithoff [Mithobius] (1504–1565) vom 16.10.1541, gedruckt im Philippi Melanchthonis opera quae supersunt omnia (= Corpus Reformatorum, Bd. 4), hg. v. Karl Gottlieb Bretschneider, Leipzig 1846, col. 679, S. 217. Jüngst zu Melanchthon erschienen ist Sönke Lorenz u. a. (Hg.): Vom Schüler der Burse zum „Lehrer Deutschlands". Philipp Melanchthon in Tübingen (Begleitband zur gleichnamigen Ausstellung, Stadtmuseum Tübingen, April–Juli 2010), Tübingen 2010.

14 Dies betont z. B. Ernst Zinner: Entstehung und Ausbreitung der copernicanischen Lehre, München ²1988, S. 271f.

15 Dazu Gudrun Wolfschmidt: Tycho Brahes Instrumente. Historische Wurzeln, Innovation und Nachwirkung, in: Johann Anselm Steiger u. a. (Hg.): Innovation durch Wissenstransfer in der Frühen Neuzeit. Kultur- und geistesgeschichtliche Studien zu Austauschprozessen in Mitteleuropa, Amsterdam/New York 2010, S. 249–278.

99 Tychos Observatorium Stjerneborg auf einem Gemälde von Willem Blaeu (1584), gedruckt in: Joan Blaeu: Atlas Maior, Amsterdam 1662

100 Porträt Tycho Brahes (1546–1601)

wegungen der Himmelskörper gab, konnte Tychos Weltsystem die Beobachtungen genauso gut beschreiben wie das von Copernicus.

Als technische Innovation war das Fernrohr eine wichtige Grundlage für die Durchsetzung des neuen Weltbildes (Abb. 101). Galileo Galilei (1564–1642) erfuhr von dem neuen Instrument aus Holland und schnell gelang ihm die Herstellung eines eigenen Fernrohrs mit einer Objektivlinse im Durchmesser von 30 mm, das er zur Himmelsbeobachtung einsetzte, ohne jedoch eine theoretische Begründung zu schaffen. Johannes Kepler (1571–1630) begründete die geometrische Optik mit seiner Schrift *Ad Vitellionem paralipomena* (1604) und entwickelte die Theorie des Fernrohrs in seiner *Dioptrice* (1611). Er erklärte den Strahlengang im Auge und verbesserte das Fernrohr mit der Einführung des Keplerschen oder astronomischen Fernrohrs (1611), das ein langbrennweitiges konvexes Objektiv und ein kurzbrennweitiges konvexes Okular hatte. Kepler korrespondierte mit Galilei, traf ihn aber nie persönlich. Galilei versuchte, mit Hilfe seines Fernrohrs Beweise für das heliozentrische System zu finden.[16] Beispielsweise zeigte seine Entdeckung der Jupitermonde, dass es außer der Erde mindestens noch ein Zentrum im Kosmos gibt, das Mittelpunkt einer Bewegung ist.

Doch erst im 19. Jahrhundert gelang der eindeutige Beweis für das heliozentrische Weltbild, für die Erdrotation und den Erdumlauf aufgrund stark verbesserter Instrumente. Zu allgemeiner Anerkennung in der Öffentlichkeit gelangten die copernicanischen Ideen damals noch nicht. Im Gegenteil! Nachdem sich in protestantischen Kreisen schon Mitte des 16. Jahrhunderts Ablehnung gezeigt hatte, nahm bei den Katholiken die Ablehnung zu, als Galilei forderte, dass sich die Theologen bei der Auslegung der Bibel nach den neuen naturwissenschaftlichen Erkenntnissen zu richten hätten. Deshalb formulierten die Theologen der Indexkommission 1616: „Zu behaupten, die Sonne stehe unbeweglich im Mittelpunkt der Welt, ist absurd, philosophisch falsch und außerdem ketzerisch, weil es ausdrücklich der Heiligen Schrift zuwider ist."[17] Galileis *Dialogo sopra i due massimi sistemi* (1632) und Copernicus' *De revolutionibus* kamen auf den Index der Verbotenen Bücher – Copernicus allerdings nur auf den Index donec corrigatur: er durfte gelesen werden, wenn alle Stellen, an denen von Bewegung der Erde die Rede war, korrigiert wurden. Als Reaktion auf das Verbot wurde De revolutionibus 1616 in dritter Auflage in der protestantischen Stadt Amsterdam neu herausgegeben.

---

[16] Siehe Alistair C. Crombie: Von Augustinus bis Galilei. Die Emanzipation der Naturwissenschaft, München 1977 (Köln 1959); Stillman Drake: Galileo. Pioneer Scientist, Toronto 1990.

[17] Gutachten vom 24.02.1616, zitiert nach Karl von Gebler: Galileo Galilei und die römische Curie. Nach den authentischen Quellen, 2 Bde., Bd. 2: Die Acten des Galilei'schen Prozesses. Nach der Vaticanischen Handschrift, Stuttgart 1877, S. 47.

101 Luigi Sabatelli: Galileo Galilei präsentiert sein Fernrohr vor dem Dogen in Venedig, 1840

102 Porträt Johannes Keplers (1571–1630), 1610

103 Frontispiz aus Johannes Kepler: Tabulae Rudolphinae, Ulm 1627

JOHANNES KEPLER UND DIE NEUE ASTRONOMIE

Johannes Kepler (Abb. 102) wurde in Weil der Stadt bei Stuttgart als ältestes von sieben Kindern geboren.[18] Zunächst besuchte er die Deutsche Schule, dann 1578–1586 die Lateinschule in Leonberg und Adelberg. 1586 ging er in die Stiftsschule Maulbronn; 1589 wurde er Baccalaureus, was zum Studium berechtigte. 1589 begann er, in Tübingen die artes liberales zu studieren, besonders Mathematik und Astronomie. Schon als Student erhielt Kepler die ersten Vorstellungen vom Copernicanischen System durch seinen Lehrer Michael Mästlin (1550–1631). Nachdem er 1591 Magister Artium geworden war, bekam er ein Stipendium für ein Studium der Theologie am Evangelischen Stift. 1594 wurde Kepler Professor für Mathematik an der evangelischen Stiftsschule im überwiegend katholischen Graz. Hier verlagert sich sein Interesse von Theologie auf Mathematik, Astronomie/Astrologie und Kalenderprobleme. Als im Jahr 1600 alle Protestanten aus Graz und der Steiermark vertrieben wurden, floh Kepler nach Ungarn.

Sein wissenschaftliches Interesse galt zu dieser Zeit der Suche nach himmlischen Symmetrien und Harmonien, nach den Geheimnissen des Kosmos. So entwarf er – geprägt von neuplatonischen Einflüssen und mittelalterlich-mystischen Vorstellungen – sein Mysterium Cosmographicum, das 1596 in Tübingen gedruckt wurde. In diesem ersten Werk zur Ergründung der geheimen Ordnung im Sonnensystem brachte er die Planetenbahnen mit den fünf regelmäßigen Polyedern in Beziehung: „Da ich daher in dieser Hinsicht durch keinerlei religiöse Bedenken gehindert war, dem Kopernikus zu folgen, wenn das, was er vorträgt, wohl begründet ist, wurde mein Glaube an ihn zuerst durch die schöne Übereinstimmung erweckt, die zwischen allen Himmelserscheinungen und den Anschauungen des Kopernikus besteht."[19]

Kepler folgte 1600 einer Einladung Tycho Brahes als sein Assistent nach Prag. Nach Tychos Tod wurde Kepler 1601 kaiserlicher Astronom und Hof-Mathematiker von Kaiser Rudolf II. in Prag (bis 1612), später von Kaiser Matthias und Ferdinand II. Gleichzeitig hielt sich am Hof Jost Bürgi (1552–1632) als kaiserlicher Uhrmacher auf. In Prag beobachtete Kepler 1604 die Nova Ophiuchus, eine Supernova nach heutiger Erkenntnis, und verfasste seine Hauptwerke Dioptrice und Astronomia nova. Brahes ausführliche Beobachtungen der Marsbahn zwischen 1580 und 1596 dienten Kepler nun als Material zur Auswertung. In seinem grundlegenden Werk über die Planetentheorie Astronomia nova, gedruckt 1609 in Heidelberg, brachte er den Nachweis, dass sich die ausgezeichneten Mars-Beobachtungen von Tycho Brahe nur dann gut darstellen lassen, wenn sich Mars in einer Ellipse um die Sonne als Brennpunkt bewegt (1. Keplersches Gesetz, 1604), wobei der Richtstrahl in gleichen Zeiten gleiche Flächen überstreicht (2. Keplersches Gesetz, 1601). Damit entdeckte Kepler die Gesetze, nach welchen die Planeten um die Sonne kreisen.

---

18 Zu Kepler siehe etwa Volker Bialas: Johannes Kepler, München 2004; Walther Gerlach; Martha List: Johannes Kepler, München ²1980; Owen Gingerich: The Eye of Heaven: Ptolemy, Copernicus, Kepler, Melville/New York 1993.

19 Johannes Kepler: Gesammelte Werke, Bd. 1: Mysterium Cosmographicum (Tübingen 1596), hg. v. Max Caspar, München 1938, Kap. 1, S. 29.

1612 nahm Kepler in Linz eine Stelle als Mathematiklehrer an der Protestantischen Landschaftsschule an. Er hatte zudem aus Prag noch die Verpflichtung, die Rudolphinischen Tafeln fertig zu stellen. In seiner Stereometria doliorum widmete er sich dem praktischen Problem der Bestimmung des Fassvolumens. In seinem 1619 erschienenen Harmonices mundi wurde in den ersten zwei Büchern die Frage der regulären Körper diskutiert, wobei er zwei neue halbreguläre Körper fand. Das dritte Buch umfasste die Musiktheorie, das vierte die Verhältnisse, aber nicht nur bezogen auf Zahlen, sondern auch auf Geometrie, und Kepler diskutierte Bezüge zum theologischen Weltbild: „Ich fühle mich von einer unaussprechlichen Verzückung ergriffen ob des göttlichen Schauspiels der himmlischen Harmonie [...]. Denn wir sehen hier, wie Gott gleich einem menschlichen Baumeister, der Ordnung und Regel gemäß, an die Grundlegung der Welt herangetreten ist."[20] Im 5. Buch wurde schließlich das 3. Keplersche Gesetz genannt, aber ohne mathematische Herleitung.

1618 bis 1621 verfasste Kepler seine Epitome Astronomiae Copernicae zum Thema Weltbild, formuliert in Frage und Antwort; 1635 erschien die zweite Auflage dieses Werkes. 1626 ging Keplers Zeit in Linz zu Ende. In den Wirren des Dreißigjährigen Krieges begann Kepler ein Wanderleben, lebte 1627–1628 in Ulm und ging danach unter anderem nach Schlesien, wo er bis 1630 in Albrecht von Wallensteins Diensten stand.[21] Schließlich begab er sich nach Regensburg, um den Kaiser beim Reichstag zu treffen. Dort ließ er sich nieder und verstarb im Jahr 1630.

Im Vergleich zu Copernicus ging Kepler einen Schritt weiter: Er legte keinen Wert mehr auf die antiken Forderungen nach Kreisbahnen und gleichförmiger Geschwindigkeit der Himmelskörper. So verbesserte Kepler im Jahrhundert nach Copernicus das neue System, indem er Ellipsenbahnen statt Kreisen oder Sphären einführte und auf die gleichförmige Bewegung verzichtete. Dadurch löste er sich vollständig vom Vollkommenheitsanspruch Platons und brach endgültig mit dem Ptolemäischen Weltbild der Antike und des Mittelalters.

Als Grundlage für künftige Berechnungen der Planetenpositionen vollendete Kepler die Rudolfinischen Tafeln (Abb. 103). Obwohl ein Teil des Manuskripts beim Verlassen von Linz verloren gegangen war, konnte er das Werk 1627 in Ulm in Druck geben. Diese Tafeln waren genauer als die Prutenischen Tafeln, die auf der Grundlage des Copernicanischen Weltbildes berechnet worden waren. Außerdem steckte enormer Rechenaufwand in ihnen. Basierend auf den Logarithmentafeln Jost Bürgis und John Napiers entwickelte Kepler selbst die *Chilias logarithmorum* (Marburg 1624), die aber nicht dezimal, sondern hexagesimal und deshalb für astronomische Anwendungen geeigneter waren. Auf der Grundlage seiner Gesetze der Planetenbewegung konnte Kepler erfolgreich den Venustransit vor der Sonnenscheibe für das Jahr 1631 vorhersagen. Die erkannten Gesetzmäßigkeiten wollte Kepler jedoch noch weiterführen, indem er die Welt als göttliches Uhrwerk betrachtete:

---

[20] Johannes Kepler: Gesammelte Werke, Bd. 6: Harmonices mundi (Linz 1619), hg. v. Max Caspar, München 1940, Buch 5.

[21] Zu Astrologie und dem Horoskop für Wallenstein siehe Wolfschmidt 2010.

104 Durchbruch zum neuen Weltbild, nach einem Holzstich aus Camille Flammarion: L'Atmosphère. Météorologie populaire, Paris 1888, S. 163

„Meine Absicht dabei ist, aufzuzeigen, dass die Himmelsmechanik nicht einem göttlichen Gefüge, sondern eher einem Uhrwerk verglichen werden muss [...] insofern nämlich, als all die vielfältigen Bewegungen mittels einer einzigen, recht einfachen magnetischen Kraft erfolgen, wie bei einem Uhrwerk alle Bewegung durch ein schlichtes Gewicht bewirkt werden."[22]

Kepler ahnte also schon eine von der Sonne auf die Planeten ausgehende Kraft. So begann er mit der Idee der Kraft als *vis motrix*, den Weg von der geometrisch-kinematischen Theorie zur Dynamik zu beschreiben. Keplers Physik des Himmels (physica coelestis) ist ein erster Schritt in Richtung auf die Physikalisierung der Astronomie.[23]

Eine physikalische Grundlage für die Bewegung der Planeten um die Sonne als deren Gravitationszentrum schuf erst Isaac Newton (1642–1726) mit seinem Hauptwerk *Philosophiae Naturalis Principia Mathematica*, das 1687 in London erschien. Auf der Basis dieser Himmelsmechanik konnte sich – obwohl der experimentelle Nachweis der Erdbewegung fehlte – die heliozentrische Idee im 18. Jahrhundert durchsetzen.

COPERNICANISCHE REVOLUTION – DURCHBRUCH ZUM NEUEN WELTBILD

Die bekannte Abbildung von Flammarion aus dem Jahr 1882 (Abb. 104) soll die Bedeutung dieses wissenschaftlichen Prozesses als Durchbruch zu einem neuen Weltbild symbolisieren. Der Übergang von der geo- zur heliozentrischen Deutung der Struktur des Kosmos, der Weltordnung, dauerte sehr lange, von der Antike bis

---

22 Kepler, Harmonices mundi.
23 Siehe Richard S. Westfall: The Construction of Modern Science. Mechanism and Mechanics, Cambridge (Mass.) [7]2007 (New York [1]1971).

ins 18. Jahrhundert – im Wechselspiel zwischen Tradition und Fortschritt. Copernicus löste eine Revolution aus, aber wider seinen Willen. Die Hauptleistung des Copernicus war nicht, die Sonne in die Mitte des Kosmos zu *stellen*, sondern sein Verzicht auf die Stellung des Menschen in der Mitte der Welt. Obwohl Copernicus sich keineswegs als Revolutionär begriff, ist mit der copernicanischen Wende bis heute eine der größten Umwälzungen der Geistesgeschichte verbunden.[24] Dass die Copernicanische Revolution Erde und Menschheit aus dem Zentrum des Kosmos vertrieben hat, empfand der Mensch bis ins 18. Jahrhundert schmerzlich. Johann Wolfgang von Goethe drückte es folgendermaßen aus:

„Doch unter allen Entdeckungen und Überzeugungen möchte nichts eine größere Wirkung auf den menschlichen Geist hervorgebracht haben als die Lehre des Copernicus. Kaum war die Welt [Erde] als rund anerkannt und in sich selbst abgeschlossen, so sollte sie auf das ungeheure Vorrecht Verzicht tun, der Mittelpunkt des Weltalls zu sein. Vielleicht ist noch nie eine größere Forderung an die Menschheit geschehen: denn was ging nicht alles durch diese Anerkennung in Dunst und Rauch auf: ein zweites Paradies, eine Welt der Unschuld, Dichtkunst und Frömmigkeit, das Zeugnis der Sinne, die Überzeugung eines poetisch-religiösen Glaubens; kein Wunder, daß man dies Alles nicht wollte fahren lassen, daß man sich auf alle Weise einer solchen Lehre widersetzte, die denjenigen, der sie annahm, zu einer bisher unbekannten, ja ungeahnten Denkfreiheit und Großheit der Gesinnung berechtigte und aufforderte."[25]

Diesen großen Verlust der Mitte der Welt hat die Denkfreiheit als Folge einer neuen Einsicht in die Natur ersetzt. Die Bedeutung liegt nicht nur im Werk von Copernicus selbst, sondern vielmehr in der geistesgeschichtlichen Wirkung. Copernicus gab den Impuls, der das Denken in neue Bahnen lenkte. Copernicus hat die Revolution ausgelöst – aber wider seinen Willen! In den Worten des Wissenschaftstheoretikers: „Das Buch gab zu einer Revolution Anlass, die sich in ihm kaum ankündigte. Es ist ein Buch, das einen Umsturz hervorruft, es ist aber kein revolutionäres Buch."[26]

Copernicus hatte die Grundlagen für die Entstehung unseres modernen Weltbildes gelegt. Kepler wollte der copernicanischen *Hypothese* ein physikalisches Fundament verschaffen und damit die Trennung von Mathematik und Physik des Himmels aufheben, was schon Copernicus beabsichtigt hatte. Mit der Einführung von freien Bahnen der Planeten statt der Sphären und mit dem Ende der antiken Axiome der Kreisförmigkeit und Gleichförmigkeit vollzog Kepler die endgültige Wende der astronomischen Wissenschaft von der Antike und dem Mittelalter zur Neuzeit. Kepler vollendete die Copernicanische Revolution.

---

24 Vgl. Alexandre Koyré: The Astronomical Revolution. Copernicus, Kepler, Borelli, Ithaca (NY) 1973; vgl. Thomas Samuel Kuhn: Die Struktur wissenschaftlicher Revolutionen, Frankfurt am Main ²1976.

25 Johann Wolfgang von Goethe: Zur Farbenlehre (1810), hg. v. Gertrud Ott; Gerhard Ott, eingel. v. Rudolf Steiner, 3 Bde., Stuttgart u. a. 1979, Historischer Teil, Zwischenbetrachtung II.

26 Thomas Samuel Kuhn: Die kopernikanische Revolution, Braunschweig/Wiesbaden 1981, S. 135.

> HIER WIRKTE VON 1796 BIS ZU SEINEM
> TODE AM 19. APRIL 1831 DER PROFESSOR
> AN DER UNIVERSITÄT TÜBINGEN
> J.G. FRIEDRICH BOHNENBERGER
> GEBOREN AM 5. JUNI 1765 IN SIMMOZHEIM
> ASTRONOM U. GEODÄT, PHYSIKER U.
> MATHEMATIKER, DER WISSENSCHAFT-
> LICHE LEITER DER WÜRTTEMBER-
> ▷ GISCHEN LANDESVERMESSUNG ◁

105 Gedenktafel im Hof des Schlosses Hohentübingen, Bohnenbergers Lebens- und Wirkungsort

ROLAND MÜLLER
ASTRONOM DES KÖNIGS – JOHANN FRIEDRICH BOHNENBERGER

Als die Wissenschaften noch nicht so spezialisiert waren wie heute, konnten etliche Professoren beinahe Alleskönner sein. Diese Vielseitigkeit erlangte man durch ein Theologiestudium mit dem Berufsziel Pfarrer. Wie die meisten seiner Vorgänger, angefangen bei Johannes Stöffler, der vor 500 Jahren als erster akademischer Lehrer dieser Fächer an der Tübinger Universität etablierte, erlernte auch Bohnenberger diesen Beruf und übte ihn auch aus. Fragt man sich „Wie kam der Jungpfarrer dann zur Astronomie, Geodäsie, Physik und Mathematik?" ist die einfache Antwort: „Durch seine Herkunft und die besonders förderlichen Umstände im Herzogtum Württemberg."

Bei der Erforschung seines Lebenswegs und seiner Lebensleistung haben vor allem seine Nachfolger auf dem Gebiet der Vermessungstechnik, Hugo Reist[1] und Eberhard Baumann[2], umfassend recherchiert. Neuerdings rückten auch die bedeutenden physikalisch-technischen Erfindungen Bohnenbergers in den Brennpunkt des Interesses.[3]

KINDHEIT UND AUSBILDUNG

Johann Gottlieb Friedrich Bohnenberger wurde am 5. Juni 1765 in Simmozheim bei Weil der Stadt geboren. Nach dem früh verstorbenen ersten Kind war er das zweite von drei Kindern des dortigen Pfarrers Gottlieb Christoph Bohnenberger (1733–1807) und dessen Ehefrau Johanne Friederike Schmid (1735–1801). Der Vater war neben seiner Tätigkeit als Pfarrer und Lehrer vielseitig interessiert und aktiv. Er verfasste eine Schrift über Bienenzucht und einen *Beitrag zur höheren Drehkunst*, also Drechselarbeit. Zu seinen ersten Aufgaben an seinem neuen Dienstort Simmozheim gehörte der Wiederaufbau des durch Blitzschlag zerstörten Kirchturms.

---

[1] Hugo Reist: Johann Gottlieb Friedrich von Bohnenberger. Gedanken zum 200. Geburtstag, in: Allgemeine Vermessungs-Nachrichten 6 (1965), S. 218–241.

[2] Eberhard Baumann: Bohnenberger und Altburg, in: Mitteilungen des Deutschen Vereins für Vermessungswesen, Landesverein Baden-Württemberg [im Folgenden: DVW BW] 1 (2009), S. 90–101, sowie DVW BW 2 (2010), S. 78–113. Biographisches auch von Margot Klemm: Bohnenberger und die „Sattelzeit", in: DVW BW 2 (2010), S. 7–26; Gerhard Betsch: Die Mathematischen Wissenschaften an der Universität Tübingen vom Anfang des 18. Jahrhunderts bis zu Bohnenbergers Tod, in: DVW BW 2 (2010), S. 27–45.

[3] Vgl. Andor Trierenberg, Jörg F. Wagner: Die „Maschine von Bohnenberger" und das Werk ihres Urhebers, in: Allgemeine Vermessungs-Nachrichten 3 (2008), S. 82–90 sowie Jörg F. Wagner, Andor Trierenberg: Ursprung der Kreiseltechnik – die Maschine von Bohnenberger, in: DVW BW 2 (2010), S. 46–59. Zur Zusammenarbeit Bohnenbergers mit seinen handwerklichen Mitarbeitern: Andor Trierenberg; Jürgen Kost: J. G. F. Bohnenberger (1765–1831) und seine Mechaniker, in: DVW BW 2 (2010), S. 60–69.

106 Eine Veröffentlichung von Gottlieb Christoph Bohnenberger, 1793

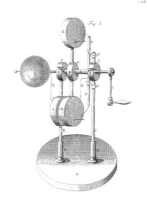

107 Influenzmaschine von Gottlieb Christoph Bohnenberger, veröffentlicht in: Gilberts Annalen der Physik, 1798

Die Elektrizität und die Erfindung des Blitzableiters erregte zu dieser Zeit größtes öffentliches Aufsehen, war rätselhaft und kurios. Bohnenberger Junior erlebte einen bastelnden und experimentierenden Vater, der in seinem ländlichen Pfarrhaus ein eigenes physikalisches Laboratorium eingerichtet hatte (Abb. 106, 107). Aus den Forschungsarbeiten von Pfarrer Bohnenberger, der 1784 nach Altburg bei Calw versetzt wurde, kam es danach zu mehreren Veröffentlichungen: 1784 eine „Beschreibung einer auf neue, sehr bequeme Art eingerichteten Elektrisiermaschine", der bis 1799 sechs Fortsetzungen folgten; ferner ein „Beitrag zur theoretischen und praktischen Elektrizitätslehre" und „Neue Gedanken über die Möglichkeit, elektrische Verstärkungsflaschen weit stärker als bisher zu laden".

Württemberg war das erste Land Europas, in dem eine allgemeine Schulpflicht bestand schon 1559 in der allgemeinen Kirchenordnung von Herzog Christoph verordnet und nicht nur für Knaben, sondern auch für „Döchterlein". 1648 wurde die Schulpflicht bis zum 14. Geburtstag der Kinder erweitert. Fast jeder Ort hatte seine eigene Schule bei der Kirche. Lehrer waren üblicherweise in kleinen Orten die Mesner und die Dorfpfarrer, in größeren die Schulmeister und ihre Gehilfen. Lesen und Schreiben, Rechnen und Bibelsprüche zu lernen, war das erste Bildungsziel für alle. Reist vermutet: „In Simmozheim erhielt der junge Bohnenberger wahrscheinlich Anregungen zur Feldmesserei durch den damaligen Geometer und Schultheiß Müller und dessen Sohn, die sich mit der Vermessung der Wälder beschäftigten."[4]

Gesichert ist, dass er nach der Volksschule drei Jahre von seinem Vater unterrichtet wurde, so dass er 1782 am Stuttgarter Gymnasium in die Unterprima einsteigen konnte. Er wohnte bei seinem Onkel und erhielt vermutlich gemeinsam mit seinem späteren Stiftskommilitonen Georg Wilhelm Friedrich Hegel Zusatzunterricht im „Feldmessen". Am Gymnasium illustre hatte man zwar zur Vorbereitung auf die Aufnahme in das Evangelische Stift vor allem Latein und Griechisch zu lernen, aber im Dach der Schule gab es auch ein astronomisches Observatorium und weitere naturwissenschaftliche Bildungsanregungen.

Bohnenberger wollte wie sein Vater Pfarrer werden. Deshalb war seine nächste Bildungsstätte ab 1784 das Evangelische Stift – treffend als herzogliches Stipendium bezeichnet, weil man dort auch mit kostenfreiem Essen und Wohnen gut versorgt war (Abb. 108). Jährlich wurden etwa 30 Neulinge aufgenommen, zumeist herangezogen in den ebenfalls unentgeltlichen Klosterschulen des Landes und nach strengen Aufnahmekriterien ausgewählt. Der Studientag begann morgens um fünf Uhr und war streng reglementiert, wurde aber mit zwei reichlichen Mahlzeiten mit jeweils einem halben Pfund Fleisch, dreiviertel Pfund Brot und zwei Schoppen Wein erträglich gemacht.[5] Der Wein war freilich nicht so alkoholreich wie heute und oft so mäßig genussvoll, dass die Stiftler ihn gerne an die nach jeder Mahlzeit am Tor anstehenden Bürger und Studenten aus der Stadt weiterverkauften. Immaterielle Vorteile boten die besonderen Bildungsangebote und die reichhaltige Bibliothek.

---

4 Reist 1965, S. 218.

5 Vgl. Joachim Hahn; Hans Mayer: Das Evangelische Stift in Tübingen. Geschichte und Gegenwart – zwischen Weltgeist und Frömmigkeit, Stuttgart 1985, S. 266.

108 Das Evangelische Stift, seit 1548 Stätte der Begabtenförderung

109 Dieter Jaeger: Porträt Herzog Carl Eugens (1728–1793), um 1760

110 Cassini-Quadrant, das erste Gerät für die Sternwarte

Im Stift hatte schon Bohnenbergers Vater studiert. Später lernten dort auch sein Sohn und einer seiner beiden Schwiegersöhne. Die berufliche Herkunft des Vaters legte im 18. Jahrhundert noch beinahe unumstößlich die Wege der Kinder fest. Auch die Schwiegersöhne entstammten meist diesem Umfeld. Im Herzogtum war auf diese Weise eine Mittelschicht in bescheiden besoldeten Ämtern entstanden, deren Sprösslinge jeweils aufs Neue durch eine erfolgreiche Schul- und Studienkarriere für die Grundlage ihrer auskömmlichen Zukunft sorgen mussten. Der Pfarrerberuf war durchaus erstrebenswert. Das System von Landexamen, kostenlosen Klosterschulen und Stift förderte die Begabten und ebnete ihnen den Weg zu theologischen und anderen wissenschaftlichen Laufbahnen. So konnten auch die Vorgänger Bohnenbergers auf dem Mathematiklehrstuhl der Universität Tübingens — Mästlin, Schickard, Creiling, Bilfinger, Krafft, Kies und Pfleiderer — als Landeskinder durch diesen Bildungsweg zu erstklassigen Wissenschaftlern werden. Viele setzten ihren beruflichen Aufstieg an anderen Universitäten fort, benötigten dazu aber die Erlaubnis des Herzogs und wurden gerne wieder nach Tübingen berufen. Einem der bedeutendsten Zöglinge des Stifts allerdings, dem Astronomen und Mathematiker Johannes Kepler, war wegen theologischer Differenzen die Rückkehr nach Tübingen verwehrt worden, und der Philosoph Hegel wollte nicht zurück.

Die ersten beiden Jahre im Stift studierte man an der philosophischen Fakultät die Schriften der Antike in ihren Originalsprachen, zum Beispiel Platon, Euklid, Ptolemäus und Plinius. Die Universitätsprofessoren lehrten aber Mathematik, Physik und Astronomie auch auf Deutsch.

Herzog Carl Eugen lagen diese modernen Wissenschaften sehr am Herzen (Abb. 109). Er war schon 1744, gerade 16-jährig, an die Regierung gekommen und hatte 1752 auf dem Nordostturm des Schlosses durch Krafft ein astronomisches Observatorium einrichten lassen (Abb. 110), mit allerdings äußerst bescheidenem Budget. Es reichte gerade zum Ankauf eines Quadranten, den schon Cassini de Thury für seine Vermessungsarbeiten in Frankreich benutzt hatte, zweier genau gehender Uhren und eines Fernrohres „mäßiger Qualität", wie schon bald beklagt wurde.

1767 wurde Carl Eugen als *Magnificentissimus* auf Lebenszeit Rektor der Universität Tübingen, die seither seinen Vornamen führt. Weil er die Universität jedoch als rückständig betrachtete, gründete er als Konkurrenz die *Hohe Carlsschule* in Stuttgart mit einem moderneren Fächerprofil. Ab 1780 besaß sie Universitätsrang, hatte viel mehr Studenten als Tübingen und brachte namhafte Wissenschaftler hervor.

Bohnenbergers Interesse galt schon während seiner Studienzeit vor allem der Astronomie. So beobachteten er und sein Lehrer Professor Christoph Friedrich Pfleiderer (1736–1821) am 4. Mai 1786 frühmorgens einen Merkurdurchgang vor der Sonne.[6] Daraus entstand seine erste wissenschaftliche Veröffentlichung: „Über den im Jahr 1786 geschehenen Durchgang des Merkurs, nebst den in Paris, Montpellier, Löwen, London, Petersburg, Upsala oder Tübingen angestellten Beobachtun-

---

6 Hier gibt Reist irrtümlich das Datum 7. 6. 1786 an: Reist 1965, S. 231.

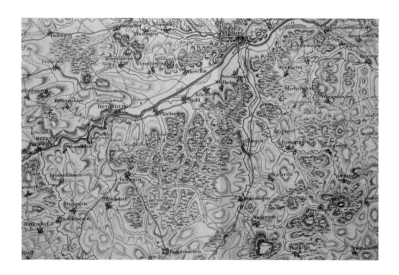

111 Ausschnitt aus Blatt 22 ‚Tübingen' der Charte von Schwaben, 1799

gen" im Astronomischen Jahrbuch für das Jahr 1786.⁷ Dessen Herausgeber Johann Elert Bode war der berühmteste Astronom in deutschen Landen, die Aufnahme des Artikels in sein Jahrbuch eine Auszeichnung für den Studenten. Der Vergleich der Beobachtungen an verschiedenen Orten der Erde war von großer Bedeutung, weil daraus die Entfernung der Sonne genauer zu bestimmen war.

Im gleichen Jahr gab Bohnenberger seine Magisterarbeit bei Pfleiderer ab. Eines der beiden Themen *De eclipsi Solis d 15.06.1787 celebranda* war eine astronomische Aufgabe: Die bevorstehende Sonnenfinsternis war zu berechnen und zu beschreiben. Das zweite Thema, *De religione veterum Germanorum* war theologisch, wie es die Studienordnung des Stifts vorschrieb. Dessen strenge Hausordnung verlangte, dass die Zöglinge nachts im Hause blieben. So sah er sich für das Gelingen seines astronomischen Themas gezwungen, ein Loch ins Dach zu machen, um die Sterne beobachten zu können. Als dies entdeckt wurde, erhielt er eine „Carition", das heißt, ihm wurde für einige Tage die zustehende Weinration entzogen.

1788 besuchte er auch die bestens eingerichtete Sternwarte im kurpfälzischen Mannheim, wie ein Eintrag im dortigen Gästebuch nachweist. Ein mehrtägiger Ausflug zu Pferde war außergewöhnlich für einen Theologiestudenten und bezeugt sein wachsendes Interesse für die Astronomie. In seiner zweiten kleinen Publikation beschrieb er eine astronomische Ortsbestimmung für Tübingen.⁸

---

7 Johann G. F. Bohnenberger: Über den im Jahr 1786 geschehenen Durchgang des Merkurs, nebst den in Paris, Montpellier, Löwen, London, Petersburg, Upsala oder Tübingen angestellten Beobachtungen, in: Astronomisches Jahrbuch für das Jahr 1786, hg. v. Johann Elert Bode, Berlin 1786, S. 203. Bode gab mit seinen Jahrbüchern Beobachtungsberichte aus ganz Europa heraus und war damit der Vorläufer der „Astronomischen Correspondenz" von Franz Xaver von Zach.

8 Brief Bohnenbergers an Bode, zitiert in: Astronomisches Jahrbuch für das Jahr 1789, hg. v. Johann Elert Bode, Berlin 1792, S. 256.

1789 legte Bohnenberger sein theologisches Examen ab und wurde Vikar bei seinem Vater in Altbach. Hier konnte er seine Leidenschaft in idealer Weise weiterentwickeln, weil ihn sein ebenfalls astronomisch interessierter Vater beim Bau der kleinen Sternwarte direkt neben dem Pfarrhaus unterstützte. Die höheren kirchlichen Vorgesetzten tolerierten das Treiben der beiden wohlwollend und förderten die Fortbildung des jungen Vikars, indem sie seine Schrift „Astronomische und trigonometrischen Beyträge zur Verfertigung einer genauen Charte von dem Herzogthum Wirtemberg"[9] 1793 an den Herzog weiterreichten. Herzog Carl Eugen war an diesem Vorhaben sehr interessiert und gewährte ihm ein großzügiges Reise-Stipendium von 600 Gulden, stellte auch eine spätere Anstellung in Aussicht. Im Herbst 1793 reiste Bohnenberger nach Gotha, das mit der gerade fertig gestellten neuen Sternwarte auf dem Seeberg und deren hervorragendem Leiter, dem Freiherrn Franz Xaver von Zach, die bestmöglichen Ausbildungsbedingungen bot. Ursprünglich ein Vermessungstechniker als Offizier im kaiserlich-österreichischen Heer, danach als Physikprofessor in Lemberg tätig, dann in England bei Friedrich Wilhelm Herschel, der 1781 den Planeten Uranus entdeckt hatte, war Zach eine Autorität in der aufblühenden Astronomen- und Geodätenwelt. Bei ihm gingen fast alle in Zukunft bedeutenden Astronomen Mitteleuropas als *Adjunkten* in die Lehre. Hier und anschließend in Göttingen erarbeitete der junge Bohnenberger sein erstes größeres Werk, die 514-seitige *Anleitung zur geographischen Ortsbestimmung vorzüglich vermittelst des Spiegelsextanten*, ein für Jahrzehnte maßgebliches Lehrbuch der Vermessungstechnik.[10] In Göttingen besuchte Bohnenberger auch die stets überfüllten Physik-Vorlesungen Georg Christoph Lichtenbergs und fand Anschluss an den ansehnlichen Kreis schwäbischer Gelehrter in der norddeutschen Fremde.

DER KARTOGRAPH

Kurz nach der Rückkehr zu seinem Vikariat in Altburg Ende 1795 wurde Bohnenberger ermächtigt, eine auf trigonometrischen Messungen beruhende Karte herauszugeben (Abb. 111). Gleichzeitig wurde er als Adjunkt seines fast 60-jährigen Lehrers Pfleiderer in Tübingen angestellt mit dem Auftrag, mathematische Vorlesungen zu halten, die Sternwarte Instand zu setzen und als Observator zu betreuen. Mit Eifer stürzte sich der junge Wissenschaftler auf alle diese Aufgaben.

Als erstes Blatt seiner Charte von Wirtemberg erschien 1798 das Blatt Calw. Das Kartographie-Projekt wurde bald erweitert zu einer Charte von Schwaben. Als Verleger konnte Johann Friedrich Cotta gewonnen werden, der auch die Werke von

---

9 Handschriftensammlung Landesbibliothek Stuttgart, Cod. Math. Q. 31.: Johann G. F. Bohnenberger: Astronomische und trigonometrische Beyträge zur Verfertigung einer genauen Charte von dem Herzogthum Wirtemberg [1793]. Vorbild war die auf Cassinis Messungen basierende und gerade gedruckt erschienene „Charte de la France" im Maßstab 1 : 86 400. Der Maßstab war so gewählt, dass eine „Pariser Linie" (2,256 mm) auf der Karte 100 „Toisen" in der Wirklichkeit entsprach. Vor der Französischen Revolution wurden in ganz Europa Zwölfer-Maß-Systeme verwendet, hier 12 Linien = 1 Zoll, 12 Zoll = 1 Fuß, 6 Fuß = 1 Toise = 1,949 m. César François Cassini de Thury (1714–1784) hatte ab 1750 eine lange Kette von Messpunkten von Brest über Paris bis nach Straßburg astronomisch gemessen, sicher auch mit dem Quadranten, den er der neugegründeten Sternwarte Tübingen überließ. Um 1762 wurden die Messungen von der französischen Ostgrenze über Fellbach bei Stuttgart, Ulm, Augsburg, München, Straubing, St. Pölten bis nach Wien fortgesetzt.

10 Johann G. F. Bohnenberger: Anleitung zur geographischen Ortsbestimmung vorzüglich vermittelst des Spiegelsextanten, Göttingen 1795.

112 Heinrich Leibnitz: Porträt von Johann G. F. Bohnenberger (1765–1831), 1844 (Ausschnitt)

Schiller und Goethe verlegte. Der Karte wurden die astronomisch exakt bestimmte geographische Länge und Breite einiger wichtiger Orte, etwa Tübingen, und daran angeschlossen viele trigonometrisch vermessene markante Punkte zu Grunde gelegt. Die Basislinie des Dreiecksnetzes vermaß Bohnenberger so genau wie nur möglich im Ammertal westlich von Tübingen bis Pfäffingen. Das Gebiet der nach und nach erscheinenden Kartenblätter umfasste schließlich das heutige Baden-Württemberg ohne die nördlichsten Landkreise, dazu Bayerisch Schwaben, Vorarlberg und die Nordschweiz.

DER PROFESSOR

Mit dem Unternehmen verdiente Bohnenberger kaum Geld. Auch seine Universitätsanstellung brachte nur ein bescheidenes Einkommen. 1796 betrug sein Jahresgehalt 200 Gulden in Gold und 50 Gulden in Naturalien. 1798 bekam er eine außerordentliche, 1803 eine ordentliche Professur (Abb. 112). Ehrenvolle Rufe an die Universität Freiburg, die Akademie von St. Petersburg und die Universität Bologna, die ihm sogar mehr als das zehnfache Gehalt angeboten hatte, lehnte er ab. Er konnte aber jedes Mal wenigstens seinen Anspruch auf Naturalien aufstocken. So betrug im Jahr 1810 sein Jahresgehalt 217 Gulden in Gold und Brennholz, Fleischwaren, Wein und Getreide im Gegenwert von 300 Gulden. Seit 1803 erhielt er außerdem eine unentgeltliche Wohnung für seine Familie im Ostflügel des Schlosses, gleich neben der unter seiner Leitung umgebauten Sternwarte (Abb. 113).

1798 hatte Bohnenberger die Förstersochter Johanna Christine Philippine Luz aus einem Nachbarort von Altburg geheiratet. Der Ehe entsprossen zwei Söhne und zwei Töchter. Eine heiratete 1818 einen Professor der Chemie aus der Familie Gme-

113 Die Sternwarte nach dem Umbau 1794–1803, Gemälde

lin. Doch dies konnte Bohnenbergers gesellschaftliche Stellung in der Universität ebenso wenig verbessern wie die vom König verliehenen Orden und die damit verbundene Erhebung in den persönlichen Adelsstand. Viele der Professoren der anderen Fakultäten nahmen ihm immer noch übel, dass er von Herzog Friedrich eigenmächtig und am Senat vorbei zum Professor ernannt worden war. Die Theologen und Juristen fühlten sich nicht nur über Mathematiker und Naturwissenschaftler erhaben, sondern sie hatten auch im Senat immer die Mehrheit der Sitze inne. Bohnenbergers praktische Natur verhalf ihm zu einem guten Verhältnis zu den einheimischen Bauern.

Für seine Studenten verfasste Bohnenberger hilfreiche Lehrbücher: zuerst eine deutsche Übersetzung des Manuskripts seines Lehrers Pfleiderer über Trigonometrie,[11] dann eine Einführung in die Analysis[12] und ein Lehrbuch der Astronomie.[13] Seine Physik-Vorlesungen waren gut verständlich und mit Experimenten angereichert, wie er es bei Lichtenberger erlebt hatte. Dabei wurde er von dem tüchtigen und intelligenten Mechanicus Gottlob Buzengeiger tatkräftig unterstützt. In dieser Zusammenarbeit entstanden vielerlei erfindungsreiche Geräte: bipolare Elektroskope, Verbesserungen an der Influenzmaschine seines Vaters, Realisierungen des von Bohnenberger schon in Göttingen vorgeschlagenen Reversionspendels zur Bestimmung der Erdbeschleunigung und als bedeutendste Erfindung das Gyroskop (Abb. 114, 115), das die Stabilität der Erdrotationsachse im Weltraum und

---

11 Johann G. F. Bohnenberger: Ebene Trigonometrie mit Anwendungen und Beiträgen zur Geschichte derselben, aus dem Lateinischen mit Ergänzung durch Zusätze und praktische Beispiele der Arbeit von Pfleiderer, Chr. Fr.: Analysis triangulorum rectilineorum (Pars I, 1784, Pars II, 1785), Tübingen 1802.
12 Johann G. F. Bohnenberger: Anfangsgründe der höhern Analysis, Tübingen 1811.
13 Johann G. F. Bohnenberger: Astronomie, Tübingen 1811.

114 Schwungmaschine, Privatsammlung

115 Appareil Bohnenberger, Lycee Fabert, Metz/Frankreich

deren langsame Torkelbewegung leicht nachvollziehbar darstellte. Damit konnte die Verschiebung des Schnittpunktes von Erdbahnebene und Himmelsäquator und die resultierende Wanderung der Himmelspole erklärt werden. In der ägyptischen und griechischen Antike lag der Nordpol der Himmelskugel noch nicht beim heutigen Polarstern.

Eine bedeutende Leistung Bohnenbergers waren die Gründungen und die Herausgabe wissenschaftlicher Fachzeitschriften, deren wichtigste war die Zeitschrift für Astronomie und verwandte Wissenschaften gemeinsam herausgegeben mit Bernhard von Lindenau, dem Nachfolger Zachs in Gotha.[14] Vorläufer waren die von Zach gegründeten oder mitbegründeten ersten astronomischen Fachzeitschriften Allgemeine Geographische Ephemeriden (1798–1816) und Monatliche Correspondenz zur Beförderung der Erd- und Himmelskunde (1800–1813).[15]

---

14 Zeitschrift für Astronomie und verwandte Wissenschaften, hg. v. Johann G. F. Bohnenberger, Bernhard v. Lindenau, Tübingen 1816–1818; vgl. Tübinger Blätter für Naturwissenschaften und Arzneikunde, hg. v. Johann G. F. Bohnenberger, Johann Heinrich Ferdinand v. Autenrieth, Tübingen 1815–1817; Naturwissenschaftliche Abhandlungen, hg. v. Johann G. F. Bohnenberger u. a., Stuttgart 1826–1828.

15 Vgl. Allgemeine Geographische Ephemeriden, hg. v. Friedrich Justin Bertuch u.a., Weimar 1798–1816; vgl. Monatliche Correspondenz zur Beförderung der Erd- und Himmelskunde, hg. v. Franz Xaver v. Zach, Gotha 1800–1813.

116 Kleines Observatorium für das 1814 angeschaffte Gerät von Reichenbach und Utzschneider, aktuelle Ansicht

Nach der Erhebung Württembergs zum Königreich 1806 und der Aufhebung der alten Universitätsverfassung stand mehr Geld zur Anschaffung von Geräten zur Verfügung. Bohnenberger konnte für die Astronomie ein Fernrohr und ein sehr genaues Messgerät für Azimut- und Höhenwinkel bei der Münchner Firma Reichenbach und Utzschneider kaufen (Abb. 116, 117).

Trotz angeschlagener Gesundheit übernahm Bohnenberger 1818 die wissenschaftliche Leitung der württembergischen Landesvermessung und sicherte durch seinen Sachverstand und Gründlichkeit, dass diese geodätisch verlässlich durchgeführt wurde. Der Bezugspunkt war die Sternwarte Tübingen, die Grundlinie des Dreiecksnetzes die Strecke Solitude – Ludwigsburg. Seine Vorlesungen in Mathematik und Astronomie übernahmen während seiner häufigen Abwesenheiten kompetente Repetenten des Evangelischen Stifts.

Zur Aufbesserung seines Gehalts wurde Bohnenberger das Amt des Oberbibliothekars der Universitätsbibliothek im Rittersaal des Schlosses übertragen, womit eine jährliche Belohnung von 100 Gulden und viel Ärger mit den Professorenkollegen verbunden waren. Freude bereiteten ihm die Briefwechsel und fachwissenschaft-

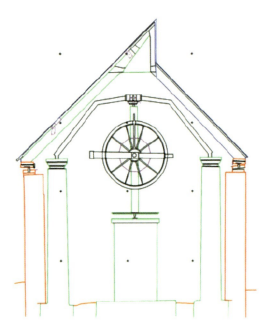

117 Seitenriss-Planzeichnung für das kleine Observatorium mit dem Reichenbach-Gerät

lichen Diskussionen mit den überall in deutschen Landen tätigen Astronomen und Vermessungsspezialisten, insbesondere mit Carl Friedrich Gauß. Bei allen Fachkollegen war er hoch geachtet.

Seinen frühen Tod am 19. April 1831 betrauerte Gauß in einem Brief an den Leiter der Sternwarte Altona, Heinrich Christian Schumacher: „Bohnenbergers Tod wird gewiss auch Sie schmerzlich betrübt haben: es ist ein bedeutender Verlust für die Wissenschaften."[16]

---

16 Briefwechsel zwischen C. F. Gauß und H. C. Schumacher, 2 Bde., hg. v. Christian A. F. Peters, Altona 1860, Bd. 2, S. 255.

GÜNTHER OESTMANN
JOHANN WILHELM ANDREAS PFAFF UND DIE WIEDERENTDECKUNG DER ASTROLOGIE IN DER ROMANTIK

Nachdem Isaac Newton (1642–1727) die elliptische Bahnform der Planeten aus der Wirkung der Schwerkraft erklärt hatte und in seiner 1687 erschienenen Principia die physikalischen Ursachen für Keplers drei Gesetze der Planetenbewegung benennen konnte, machte die Astronomie im Verlauf des 18. Jahrhunderts rasante Fortschritte. Sie profitierte dabei erheblich von den Entwicklungen in der Mathematik. In seiner Mécanique céleste, die zwischen 1799 und 1825 erschien, behandelte Pierre Simon de Laplace (1749–1827) alle Bewegungen im Sonnensystem als rein mathematische Probleme. Er vermochte zu zeigen, dass sich die Bahnstörungen der Planeten auf lange Sicht ausgleichen und das Sonnensystem stabil ist. Letzteres erschien als gewaltiger, durch die universelle Kraft der Gravitation bewegter Mechanismus, der anscheinend ewig funktionierte. Mittels der elegant ausgearbeiteten Theorie von Carl Friedrich Gauß (1777–1855), die dieser in seiner 1809 erschienenen Theoria motus corporum coelestium in sectionibus conicis Solem ambientium (Theorie der Bewegung von Himmelskörpern, welche in Kegelschnitten die Sonne umkreisen) niedergelegt hatte, vermochte man sämtliche Himmelsbewegungen nunmehr mit höchster Präzision zu bestimmen und im Voraus zu berechnen. Die Bahnberechnung von Himmelskörpern stellte dann auch die Hauptaufgabe der Astronomen im Verlauf des 19. Jahrhunderts bis zu den Anfängen der Astrophysik dar. Es gab gute Gründe für die Annahme, dass die Ausbreitung von Freiheit und Vernunft in Verbindung mit der Entwicklung der Wissenschaften auch die menschliche Gesellschaft in ein ähnlich harmonisches Zusammenspiel versetzen könnte, wie es die Kräfteverhältnisse im Sonnensystem darboten.

In dieser Periode erlebte die Astrologie einen deutlichen, nur in England langsamer verlaufenden Niedergang. Allgemein war das intellektuelle Klima des Zeitalters der Aufklärung dem alten Sternglauben nicht eben günstig. Am Ende des 18. Jahrhunderts war die Astrologie in Deutschland faktisch nicht mehr existent, sie wurde nicht länger von den Astronomen toleriert. Allerdings formierte sich eine Bewegung gegen die vollständig mechanistische Betrachtungsweise des Kosmos: In der romantischen Naturphilosophie wurde die Vorstellung eines Uhrwerkuniversums, in dem Gott lediglich die Triebfeder aufgezogen hatte, durch ein organisches Bild ersetzt. Die Natur fasste man hier nicht als System mechanischer Gesetze und mathematisch definierter Bewegungen, sondern als ein von höherer Macht geschaffenes,

118 Titelblatt von Johann W.A. Pfaff: Der Mensch und die Sterne, 1834

119 Titelblatt von Johann W.A. Pfaff: Astrologie, 1816

in emblematischer Sprache verschleiertes Kunstwerk auf. Symbolik und Mythen verzeichneten beträchtliche Bedeutungszugewinne, die Phantasie wurde zur höchsten Fähigkeit des menschlichen Geistes erklärt und über die Vernunft gestellt. Nur durch die Phantasie vermochte der Mensch die Natur als ein System von Symbolen zu deuten. Intuition, Instinkte und Gefühle wurden als notwendige Ergänzungen zur logischen Vernunft gesehen. So sprach August Wilhelm Schlegel (1767–1845) 1803 in seinen Vorlesungen Ueber Litteratur, Kunst und Geist des Zeitalters von einem fehlenden Sinn für das Wunderbare. Die Menschen dächten infolge der Aufklärung nur noch in Kategorien der Quantität und Nützlichkeit. Nicht bloß die Anzahl und Bewegung der Gestirne, sondern auch deren Bedeutung sei für die Menschen von Wichtigkeit. Daher müsse die Astronomie wieder zur Astrologie werden, und der an die Hilfe der Sterne glaubende Betrachter des Himmels werde weit mehr erhoben, als wenn er sich als „Leibeigenen der Erde"[1] betrachte. Ähnliche Gedanken finden sich in den Schriften von Friedrich von Hardenberg (1772–1801), der sich selbst Novalis nannte. Johann Wolfgang Goethes (1749–1832) Beschreibung seines Geburtshoroskops in der Autobiographie *Dichtung und Wahrheit* (1811/13) ist weiteren Kreisen bekannt.

Jedoch war diese eher ästhetisch aufgeladene und symbolische Rezeption der Astrologie auf die Literatur und Philosophie beschränkt und gänzlich abgetrennt von der Entwicklung der Naturwissenschaften an der Wende vom 18. zum 19. Jahrhundert. Nur ein professioneller Astronom wagte es, die Grenzlinie zu überschreiten – und er geriet in heftiges Sperrfeuer.

---

1 August Wilhelm Schlegel: Vorlesungen über Ästhetik (1803–1827). Kritische Ausgabe der Vorlesungen, Bd. 2, Teil 1, Georg Braungart (Hg.), Paderborn u. a. 2007, S. 228.

PFAFFS LEBEN

Johann Wilhelm Andreas Pfaff wurde am 5. Dezember 1774 als jüngster von sieben Söhnen des Oberfinanzrates Friedrich Burkhard Pfaff (1738–1817) in Stuttgart geboren. Er studierte von 1791 an Theologie an der Tübinger Universität und wohnte im Stift. In den erhaltenen Begutachtungen und Prüfungsunterlagen finden sich recht herbe Beurteilungen seiner Charaktereigenschaften und Leistungen, und zum Examen wurde Pfaff 1796 das zweifelhafte Prädikat „Studium theologica non plane neglexit" verliehen – er habe das Studium der Theologie nicht gänzlich vernachlässigt.[2] Derlei findet sich allerdings auch bei manch anderen Kommilitonen. Die Aufsicht des Stifts war rigide und reagierte in jenen Jahren mit besonderer Härte, denn selbst unter den in klösterlicher Abgeschiedenheit lebenden Tübinger Theologiestudenten hatten sich die neuen, revolutionären Ideen aus Frankreich verbreitet.[3] Offensichtlich waren die beruflichen Ambitionen Pfaffs nicht auf ein Pfarramt in Württemberg gerichtet, doch wurde er 1800 zum Stiftsrepetenten ernannt. Während seiner Studienzeit vermochte sich Pfaff gründliche Kenntnisse in den Naturwissenschaften und der Mathematik anzueignen. Er wird enge Kontakte zu Christoph Friedrich Pfleiderer (1736–1821), Professor für Mathematik und Physik, und sehr wahrscheinlich auch zu dessen Nachfolger Johann Gottlieb Friedrich Bohnenberger (1765–1831) unterhalten haben. Bohnenberger war seit 1796 Adjunkt (Observator) der Tübinger Universitätssternwarte und 1798 zum außerordentlichen Professor der Mathematik ernannt worden.[4]

1802 war die Universität von Dorpat (heute Tartu) in Estland, das damals zum Russischen Reich gehörte, wiedereröffnet worden. Der Rektor Georg Friedrich Parrot (1767–1852) bot Pfaffs älterem Bruder Johann Friedrich (1765–1825), der zu dieser Zeit am Helmstedter Juleum Mathematik lehrte, eine Professur für Mathematik an. Er war nicht abgeneigt, den Ruf anzunehmen, doch versuchte man ihn mit allen Mitteln am Juleum zu halten. Daher empfahl er seinen jüngeren Bruder für die Stelle. Es war Parrots Bestreben, die Posten der neueröffneten Universität möglichst mit Personen aus seinem Bekanntenkreis zu besetzen, und so berichtete er dem Consilium, dass er den Charakter Johann Friedrich Pfaffs genau kenne und daher die Verlässlichkeit des Urteils über dessen Bruder für ihn hinreichend garantiert sei. Allerdings kamen drei andere Kandidaten für die Stelle in Frage: Carl Friedrich Gauß, Johann Carl Burckhardt (1773–1825), der Mitglied des Bureau des Longitudes in Paris war, und Johann Anton Ide (1775–1806), ein Göttinger Privatdozent. Um eine Abstimmung allein zwischen Pfaff und Ide herbeizuführen, versuchte Parrot, Gauß und Burckhardt im Vorwege auszuschließen und bemerkte, dass Gauß Braunschweig nicht verlassen werde, da ihm der Herzog den Bau eines Observatoriums versprochen habe. Burckhardt sei bereits zum Nachfolger von Jo-

---

[2] Archiv des Protestantischen Seminars, Tübingen: K VIII, F. 37, 3 (Promotionsakten) 1793–1796/97; Testimonia Examinandorum, 1796.

[3] Martin Leube: Das Tübinger Stift 1770–1950, Stuttgart 1921/54, Bd. 2, S. 115ff.; Joachim Hahn; Hans Mayer: Das Evangelische Stift in Tübingen: Geschichte und Gegenwart – zwischen Weltgeist und Frömmigkeit, Stuttgart 1985, S. 54–58.

[4] Vgl. hier auch den Beitrag von Roland Müller zu Bohnenberger.

seph-Jerôme de Lalande (1732–1807) als Astronom an der Pariser Militärakademie ernannt worden, und hatte – horribile dictu – das Bürgerrecht einer revolutionären Republik angenommen. Parrots Strategie ging auf; man stimmte lediglich über Ide und Pfaff ab, und die Kommission votierte mehrheitlich für letzteren.[5]

Pfaff kam im Frühling 1804 in Estland an und wurde sofort Direktor der projektierten Universitätssternwarte. Deren Errichtung ließ allerdings auf sich warten, und mit den Bauarbeiten wurde erst im Jahre 1809 begonnen. In der Zwischenzeit beobachtete er unter recht primitiven Bedingungen zunächst vom Dachstuhl eines Hauses aus, konnte aber ab 1807 ein kleines, privates Observatorium nutzen, das Andreas Lamberti (1771–1850), ein Landvermesser und Liebhaberastronom, in seinem Garten errichtet und an die Universität vermietet hatte.[6] Zu jener Zeit hielt sich Heinrich Christian Schumacher (1780–1850), der später die Altonaer Sternwarte und 1823 die Astronomischen Nachrichten begründete, in Dorpat auf und wurde Pfaffs Mitarbeiter.[7] Noch im Jahr seines Dienstantritts heiratete Pfaff Pauline von Patkul (1779–1816), eine adlige Stiftsdame aus Livland. Das Leben in Dorpat war allerdings sehr teuer und viele Professoren, darunter auch Pfaff, kamen mit ihrem Gehalt nicht zurecht und häuften immer mehr Schulden an. Auch bereitete eine restriktive Verwaltung mancherlei Probleme, so dass er sich bereits 1809 entschloss, Dorpat zu verlassen. Es gelang ihm, einen Posten am neugegründeten Nürnberger Realinstitut zu bekommen, dem der Naturphilosoph Gotthilf Heinrich Schubert (1780–1860)[8] vorstand. Dieser war ein Schüler Schellings und hatte in Jena Medizin studiert, wo er auch bei dem Physiker Johann Wilhelm Ritter (1776–1810) gehört hatte. 1807/08 hielt Schubert eine Reihe öffentlicher Vorlesungen in Dresden, die unter dem Titel *Ansichten von der Nachtseite der Naturwissenschaft* publiziert und bis 1840 fünfmal aufgelegt wurden. Diese *dunklen Seiten* der Naturwissenschaft waren Gegenstände oder Erscheinungen, die von einer rationalistischen Wissenschaft nicht erklärt werden konnten oder gänzlich unbekannt waren. Mit ihrer Betonung des Irrationalen, der Phantasie und des Visionären übten die Vorlesungen Schuberts einen nachhaltigen Einfluss auf die Romantik aus und machten ihn über Nacht zu einer weithin bekannten Berühmtheit. Er beeinflusste zahlreiche Dichter, etwa E. T. A. Hoffmann, Justinus Kerner und Heinrich von Kleist.

Für Schubert hatte die Natur nachgerade religiöse Bedeutung und er sah alle Dinge in geistiger Verbindung zueinander. Weil ein Zusammenhang von physikalischer und historischer Existenz bestehe, dürfe kein Gebiet menschlicher Erfahrung übersehen

---

5 Eesti Ajalooarhiiv, Tartu: Best. 402, Reg. 3, N. 1374 (Acta des Conseils und Directoriums der Kaiserlichen Universität zu Dorpat betreffend Johann Wilhelm Pfaff), fol. 5r–6r. Eine detaillierte Schilderung des Aufenthaltes von Pfaff in Dorpat liefert Grigori Levitzkij: Astronomy Yur'evskago universiteta s 1802 po 1894 god [Die Astronomen der Jurjewer Universität von 1802 bis 1894], Jurjew [Dorpat, Tartu] 1899, S. 23–55.

6 Vgl. Günther Oestmann: Zur frühen Geschichte der Dorpater Sternwarte und ihrer instrumentellen Ausstattung, in: Jürgen Hamel, Inge Keil (Hg.): Der Meister und die Fernrohre: Das Wechselspiel zwischen Astronomie und Optik in der Geschichte. Festschrift zum 85. Geburtstag von Rolf Riekher, Frankfurt am Main 2007, S. 315–331.

7 Eesti Ajalooarhiiv, Tartu: Best. 402, Verz. 3, A. 1969.

8 Über Schubert siehe Dietrich von Engelhardt: Schuberts Stellung in der romantischen Naturforschung, in: Alice Rössler (Hg.): Gotthilf Heinrich Schubert. Gedenkschrift zum 200. Geburtstag des romantischen Naturforschers, Erlangen 1980, S. 11–36; Franz Rudolf Merkel: Der Naturphilosoph Gotthilf Heinrich Schubert und die deutsche Romantik, München 1913.

oder ausgelassen werden. Die Geschichte der Wissenschaften war für Schubert von grundlegender Bedeutung, um Mensch und Natur in Vergangenheit wie auch Zukunft verstehen zu können. Nach seiner Auffassung gab es Anzeichen für tiefere Einsichten in diese Dinge bei vergangenen, ausgelöschten Zivilisationen und Kulturen. Die älteste aller Wissenschaften war die Astronomie. Astronomisches Wissen war der Menschheit von einem höheren Wesen offenbart worden und hatte sogleich den höchsten Grad von Vollkommenheit erreicht. Dieses alte, allumfassende Wissen war im Laufe der Geschichte verdunkelt worden, aber einige Spuren ließen sich immer noch in der Astrologie und Alchemie finden. Mit dem Beginn der Neuzeit waren neue Kräfte auf den Plan getreten – die Renaissance bedeutete für Schubert jedoch in erster Linie das Wiederaufleben alter Geistestraditionen. Johannes Kepler hatte schließlich den Eingang in das innerste Heiligtum der Wissenschaft gefunden. Im Gegensatz zu Deutschland bildete sich in Frankreich – so Schubert – die „mechanische und handwerksmäßige Ansicht einer todten Natur" heraus, in der „sich wie Würmer, welche ein moderndes Gebein benagen nur noch die mechanischen Kräfte bewegen".[9] Schubert entfaltete seine Vorstellungen in einer großen Zahl von Büchern mit bedeutungsschwangeren Titeln wie *Ahndungen einer allgemeinen Geschichte des Lebens* (1806/21), die zahlreiche Auflagen erlebten und enorm populär waren.

Schubert, der antirationalistische Frömmigkeit mit romantischem Geist verband und einer der führenden Repräsentanten der süddeutschen Erweckungsbewegung wurde, übte gewiss eine erhebliche Anziehungskraft auf Pfaff aus. Zwischen diesen verwandten Seelen entwickelte sich rasch eine tiefe Freundschaft.[10] Auch fand Pfaff in dem Archäologen und Historiker Johann Arnold Kanne (1773–1824) sowie in Johann Salomo Christoph Schweigger (1779–1857), der am Realinstitut Chemie lehrte und später Professor in Halle wurde, gleichgesinnte Kollegen.

PFAFFS WERK

Pfaff war bereits als Astronom anerkannt und hatte mehrere Aufsätze zur praktischen wie auch theoretischen Astronomie veröffentlicht, doch 1816 kam in Nürnberg ein Buch aus seiner Feder unter dem schlichten *Titel Astrologie* heraus. In zwölf Kapiteln – ein jedes unter der Kapitelüberschrift eines Tierkreiszeichens – suchte Pfaff die alte Kunst der Sterndeutung gegen die zeitgenössische, aufgeklärte Einstellung zu verteidigen. Der erste Teil (Widder bis Löwe) umfasst die Geschichte der Astrologie mit Kapiteln über Paracelsus und Kepler, der zweite Teil (Jungfrau bis Wassermann) die astrologischen Lehren, also die Zeichen des Tierkreises, die Eigenschaften der Planeten und der Häuser. Das letzte Kapitel unter dem Zeichen der Fische besteht aus drei Supplementen, nämlich einem Brief Keplers an Kaiser Rudolf II., dem von Johannes Schöner für Kaiser Maximilian I. erstellten Horoskop und

---

9 Gotthilf Heinrich Schubert: Ansichten von der Nachtseite der Naturwissenschaft, Darmstadt 1967 (Dresden 1808), S. 14.

10 Vgl. Gotthilf Heinrich Schubert: Der Erwerb aus einem vergangenen und die Erwartungen von einem zukünftigen Leben. Eine Selbstbiographie, 3. Bde., Erlangen 1854/56, Bd. 2, S. 300–302, sowie Bd. 3, S. 271f.

einer von Pfaff verfertigten deutschen Übersetzung des damals noch Ptolemäus zugeschriebenen Centiloquium, einer Sammlung von hundert astrologischen Deutungsregeln und Aphorismen.

Pfaff schickte ein Exemplar des Buches an Bernhard von Lindenau (1779–1854), Direktor der Seeberg-Sternwarte und Herausgeber der Zeitschrift für Astronomie, der offensichtlich etwas irritiert reagierte und um eine Erklärung bat. Pfaff reagierte mit einem Brief, den Lindenau veröffentlichte. Dieses Schreiben stellt eine sehr aufschlussreiche Quelle für seine „Bekehrung" zur Astrologie dar, und daher seien zentrale Passagen zitiert:

„Schon vor mehr als zehn Jahren hatte ich mich mit Astrologie beschäftigt. Bey populären Vorlesungen schien mir das ganze Erwähnung zu verdienen [...]. Damals hatte ich nur wenige Schriften, aber doch machte manches – historisch betrachtet – einen großen Eindruk auf mich. [...] Gewiß hat auch des Ptolemaeus Buch [Tetrabiblos] mehreres merkwürdige für mich gehabt. [...] Endlich war mir weder Ursprung noch Ende dieses räthselhaften Systems bekannt. Von Keppler kannte ich damals hierher gehöriges nichts, als etwa das Mysterium [cosmographicum]. Später lernte ich Kepplers Harmonice [mundi] kennen: auch seine Briefe, die astrologische[n] Bewegungen zu seiner Zeit, seine Ansichten die so ganz verschieden von denen seines Zeitalters waren. So sammelte sich manches, die Bilder erweiterten sich, und so entstand der Entschlus dem astrologischen Glauben ein Denkmal zu sezen. Ich sammelte was ich in meiner Nähe auftreiben konnte, sah mich etwas im Arabischen um, und so giengs nun in mannichfacher Zeit und Sage auf die Aphorismen, Paragraphen und Sentenzen los. [...] Nun aber entstand die Frage: was soll man dem Papierstos für einen Geist einblasen? Ew. Hochgeb. schrieben mir unbedingt richtig: den historisch critischen Geist. Aber der war mir aus mehrern Gründen unmöglich. Es fehlten mir die Hülfsmittel, meine Lecture reichte nicht hin; von den Griechen kannte ich wenig [...]: Endlich war ich überzeugt, daß der astrologische Glaube – wie anderes – durch Tradition gieng, also sein Ursprung nicht nachgewiesen werden könne, also mußte eine Hypothese doch aufgestellt werden: da war nun freilich leicht zu sagen, es war Pfaffenbetrug; oder mißverstandene Einkleidung astronomischer Wahrheiten; oder übertriebene Anwendung sonst richtiger Säze: aber beweisen konnte ichs nicht. Dazu kam, daß Kepplers Wirken und Wesen auch dargestellt werden müßte: denn er war gewiß ein Astrolog; also er glaubte an den Zusammenhang der Gestirne mit dem Leben der Erde. Es ist wahr, er fiel mannigfach in Irrthümer; indem sein Geist diesem Glauben Genüge thun oder Ursprung geben wollte; aber die Art, der Sinn, das Leben mit dem er diß that, mus für jeden interessant seyn, der sich für das Streben eines großen Geistes empfänglich hält. In diesem Sinn sagte ich: er schrieb den Geist der Gesezgebung: und es schien mir merkwürdig daß er die gemeine Astrologie verachtet und jenen Glauben doch gegen sein Zeitalter zu retten sucht.

Aus diesen Gründen muste ich also den historisch critischen Weg aufgeben; und dem ganzen einen andern Ton, und Stimmung geben. Den astrologischen Glauben der längst untergegangen, zu widerlegen, wäre unzeitig gewesen; ihn zu vertheidigen und zu preisen in unserer Zeit, die ernsthafteres zu thun hat, auch nicht anständig: So entstand also der Plan, diß Bild des astrolog. Glaubens, gleichsam aus der Seele eines Astrologen heraus, mit aller Klarheit und Kunst, in abwechselnder Gestalt und Haltung vorzuzeichnen, dem ganzen aber eine schwankende Bewegung zu geben, so daß das Klare wieder getrübt erscheine, und die Kunst wieder mächtig. [...] Endlich sollte das ganze so gehalten seyn, daß niemand vom gemeinen Volk – im weitern Sinn – die Astrologie daraus erlernen könte, um davon gebrauch zu machen. Diß leztere ist mir um so mehr gelungen, da mir manches selbst undeutlich ist. [...] Diß ist die Geschichte der Astrologie, für welche Ew. Hochgeb. in Ihrem lezten Schreiben nicht ohne Besorgniß für mich waren. [...] Ich halte das Problem, welches dem Menschengeschlecht in der Astronomie aufgegeben ist zur Lösung für eines der ersten, weil es nur durch die vereinte Kraft desselben aufgelöst wird, weil es den Zusammenhang der Geschlechter unter einander in der Reihenfolge der Zeit veredelt, weil es nothwendiger Weise die Sinnes- und mechanische Kraft des Menschen erhöht, und die mathematische[n] Wissenschaften mit fortbewegt. [...] Ich glaube nicht, daß ich Eingriffe in die Astronomie gemacht habe. [...] Auch ist es wohl nicht so schädlich wenn unter den Astronomen je ein cometenartiges Wesen – vielleicht ich – wäre, wenn sie sich nur alle um die Sonne der Wahrheit bewegen: und keiner den andern mit sich fortnimmt. Stören ja doch auch die Planeten einander."[11]

Pfaffs spekulative Neigungen beschränkten sich nicht allein auf die Astrologie. Neben dem Abfassen von Lehrbüchern für die Schule und der Übersetzung wissenschaftlicher Werke ins Deutsche entwickelte er ein lebhaftes Interesse an der vergleichenden Sprachwissenschaft, ägyptischen Archäologie und Orientalistik. Pfaff begann damit, Sanskrit zu lernen. 1825 gab er ein polemisches Buch gegen Jean-François Champollions (1790–1832) erfolgreichen Versuch der Entzifferung der ägyptischen Hieroglyphen unter dem Titel *Die Weisheit der Aegypter und die Gelehrsamkeit der Franzosen: Kritik der hieroglyphisch-alphabetischen Untersuchungen des Herrn Champollion* heraus. Hierin hielt sich Pfaff immer noch an Athanasius Kirchers (1602–1680) symbolische Interpretation der Hieroglyphen. Für Johann Friedrich Cottas *Morgenblatt für gebildete Stände* verfasste er eine Artikelserie, die unter dem Titel *Der Mensch und die Sterne: Fragmente zur Geschichte der Weltseele* kurz vor seinem Tod im Jahr 1834 auch als Buch herauskam.

1821 hatte Pfaff ein Buch über Konjunktionen und den Stern von Bethlehem fertig gestellt und im Jahr darauf begann er mit der Herausgabe eines Astrologischen Taschenbuchs. In Gilberts Annalen der Physik und der physikalischen Chemie kündigte er es mit den folgenden Worten an:

„Die Astrologie tritt wieder in die Reihe der Wissenschaften ein; sie nimmt Besitz von ihrem ächten und unveräußerlichen Eigenthum; sie sammelt das Zerstreute; alles, was den alten Glauben der Völker über die Bedeutsamkeit der Zeit, den Gang des Periodischen in der Natur, den Sinn der Zahl, selbst die Erhebung über die Zeit

---

[11] Transkription nach dem jüngst im Antiquariatshandel aufgetauchten, am 2.10.1816 in Nürnberg geschriebenen Originalbrief (im Besitz d. Verf.). Der von Bernhard von Lindenau in Auszügen abgedruckte Text weist zahlreiche Abweichungen auf: Auszug aus einem Schreiben des Hrn. Professor Pfaff an den Director der Sternwarte Seeberg, in: Zeitschrift für Astronomie 1 (1816), S. 471–476.

betrifft, [...]. Durch Ankündigung eines Astrologischen Taschenbuchs für das Jahr 1822 glaubt demnach der Unterzeichnete in obiger Hinsicht dem Stande der Wissenschaft und den Regungen der Zeit zu entsprechen."[12]

Im ersten Jahrgang seines Astrologischen Taschenbuchs erschien auch ein Aufsatz *Über das Wesen der Astrologie*, worin Pfaff konstatierte: „Die älteste Verwandte der Urania, der Himmelgeweihten, die Astrologie, verkannt und verbannt, verstoßen und verlassen, sucht wieder ihre Heimath; sie sucht in dem Kreis der Musengepflegten Wissenschaften wieder freundliche Aufnahme."[13] Hierauf folgte seine deutsche Übersetzung des Ersten und Zweiten Buches der *Tetrabiblos* des Ptolemäus, der „Bibel der Astrologen". In der zweiten Nummer brachte Pfaff Buch III und IV der „Tetrabiblos" heraus, doch danach erschien nichts mehr.

Darüber hinaus arbeitete Pfaff im Jahr 1810 nach dem Zeugnis Bodes an einer Übersetzung der „Harmonices Mundi libri V" von Johannes Kepler.[14] Pfaff war von dessen Werken fasziniert, was auf seine Studienzeit bei dem Tübinger Mathematik- und Physikprofessor Pfleiderer zurückgehen dürfte, der seine Studenten dazu ermunterte, sich mit Keplers um 1800 nahezu vergessen Publikationen auseinanderzusetzen.[15] Ganz in dessen Sinne also versuchte Pfaff, Keplers Untersuchungen auf den 1781 von Wilhelm Herschel (1738–1822) entdeckten Planeten Uranus und die vier zu Beginn des 19. Jahrhunderts neugefundenen Kleinplaneten auszudehnen.[16] Diese frühe Kepler-Rezeption sollte sich in der zweiten Hälfte des Jahrhunderts fruchtbar auswirken: Es ist sicherlich kein Zufall, dass Christian Frisch (1807–1881), der 1830/31 bei Pfaff in Erlangen studierte, in den Jahren 1858 bis 1871 die erste kritische Ausgabe der Werke Keplers besorgte.

REZEPTION

Nach dem Erscheinen seiner *Astrologie* war Pfaffs Ruf unter den Astronomen und Physikern seiner Zeit beschädigt, wenn nicht vollständig ruiniert. So schrieb Carl Friedrich Gauß an seinen engen Freund, den Bremer Arzt und Astronomen Wilhelm Olbers (1758–1840):

„Pfaff's Astrologie habe ich jetzt auch durchblättert. Es ist mir dabei zu Muthe gewesen, als ob ich mich in einem Irrenhause befände. Ich glaube aber doch, daß das Buch vielen Schaden stiften wird. [...] Man geräth oft in Verwunderung, wenn man sieht, wie sehr die Menschen, auch die sonst gebildeteren, am Aberglauben hängen und überall in Zufälligkeiten wunderbaren Zusammenhang suchen."[17]

Wegen seines Eintretens für die Astrologie wurde Pfaff auch öffentlich angegriffen,

---

12 Johann W. A. Pfaff: Electrisch-magnetische Versuche, und Ankündigung eines Taschenbuchs für Astrologie, in: Annalen der Physik und der physikalischen Chemie 68 (1821), S. 426.

13 Johann W. A. Pfaff: Über das Wesen der Astrologie, in: Astrologisches Taschenbuch für das Jahr 1822, S. 115.

14 Vgl. Astronomisches Jahrbuch für das Jahr 1813, S. 257.

15 Vgl. Wilfried Lagler: Christoph Friedrich von Pfleiderer: Mathematiker und Professor 1736–1821, in: Lebensbilder aus Baden-Württemberg, im Auftrag der Württembergischen Kommission für Landesgeschichte, 23 Bde., Stuttgart 1940–2010, Bd. 19 (1998), S. 173.

16 Vgl. Johann W. A. Pfaff: Ueber Keplers Weltharmonie, in: Journal für Chemie und Physik 10 (1814), S. 36–43.

17 Brief Carl Friedrich Gauß an Wilhelm Olbers, Göttingen, 28. 4. 1817, zitiert nach Carl Schilling (Hg.): Wilhelm Olbers. Sein Leben und seine Werke, 3 Bde., Berlin 1894–1909, Bd. 2, Teil 1 (Berlin 1900), S. 653.

etwa durch den Herausgeber des Berliner Astronomischen Jahrbuchs, Johann Elert Bode (1747–1826).[18] Nicht genug damit, sah sich Pfaff 1816 in seiner beruflichen Stellung gefährdet: Die bayerische Regierung hatte beschlossen, das Realinstitut aufzulösen. So wurde Pfaff zunächst zum außerordentlichen Professor in Würzburg designiert. 1818 bat er um Versetzung an die Universität Erlangen, wo er bis zu seinem Tod am 26. Juni 1835 Mathematik and Physik lehrte.[19]

Es scheint, dass seine spekulativen Neigungen auch unter den Erlanger Studenten nur geringes Interesse fanden. Immerhin wurde er von Graf August von Platen (1796–1835), der von 1819 bis 1826 in Erlangen studierte und freundschaftliche Verbindung zu Pfaff pflegte, in der zeitgenössisch erfolgreichen Satire *Die verhängnisvolle Gabel* erwähnt. Darin brüstet sich ein Jude namens Schmuhl damit, Pfaffs Astrologie gelesen zu haben:

„Laß' Er mich, ich bin ein großer Astronom und Nekromant/ Der Natur geheime Kräfte sind mir alle wohlbekannt/ [...] Noch in Leipzig ergab ich mich ganz, wie du weißt, Schwarzkünsten und chemischen Studien/ Und der Chiromantie und der Pyromantie und der Nekromantie des Agrippa/ Drauf las ich für mich Pfaffs Astrologie, und in Göttingen trieb ich Punktierkunst;/ Doch trieb ich es nur insgeheim, weil dort schon ein Denkender ein Phantast heißt."[20]

Nach seinem Tod wurde Pfaff rasch vergessen. Man erinnerte sich seiner lediglich als merkwürdige, wenn nicht lächerliche Figur. In seiner Geschichte der Astronomie von 1890/92 nahm der Schweizer Rudolf Wolf (1816–1893) gar an, dass Pfaff zeitweise geisteskrank gewesen sei: „Nach der Kepler'schen Zeit verlor die Astrologie alsgemach ihre Bedeutung und man kann kaum begreifen, wie [...] auch in unserem Jahrhunderte der allerdings zuweilen überhaupt verrückte Wilhelm Andreas Pfaff [...] wagen durfte, den Tod des ersten Napoleon aus einer Konjunktion von Jupiter und Saturn in Parallele zu setzen."[21]

Es dauerte über siebzig Jahre, ehe Pfaffs Name wieder aus der Versenkung auftauchte.[22] Um die Wende vom 19. zum 20. Jahrhundert erwachte das Interesse an der Astrologie in Deutschland und Österreich von Neuem. Für dieses Phänomen gab es vielfältige Ursachen. Neben allgemeiner Zivilisationskritik und -müdigkeit bei zunehmender Ablehnung von einseitiger Wissenschaftsgläubigkeit und gleichzeitigem Erstarken verschiedenartigster Reformansätze hier nur schlagwortartig benannt seien. In der Hochphase der Astrologie während der Krisenzeit nach dem Ende des Ersten Weltkrieges war Pfaff in Astrologenkreisen vor allem als Übersetzer der Tetrabiblos bekannt.

---

18 Vgl. Astronomisches Jahrbuch für das Jahr 1820, S. 249f.; vgl. Astronomisches Jahrbuch für das Jahr 1825, S. 252f.

19 Die häuslichen Verhältnisse der Familie in Erlangen werden von Pfaffs Enkeltochter Agnes Sapper (1852–1929), die als Kinder- und Jugendbuchautorin bekannt wurde, in der von ihr verfassten Biographie ihrer Mutter geschildert: Pauline Brater: Lebensbild einer deutschen Frau, München 1908, S. 3–14; vgl. auch Theodor Kolde: Die Universität Erlangen unter dem Hause Wittelsbach 1810–1910, Erlangen/Leipzig 1910, S. 221f.

20 Georg A. Wolff, Viktor Schweizer (Hg.): Platens Werke, 2 Bde., Leipzig/Wien o. J. [1894], Bd. 2, S. 14, 17.

21 Rudolf Wolf: Handbuch der Astronomie, ihrer Geschichte und Litteratur, 2 Bde., Zürich 1890/92, Bd. 1, S. 461.

22 Vgl. Wilhelm Knappich: J. W. Pfaff, der „letzte deutsche Astrologe", in: Zodiakus: Erste deutsche Zeitschrift für wissenschaftliche Astrologie 2 (1910), S. 241–245.

Pfaff kann sicherlich nicht zu den herausragenden wissenschaftlichen Persönlichkeiten seiner Zeit gerechnet werden, aber sein aus romantischer Geisteshaltung erwachsener Versuch, die Astrologie wieder in den Kreis der anerkannten Wissenschaften zurückzuführen, verdient aus wissenschaftshistorischer Perspektive Aufmerksamkeit. Seine offene „Bekehrung" zur Astrologie als professioneller Astronom war ein einzigartiger Fall – zumindest im 19. Jahrhundert. In der zweiten Dekade des folgenden Jahrhunderts erhielt Pfaff in Hans-Hermann Kritzinger (1887–1968), der als letzter Astronom am privaten Observatorium des Kammerherrn Friedrich Gustav von Bülow (1814–1893) in Bothkamp bei Kiel tätig gewesen war, einen „Kollegen". Aber das ist eine neue Geschichte.

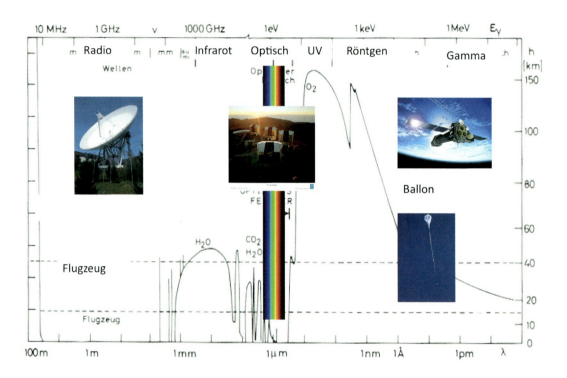

120 Eindringtiefe der aus dem Weltall kommenden Strahlung in die Erd-Atmosphäre

NORBERT KAPPELMANN
TÜBINGER WELTRAUM-ASTRONOMIE

Seit mehr als 30 Jahren ist das Institut für Astronomie und Astrophysik der Universität Tübingen an der Entwicklung von astronomischen Weltraumexperimenten beteiligt. Damit ist das Institut in Deutschland eines der wenigen Universitätsinstitute, in dem Instrumente für Weltraummissionen entworfen, gebaut und während der Missionszeit betreut werden.

In den 1960er Jahren wurde in Tübingen damit begonnen, Instrumente zu entwickeln, die Röntgenstrahlung der Sonne messen konnten. Diese Instrumente wurden mit kleinen Höhenforschungsraketen ins All gebracht und erlaubten einen Blick auf die Sonne in einem Wellenlängenbereich, der von bodengestützten Teleskopen aufgrund der Absorptionseigenschaften der Erdatmosphäre nicht zugänglich ist. Während im Sichtbaren oder auch im Radiobereich unsere Atmosphäre vollständig durchlässig ist, wird kurzwellige, energiereiche Strahlung in verschiedenen Höhen der Atmosphäre absorbiert (Abb. 120). Kosmische Objekte von sehr hohen Temperaturen strahlen den größten Teil ihrer Energie im Ultravioletten-, im Röntgen- oder im Gammawellenlängenbereich ab. Obwohl auf der Erde immer größere Teleskope gebaut werden – die Europäer planen ein Spiegelteleskop mit etwa 40 Meter Durchmesser – können Astronomen die energiereiche Strahlung von diesen kosmischen Objekten nur messen, wenn sie ihre Teleskope mit Raketen aus der Erdatmosphäre herausschaffen. Der damit verbundene große finanzielle Aufwand ist notwendig, da sich das Universum für Astronomen als ein unendlich großes Laboratorium darstellt, in welchem die Gesetze der Physik unter Bedingungen erforscht werden können, wie sie auf der Erde nicht vorherrschen.

Nach den erfolgreichen Versuchen, Röntgenstrahlung der Sonne zu detektieren, wurde damit begonnen, kosmische Objekte in diesem Wellenlängenbereich zu messen. Dazu entwickelten wir, die Mitarbeiter des Tübinger Instituts, hoch empfindliche Instrumente für diese energiereiche Strahlung. Wir befestigten sie, integriert in Teleskope, auf selbstgebauten, steuerbaren Plattformen. Da Röntgenstrahlung tief in die Atmosphäre eindringen kann (Abb. 120), wurden diese Gondeln mehrmals mit Höhenforschungsballonen in eine Höhe von 30 bis 40 km gebracht (Abb. 121), so dass eine Vielzahl von Beobachtungen an extrasolaren Röntgenquellen durchführbar wurde.

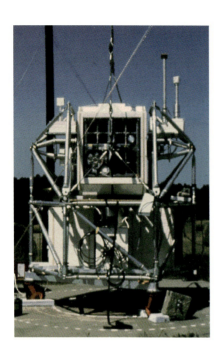

121 Ballongondel des IAAT mit einem Röntgenteleskop

1978 gelang ein solcher Ballonflug von Alice Springs, Australien, mit einer Beobachtungsdauer von 54 Stunden, in denen über 35 Röntgenquellen beobachtet werden konnten (Abb. 122). Parallel zu diesen Ballonkampagnen-Aktivitäten entwickelten wir Instrumente, die Raketen mehrmals in den Orbit brachten. Einer der Höhepunkte der frühen Tübinger Instrumentenentwicklung war es, als ein in Zusammenarbeit mit dem Max-Planck-Institut für extraterrestrische Physik in Garching entwickeltes Röntgenexperiment, genannt MIR-HEXE (High Energy X-Ray Experiment), an das Wissenschaftsmodul Kvant der russischen MIR Raumstation angebracht wurde. Dieses Instrument arbeitete über viele Jahre sehr erfolgreich. Als vor dem kontrollierten Absturz der MIR-Station 2001 alle wissenschaftlichen Instrumente an Bord der Raumstation noch einmal eingeschaltet wurden, war die Tübinger/Garchinger MIR-HEXE eines der wenigen Experimente, die noch genauso fehlerfrei funktionierten wie bei der ersten Inbetriebnahme. Das zeugt von der Qualität, mit der in Tübingen – übrigens bis heute – Wissenschaftler, die institutseigene Elektrowerkstatt und die mechanische Werkstatt Instrumente bauen!

Tübinger Präzisionsarbeit fliegt zurzeit noch aktiv arbeitend auf zwei ESA Satelliten mit, dem 1999 gestarteten ESA Röntgensatellit XMM/Newton und dem ESA Gammastrahlensatellit Integral (Abb. 123, 124). Die mit Tübinger Beteiligung entwickelten Instrumente für diese beiden Satelliten arbeiten seit Missionsbeginn einwandfrei und liefern bis heute herausragende wissenschaftliche Ergebnisse.

Parallel zu der Arbeitsgruppe, die sich mit der Entwicklung von Röntgen-Instrumenten und mit der wissenschaftlichen Interpretation der daraus gewonnenen Messungen beschäftigte, wurde Ende der 1970er Jahre eine weitere Arbeitsgruppe eingerichtet, die sich auf die Strahlung von extraterrestrischen Objekten im ultravioletten

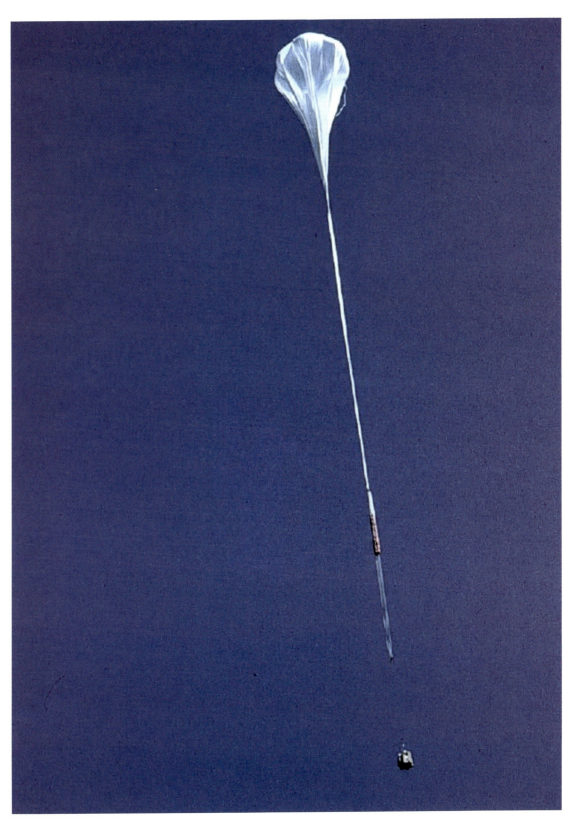

122 Die ersten Flugminuten einer Ballongondel auf einem Startplatz in Australien

123 Der ESA Satellit XMM/Newton in der Integrationskammer in Noordwijk

124 Tübinger Elektronik-Chip an Bord des ESA Satelliten INTEGRAL

Wellenlängenbereich konzentriert. Auch diese Gruppe wurde für Instrumentenentwicklung und wissenschaftliche Analyse gegründet. Das erste Ultraviolett (UV)-Experiment wurde in Zusammenarbeit mit der University of California, USA, geplant. Bei allen Weltraumexperimenten arbeiten wir mit ausländischen Partnern zusammen, bilateral oder international in Verbindung mit den großen Raumfahrtagenturen wie ESA (Europa), NASA (USA) oder ROSCOSMOS (Russland). Bei einem Instrument, mit dem das hellste Objekt im extremen UV-Wellenlängenbereich am Himmel, ein heißer Weißer Zwerg, beobachtet werden sollte, wurden beispielhaft die Aufgaben zwischen USA und Deutschland geteilt: Während die USA einen außer Dienst gestellten Raketenmotor einer Interkontinentalrakete und die wissenschaftliche Instrumenten-Nutzlast beisteuerten, stellte die deutsche Seite das Teleskop inklusive einem 1-Meter-Spiegel bereit. Die Herausforderung bei dem Spiegel bestand darin, sowohl eine höchst präzise geschliffene Oberfläche herzustellen als auch den Spiegel besonders leichtgewichtig zu bauen. Dieses Problem lösten wir, indem wir auf der Rückseite Material durch Bohrungen entfernten, ohne die Oberfläche zu deformieren. Hätte der Spiegel die Größe des Bodensees, wäre seine höchste Erhebung eine Welle von maximal 1 mm (Abb. 125). Der Spiegel war mit Iridium beschichtet, da die normale Aluminium-Standardbeschichtung im UV-Wellenlängenbereich kein Licht mehr reflektiert. Ein weiteres Problem war die Materialauswahl für das Teleskop. Das Material musste leicht sein und garantieren, dass die Instrumentierung innerhalb eines Zehntelmillimeters im Brennpunkt des Teleskops blieb. Beim Flug

von der warmen Erdoberfläche bis in die Kälte des Weltraums durfte sich das Teleskopmaterial nur minimal in Längsrichtung bewegen. Das wurde erreicht, indem die deutsche Industrie weltweit zum ersten Mal ein Weltraumteleskop aus Kohlefaser mit allen geforderten Eigenschaften konzipierte und baute (Abb. 126). So waren wir in der Lage, das Gewicht des gesamten Teleskops mit Instrumentierung in den erforderlichen Gewichtsbereich von etwa 370 kg zu bringen, damit der vorgesehene Raketenmotor die wissenschaftliche Nutzlast in die benötigte Höhe von über 250 km bringen konnte.

Insgesamt konnten wir das Teleskop zweimal, 1982 und 1983, in die geforderte Höhe bringen, um das UV-Licht eines heißen Weißen Zwerges zu vermessen. Der große Vorteil von Raketenkampagnen dieser Art ist zum einen, relativ kostengünstig wissenschaftliche Beobachtungen durchzuführen, und zum anderen, das eingesetzte, meist neuentwickelte Instrumentarium austesten zu können. Nachteil ist, dass die gesamte Beobachtungszeit relativ kurz ist. So konnten wir im zweiten Raketenflug das Instrument nur 150 Sekunden auf den Weißen Zwerg ausrichten und Messdaten sammeln. Anschließend tauchte das Teleskop während des freien Falls auf die Erde wieder in die Atmosphäre ein, um in den letzten Flugminuten mit einem Fallschirm zum Boden zu gleiten.

125 ARIES 1 Meter Spiegel nach der Gewichtserleichterung aber vor der Beschichtung mit Iridium bei der Firma Carl-Zeiss AG

126 Herstellung des weltweit ersten Kohlefaser Weltraum-Teleskops

Um längere Beobachtungszeiten zu erreichen, muss man satellitengestützte Teleskope ins All bringen: Am 19. November 1996 hob das Space Shuttle Columbia vom Weltraumbahnhof des Kennedy Space Centers zum bisher längsten Flug in der Geschichte der amerikanischen Shuttles ab (Abb. 127). Die Mission sollte 17 Tage, 15 Stunden und 53 Minuten dauern. An Bord der Fähre befand sich als Hauptnutzlast der deutsche Satellit ASTRO-SPAS, den die Daimler Benz Aerospace, München, konstruierten und gebaut hatte und während der Mission auch betrieb. Dieser frei fliegende, 3600 kg schwere Satellit sollte im Orbit zu seiner zweiten Mission – ORFEUS-SPAS II – ausgesetzt werden. Für den ASTRO-SPAS selbst war dies die vierte Mission, die im Rahmen einer Kooperation des Deutschen Zentrums für Luft- und Raumfahrt DLR und der amerikanischen Weltraumbehörde NASA durchgeführt wurden. Der erste Flug des Freifliegers – ORFEUS-SPAS I – fand 1993 statt. Für diese Mission war das Space Shuttle Discovery vorgesehen. Leider musste der Start aus verschiedenen Gründen fünfmal verschoben werden, so dass der Satellit erst nach mehrmonatigem Warten am 12. September 1993 in einen 300 km Orbit gebracht werden konnte. Insgesamt wurde eine Freiflugzeit von knapp 6 Tagen erreicht. Während dieser ersten Mission konnten 140 Beobachtungen von kosmischen Quellen durchgeführt werden.

Auf dem ORFEUS-SPAS war das Hauptteleskop ORFEUS (Orbiting and Retrievable Far and Extreme Ultraviolet Spectrometer) montiert. Das ORFEUS Teleskop war in Deutschland unter Federführung des Tübinger Instituts entwickelt worden. Es war

127 Start der Raumfähre DISCOVERY, die den ORFEUS-SPAS Satelliten 1993 zum ersten Mal in das All bringt

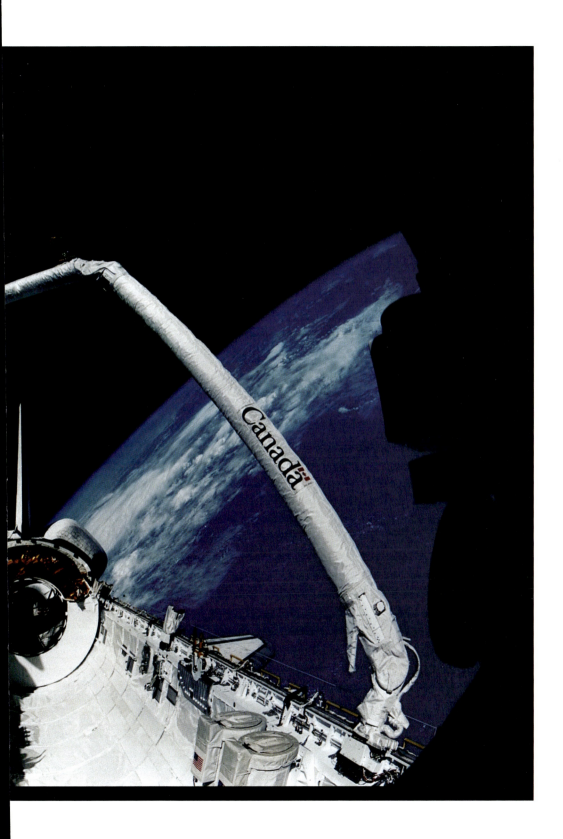

in der Größe der Nachfolger des Teleskops, welches für die Raketenmission eingesetzt wurde. Allerdings waren bei dieser zweiten Mission Fokalinstrumente vorhanden, die in Tübingen, Heidelberg und am Space Science Laboratory in Berkeley, USA, gebaut wurden. Das Teleskop war im Wesentlichen für Messungen im UV-Wellenlängenbereich von 90 bis 140 nm konstruiert. Für das deutsche Instrument entwickelten wir in Tübingen spezielle UV-empfindliche Detektoren mit der gesamten Steuerungselektronik, die ihre Weltraumtauglichkeit und Leistungsfähigkeit eindrücklich in beiden Missionen unter Beweis stellten.

Mit diesen Instrumenten konnten die Astronomen nach dem UV-Satelliten COPERNICUS (1972–1981) endlich wieder Messungen mit hoher spektroskopischer Auflösung in diesem interessanten Wellenlängenbereich durchführen. Außerdem war dieses Teleskop erheblich leistungsfähiger als das Instrument des COPERNICUS, sodass damit auch zum ersten Mal Quellen außerhalb der Milchstrasse gemessen wurden.

Entgegen der normal üblichen Ruhepause für die Crew nach dem Start testeten die Astronauten bei der ORFEUS-SPAS-II-Mission sofort nach Erreichen des Orbits in 300 km Höhe erfolgreich die Öffnungsmechanismen des Teleskopdeckels und setzten den ORFEUS-SPAS II daraufhin zu seiner 14-tägigen Freiflugphase aus (Abb. 128). Damit begann die Rekordmesszeit von 263 Stunden für diese Astronomie-Mission, eine Herausforderung für alle beteiligten Personen, die den Satelliten und die Experimente rund um die Uhr online vom Kennedy Space Center kontrollierten. Innerhalb kürzester Zeit machten Wissenschaftler das ORFEUS-Instrumentarium vom Boden aus betriebsbereit. Dazu gehörte etwa das Ausrichten der optischen Achse des Teleskops und des Sternsensors, der als Referenz für die Positionierung der Satellitenplattform diente. Das ORFEUS-Teleskop konnte während der Messungen so genau auf einen Stern am Himmel ausgerichtet werden, dass dessen Licht durch eine Blende von 0,225 mm Durchmesser – das entspricht am Himmel 20 Bogensekunden – fiel. Nachdem auch die Hochspannungen für die Detektoren eingeschaltet worden waren, wurden Spektren der ersten Targets aufgenommen und partiell zum Boden gesendet. Alle Instrumente, insbesondere der deutsche hochauflösende Echelle-Spektrograph, lieferten hervorragende Daten.

Die Mission verlief abgesehen von einigen unvorhersehbar auftretenden kleinen Schwierigkeiten erstaunlich reibungslos und präzise. Am Ende der Mission fingen die Astronauten den Satelliten mit Hilfe des Shuttle-Greifarms ein und brachten ihn mitsamt seiner kostbaren Datenfracht sicher zum Boden zurück. Nun hieß es für die beteiligten Wissenschaftler geduldig zu warten, bis die Daten vom Satelliten endlich in Tübingen zur Datenreduktion bereitstanden. Insgesamt konnten in etwa 400 Einzelbeobachtungen von 150 verschiedenen Objekten hoch aufgelöste Spektren aufgenommen werden.

128 ORFEUS-SPAS am Arm der Raumfähre COLUMBIA während des Austestens der Funktionsfähigkeit des Teleskop-Deckels 1996

Nach Ende des ASTRO-SPAS Programms machte die UV-Gruppe Projektvorschläge zu weiteren Missionen und entwickelt diese teilweise bis zur Baureife. Dazu gehörte unter anderem ein UV-Instrument für die vor zwei Jahren geplante deutsche

Mondmission. Leider konnte aus finanziellen Gründen keine dieser Missionen verwirklicht werden.

Die UV-Gruppe ist seit Beginn der 1990er Jahre zusammen mit dem jetzigen Leibniz-Institut für Analytische Wissenschaften, Berlin, federführend in Arbeiten für den Spektrographen HIRDES (High Resolution Double Echelle Spectrograph) involviert, der das Hauptinstrument bei einer internationalen UV-Mission unter russischer Leitung werden soll. Die UV-Mission sollte in eine Serie von Satelliten-Projekten der früheren UdSSR gehören, um unter Verwendung desselben Trägers und derselben Bus-Struktur Großgeräte für astronomische Beobachtungen im Ultraviolett-, Röntgen- und Radiobereich in den Weltraum zu bringen.

Bei HIRDES handelt es sich um Spektrographen, die im ultravioletten Wellenlängenbereich von 100 bis 320 nm arbeiten sollen. Diese sind in ihren Eigenschaften, etwa Empfindlichkeit und Wellenlängenauflösung, den im Moment im Orbit arbeitenden Instrumenten, wie denen des Hubble Space Teleskops, weit überlegen. In das Konzept des Spektrographen flossen die Erfahrungen der Tübinger und der Berliner Gruppe entscheidend ein. Die Lehren aus den zwei ORFEUS-SPAS-Missionen halfen bei Entwicklung, Bau und erfolgreichem Einsatz von UV-Detektoren, bei Entwicklung von Frontend- und Digitalelektroniken inklusive onboard-Software, wie auch bei Entwicklung und Einsatz der entsprechenden Bodensoftware und insbesondere beim Management der Missionen. Leider wurde das Projekt aus finanziellen Gründen ab Mitte der 1990er Jahre nicht weiter verfolgt.

Die wissenschaftliche Bedeutung von spektroskopischen Beobachtungen im ultravioletten Wellenlängenbereich wurde in den letzten Jahren im internationalen Rahmen immer wieder diskutiert. Dabei kam deutlich zum Ausdruck, dass UV-Beobachtungen für viele astronomische Fragestellungen unverzichtbar sind. Es zeigte sich aber auch, dass die Raumfahrtagenturen ESA und NASA nicht planen, in den nächsten Dekaden UV-Instrumente ins Weltall zu bringen. ROSCOSMOS ließ daraufhin die alten Pläne einer russischen UV-Weltraummission wieder aufleben. Russland ist jetzt für die Gesamtmission verantwortlich und stellt neben der Rakete und dem Satellitenbus auch das Teleskop mit einem Spiegel von 170 cm Durchmesser. Als Hauptinstrument für das Teleskop ist der in Tübingen für die früher geplante UV-Mission entwickelte Spektrograph HIRDES ausgewählt worden. Diese, die jetzt World Space Observatory/UV (WSO/UV) genannt wird, soll 2014/2015 von Baikonur starten (Abb. 129).

Während der bisherigen 20-jährigen(!) Entwicklungszeit dieses Hauptinstrumentes wurden mehrere Industriestudien in Deutschland durchgeführt, die alle vom DLR finanziert wurden. Da aber die Gesamtkosten für den Bau des Instrumentes die finanziellen Möglichkeiten des DLR im Moment überschreiten, hat sich die russische Raumfahrtagentur bereit erklärt, eine letzte industrielle Studie zu finanzieren und den Bau des Instrumentes in Deutschland bei der Münchner Firma Kayser-Threde in Auftrag zu geben (Abb. 130).

Die optische Bank für dieses Instrument wird aus einem völlig neuartigen Material bestehen, welches in dieser Form noch nie im All eingesetzt wurde. Es handelt sich

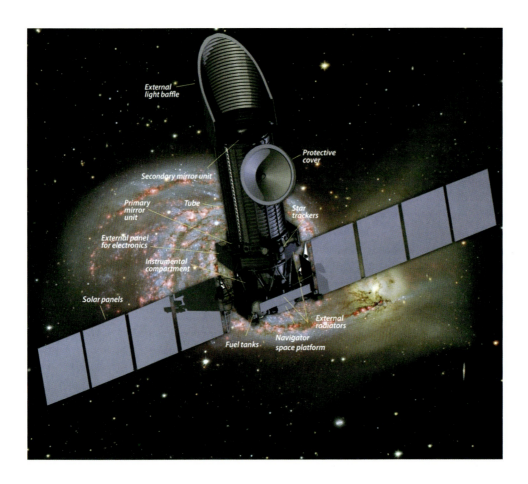

129 Der Satellit World-Space-Observatory UV mit einem 170 cm UV Spiegel-Teleskop

um ein Keramikmaterial mit eingeschlossenen Kohlefasern, dessen Eigenschaften für den Bau von Weltrauminstrumenten optimal geeignet sind. Das Material weist eine hohe Steifigkeit aus, ist leichtgewichtig und hat dazu noch einen äußerst geringen Ausdehnungskoeffizienten. Die Toleranzen für die Orte der optischen Elemente liegen bei diesem großen, anspruchvollen Instrument bei 1/10 bis 1/100 mm, so dass das Material der optischen Bank bei Temperaturdifferenzen nur äußerst geringe Längenänderungen aufweisen darf. Mit den bisher verwendeten Kohlefaserstrukturen müsste die Temperatur des Instruments auf +/- 1 Grad geregelt werden. Mit dem neuen Keramikmaterial ist es nun möglich, den Temperaturbereich bei der Arbeit im All auf eine Temperaturspanne von zehn Grad anzuheben. Dies ist mit vergleichsweise einfachen Mitteln im Satellitenbau zu verwirklichen.

Weiterhin sollen die UV-Detektoren in Tübingen hinsichtlich ihrer Effektivität gegenüber den bereits im All eingesetzten Detektoren um Größenordnungen verbessert werden. Dies betrifft sowohl die Empfindlichkeit als auch die Dynamik der Detek-

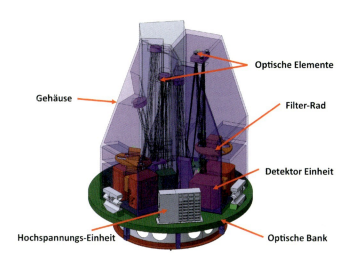

130 Das in Tübingen entwickelte spektrale Hauptinstrument der WSO/UV Mission

torsysteme. Bisher ist kein Detektorsystem in dieser Konfiguration ins All geschickt worden. Mit den neuen Materialien für die optische Bank werden wir ein Instrument zur Verfügung haben, welches weltweit einzigartige Eigenschaften bei UV-Beobachtungen von kosmischen Objekten aufweisen wird.

Die WSO/UV-Mission ist als Weltraumobservatorium geplant, Fragestellungen aus nahezu allen Gebieten der astronomischen Forschung können also mit dem deutschen Instrument beantwortet werden. Ein Beispiel für ein derzeit zentrales Thema astronomischer Forschung sind die bis jetzt in großer Zahl entdeckten extrasolaren Planten. Mit Hilfe der WSO/UV-Mission und den Kapazitäten des Hauptinstruments wird es möglich, die Zusammensetzung der Atmosphären von einigen dieser extrasolaren Planeten zu untersuchen und Aussagen über eventuelle Spuren organischen Lebens zu treffen (Abb. 131).

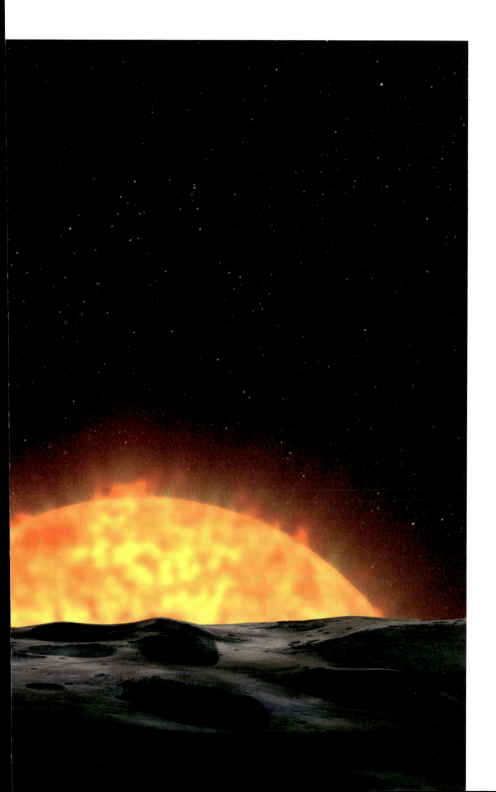

131 Stark aufgeheizte Atmosphäre (durch den Mutterstern) und abgeblasener Schweif des extrasolaren Planeten HD 209458b. Die Elemente Silizium und Kohlenstoff wurden im Schweif nachgewiesen

GÜNTER KEHRER
VOM BEVÖLKERTEN HIMMEL DER RELIGIONEN ZUM LEEREN UNIVERSUM DER WISSENSCHAFTEN

HIMMEL UND UNIVERSUM – MYTHEN UND WISSENSCHAFT

Dass das Universum ziemlich leer ist, scheint der Blick in den gestirnten Himmel über uns nicht zu belegen. Da oben herrscht – so lehrt uns der falsche Augenschein – ein ziemliches Gedränge, in dem schon der Mensch der frühen Hochkulturen eine Ordnung erkennen wollte und konnte. In diesem Eindruck liegen die Anfänge der Astronomie, die auf Beobachtung des Laufs der Gestirne basierte und wissenschaftliche – manchmal auch unrichtige – Weltbilder entwarf. So ist das ptolemäische Weltbild, das so genannte geozentrische Weltbild, ein wissenschaftliches, wenn auch falsches, mit dem man Jahrhunderte ganz gut zurechtkam und das auch heute noch unserer primären Erfahrung eher zu entsprechen scheint als das heliozentrische, von dessen Richtigkeit wir uns überzeugen lassen müssen.

Nicht nur die frühen Astronomen befassten sich mit dem, was über uns seine Existenz zu haben scheint, sondern auch Menschen, deren Funktionen wir nicht genau kennen, die die Griechen „Dichter" nannten. Sie erzählten Geschichten von Göttern und Menschen, die sich nicht nur auf der Erde ereigneten, sondern auch ihre Spuren am Himmel hinterließen. Und diese Dichter schufen schöne Bilder, denen spätere Dichter in Trauer nachhingen. Der Vergleich zwischen den Bildern der Dichter und den Weltbildern der Wissenschaft fällt ästhetisch zugunsten der Dichter aus. Schiller etwa betrauerte in seinem Gedicht *Die Götter Griechenlands* eine Welt, die obgleich „unsterblich im Gesang soll leben", im Leben untergehen muss:

„Wo jetzt nur, wie unsre Weisen sagen,
Seelenlos ein Feuerball sich dreht,
Lenkte damals seinen goldnen Wagen
Helios in stiller Majestät."

Wir haben uns angewöhnt, von Mythen zu sprechen, wenn wir Geschichten von Göttern hören, von ihren Affären mit den Menschen, von ihren Wohnplätzen im Himmel, von Reisen, die manche Menschen zu den Göttern unternahmen. Wir unterscheiden Mythen von Wissenschaft. Das ist sehr wahrscheinlich eine okzidentale Unterscheidung, die schon im 6. Jahrhundert v. Chr. in Griechenland stattfand, während in anderen Kulturen kein Bruch zwischen Mythos und Wissenschaft zu konstatieren ist. Aber der typisch neuzeitlich-okzidentale Konflikt zwischen Wissenschaft und Religion ist so in der Antike nicht vorfindbar. Anscheinend hat beispielsweise Lukrez' *De rerum natura* die religiösen Spezialisten – wer immer sie gewesen sein mögen – nicht beunruhigt. Die Polemik früher griechischer Denker wie Xenophanes, Heraklit und Platon gegen den Mythos und die Mythen als Unwahrheit rief anscheinend keinen Protest von Mythenproduzenten oder Mythenkonsumenten hervor. Der zum Paradigma für Konflikt zwischen Religion und Wissenschaft gewordene Streit um das heliozentrische Weltbild, gipfelnd in der Person des Galileo Galilei, als Auseinandersetzung zwischen zwei Weltbildern, von denen die jeweilgen Vertreter ihre Wissenschaftlichkeit behaupteten, kennt keine Parallele in anderen Kulturen und anderen Zeiten. Der bevölkerte Himmel des Mythos störte die Erkenntnisse der Astronomen nicht.

Der Himmel wird in den religiösen Mythologien in zwei Aspekten thematisiert: Einmal in den Weltentstehungsmythen und zum anderen in Vorstellungen über den Aufbau des Raums über der Erde. Wie die Welt entstanden ist, wird in den meisten Religionen beschrieben. Bekannt sind die oft blutrünstigen Geschichten von Götterkämpfen bis es endlich zu dem Zustand kam, der uns heute bekannt ist. Für unser Thema von besonderer Bedeutung ist die Trennung von Himmel und Erde, die in verschiedenen Traditionen auftaucht. Im ersten Schöpfungsbericht der Genesis schafft Gott am zweiten Tag ein *Gewölbe*, zwischen den Wassern über dem Gewölbe und dem Wasser unter dem Gewölbe. Das Gewölbe nennt Gott *Himmel*. Erst am vierten Tag erschafft Gott Sonne, Mond und Gestirne, um Tag und Nacht zu unterscheiden, damit Zeiten für Feste bestimmt werden können. Der zweite Schöpfungsbericht ist weniger kosmologisch orientiert, geht aber ebenso selbstverständlich davon aus, dass „Gott Himmel und Erde machte". Diese Vorstellung, dass die Erde unten und der Himmel über der Erde ist und dass die Welt entstanden ist, indem aus einem irgendwie gearteten Zustand der Ungeordnetheit, des Chaos sich durch Trennung und Scheidung vertikal geordnete Sphären gebildet haben, in denen Menschen und Götter ihren Platz haben, hat unsere Vorstellungen von den Himmeln lange beherrscht. Das – falsche – Verständnis vom unwandelbaren, ewigen Sternenhimmel, ein Sinnbild für die Majestät Gottes, ist bis heute für viele Menschen ein plausibles Bild.

Um ein weiteres religionshistorisches Beispiel zu nennen, soll kurz auf die altindische Kosmologie verwiesen werden.[1] Der Kosmos ist zweigeteilt in Himmel und Erde; als dritter Bereich kann auch noch die Luft zwischen Himmel und Erde angesprochen werden. Wenn einmal die anscheinend psychologisch unvermeidbare Vorstellung der Trennung des Himmels von der Erde besteht, ist das Tor geöffnet für die Bevölkerung des Himmels. Die Konzeption, dass die Götter oben – im Himmel – ihren Platz haben und die Menschen unten – auf der Erde –, ist dann naheliegend, bedarf aber noch der Elaboration. Denn der Himmel ist ja auch ohne die Götter nicht leer, und so wird eine fast naturwissenschaftliche Kosmologie mit der

---

[1] Orientierung auf diesem Feld liefert Axel Michaels: Der Hinduismus. Geschichte und Gegenwart, München 1998, bes. S. 314–346.

Götterwelt harmonisiert. Schon in vedischen Texten wurde die Vorstellung präsentiert, dass die Sterne – gemeint waren Sonne, Mond und Planeten – sich in von Pferden gezogenen Wagen bewegen. Spätere Texte verlagern die Sonne in den Zwischenbereich zwischen Himmel und Erde, den Luftbereich, während der Himmel jetzt der Ort für den Mond und die Planeten ist. Entscheidender ist aber eine andere Vorstellung: Über dem Himmel gibt es weitere Welten, die sich von den drei Bereichen Erde, Luft und Himmel dadurch unterscheiden, dass sie erst dann vergehen werden, wenn das Leben Brahmas beendet ist. Dies ist jedoch in den gigantischen Zeitdimensionen des indischen Denkens, wie sie in puranischer Zeit im 1. Jahrtausend n. Chr. entwickelt wurden, noch nicht so bald zu erwarten.

HIMMEL, ERDE, TOTENREICH

Mythen haben auch immer etwas mit Menschen zu tun, sind keine Geschichten, die nur von Göttern handeln. Es fragt sich also, wie mythologisch-religiös die Welt der Menschen mit dem Himmel verbunden wird. Die Erde ist der Ort der Lebenden, der Himmel der Wohnsitz der Götter, die Toten haben ihren Platz unten im Totenreich. Diese Dreiteilung scheint für lange Zeit ausreichend gewesen zu sein. Die altorientalischen Religionen inklusive der Religion Israels und die Religion der Griechen gingen von der Existenz eines Totenreiches aus, in das bis auf wenige Ausnahmen alle Menschen gelangten, um dort ein freudloses, reduziertes Leben zu führen. Dass dieses Reich des Todes unten lag, war wohl angesichts des Grabes eine plausible Annahme. Der Tod war allen Menschen gewiss. Er war der zentrale Unterschied gegenüber den Göttern, die unsterblich und dem Prozess des Alters entnommen waren. Einige Menschen konnten dem Schicksal des Sterbens entrinnen, wenn die Götter, eigentlich nur Zeus, besondere Lieblinge zu sich beförderten, so dass diese dem Verfallsvorgang entzogen bei den Göttern, auf dem Olymp und damit oben lebten. Aber nicht undifferenziert oben, denn es gibt verschiedene Himmel, die man sich als Kreisbahnen von Mond, Merkur, Venus, Sonne, Mars, Jupiter und Saturn vorstellte. Darüber wölbte sich der Fixsternhimmel, wobei die Fixsterne göttlich, also beseelte Wesen waren. Erst über dem Fixsternhimmel wurde der Kristallhimmel imaginiert, der eigentliche Götterhimmel, die Wohnstatt der zwölf olympischen Götter. Aber auch hier ist noch nicht das Ende erreicht: Im Zenit waltet moira, das Schicksal, dem auch die Götter unterworfen sind.[2]

Herausragende Sterne wurden mit Mythen verbunden, so etwa Orion mit dem Jäger, den Eos liebte, der aber von Artemis getötet wurde. Ein Beispiel für das anscheinend konfliktfreie Verhältnis von Mythen und Wissenschaft ist es, dass der griechische Philosoph Anaxagoras in der Milchstraße gala, lateinisch via lactea, eine Ansammlung vieler lichtschwacher Sterne sah, während Pythagoras sie als Wohnung der Seelen nach dem Tod, aber vor der Geburt bezeichnet haben soll. Der wohl populärste Mythos sah in der Milchstraße die Milch der Juno, die beim Stillen des Herkules oder Hermes oder auch Bacchus verschüttet wurde. Die himmlischen

---
2 Vgl. Carmen Blacker, Michael Loese (Hg.): Ancient Cosmologies, London 1975.

Sphären blieben zunächst die Sphären der Götter, den Menschen verschlossen, wenn auch nicht völlig hermetisch. Wie konnten die Menschen mit den Himmeln in Berührung kommen? Die Dreiteilung der Welt durch das Oben der Götter, die Mitte der Menschen und das Unten der Toten schien keine durchgängige Verbindungen zu erlauben – oder höchstens die von oben nach unten: So besuchten die Götter die Erde und damit die Menschen, und einigen Menschen wurde gestattet, ins Totenreich zu gehen und wieder in die Welt der Lebenden zurückzukehren. Aber selbst den wenigen Glücklichen, die nach dem Tod nicht das Totenreich betraten, sondern auf die Inseln der Seeligen versetzt wurden, in das Elysion, wurden nicht in die Götterhimmel erhoben. Denn diese Inseln, ein Ort von ewigem Glück, waren auf der Erde gedacht, weit im Westen, am Ende der Welt. Parallel lokalisierten Israel und die jüdische Religion das Paradies, aus dem die Menschen vertrieben worden waren und nach dessen Verlassen sie den Tod erfuhren, nicht in den Himmeln, sondern irgendwo auf der Erde.

LOHN UND STRAFE
Wie wurde mythologisch der Himmel für die Menschen geöffnet? Gehen wir von der heute noch durchaus verbreiteten Vorstellung aus, dass es nach dem Tod – in der postmortalen Existenz – Lohn und Strafe gibt, dass gewissermaßen das Leben fortgesetzt wird, aber nun in ungetrübter Gerechtigkeit. So ist auffällig, dass – um es platt auszudrücken – die Guten oben sind und die Bösen unten. Diese Vorstellung von der postmortalen ausgleichenden Gerechtigkeit ist religionsgeschichtlich ziemlich jung.[3] Im Okzident, und dazu sei hier der Alten Orient gerechnet, beginnt sie nicht vor der Mitte des 1. Jahrtausends v. Chr. Bis heute sind sich die Religionshistoriker nicht einig über den Prozess, der zu dieser Vorstellung führte. Persische Einflüsse, vielleicht zurückzuführen bis auf den historisch nicht gesicherten Zarathustra, scheinen wahrscheinlich zu sein. Im Judentum entsteht im zweiten Jahrhundert v. Chr. die Idee der Auferstehung und einer Aufteilung der Menschen nach dem Tode: Die Gerechten werden bei Gott sein, in seinem Lichte wohnen, sie werden in den Himmeln sein, während die Ungerechten im Totenreich gequält werden, wobei das Totenreich, jetzt als Hölle imaginiert, unten ist. Keinesfalls sind die Vorstellungen fixiert oder gar dogmatisiert. Nicht alle jüdischen Gruppen glaubten an eine Auferstehung. Bedeutsam wurde, dass die vom Judentum sich lösende neue christliche Religion den von der pharisäischen Richtung propagierten Glauben an die Auferstehung übernahm und in den folgenden Generationen mit der griechischen Konzeption der unsterblichen Seele kombinierte. Zwei sich eigentlich ausschließende Vorstellungen mussten harmonisiert werden. Zum einen existierte der Glaube an die Auferstehung der Toten, verbunden mit dem Glauben, dass dies am Ende der jetzt existierenden Welt geschehe, wenn Gott einen neuen Himmel und eine neue Erde schaffen wird: Die Heilige Stadt, das Neue Jerusalem, kommt von Gott aus dem Himmel, aber es ist ein neuer Himmel, weil das Neue Jerusalem weder Sonne noch

---
3 Herbert Vorgrimler: Geschichte des Paradieses und des Himmels, München/Paderborn 2008.

Mond braucht und allein die Herrlichkeit Gottes in ihm strahlt.[4] Im Totengericht erleiden die Ungerechten den zweiten, den endgültigen Tod, in einem Feuersee. Da Gott jetzt in seiner Stadt, bei seinen Menschen wohnt, ist sein Platz nicht mehr im Himmel und getrennt von den Menschen. Dem gegenüber steht eine populärere Vorstellung, die noch vor der Auferstehung und der Schaffung Lohn und Strafe einer neuen Erde und eines neuen Himmels in die dreigeteilte Welt – Totenreich, Erde und Himmel – integrierte.

Literarisch vollendeten Ausdruck hat diese Vorstellung in Dantes *Göttlicher Komödie* (1311–1321) gefunden. Darin ist die Erde umgeben von Luft, nach unten ist das Inferno geschichtet in Kreisen, die an Umfang abnehmen, aber an Intensität der Qualen zunehmen. Das ist im Prinzip die antike Vorstellung vom Totenreich mit Einschluss des Tartaros, wo schon in vorchristlicher Zeit die Frevler gegen die Götter büßten. Über der Erde wölben sich die neun Himmel – analog zu den neun Kreisen der Hölle. Dabei ist die antike Hierarchie von Mond bis Saturn zuzüglich des Fixsternhimmels und des Empireums beibehalten. Die scholastische Theologie des Thomas von Aquin sprach von zehn himmlischen Sphären: Oberhalb des siderischen Himmels, der aus den bekannten sieben Planetensphären und der achten Fixsternsphäre bestand, gab es den kristallinen Himmel und wie erwartet darüber das Empireum. Seit den neutestamentlichen Schriften bis in die mittelalterliche Theologie blieb es eine offene Frage, wo sich die Seelen der Toten befinden, wenn angenommen wurde, dass die Seele unsterblich sei, was durchaus nicht allgemein akzeptiert war. Noch vertrackter wurde die Frage nach dem Aufenthaltsort der Heiligen und der Engel. Trotz aller theologischer Bedenken, Orte realistisch zu beschreiben, hat die zahlreiche Visionenliteratur nicht nur in der Volksfrömmigkeit dem Glauben Raum gegeben, dass sich die Bereiche der Seligen und der Engel ebenso wie der Ort Gottes selbst in der Höhe, im Himmel befinden. Die volkstümliche Gleichsetzung von Paradies und Himmel wird so weit getrieben, dass das ursprünglich irdische Paradies in einen der Himmel verlegt wurde, meistens in den dritten. Die Frage bleibt jedoch offen, wie der sichtbare Himmel der Planeten und Fixsterne sich zu den unsichtbaren Himmeln der Wohnstatt Gottes, der Engelschöre, der Heiligen verhält. Diese Himmel sind nicht der Beobachtung zugänglich, so wenig wie das Totenreich. Zwar ist es einigen Menschen vergönnt, Einblicke in diese Reiche zu nehmen. Diese Vorstellung existierte schon in der Antike, wo beispielsweise geglaubt wurde, dass tugendhafte Männer in ewiger Glückseligkeit weiterlebten und als Seelen die himmlische Milchstraße bewohnten.[5] Neu an der christlichen Vorstellung der göttlichen Himmel ist allerdings, dass keinerlei Verbindungen mit dem Kosmos, etwa der sichtbaren Milchstraße, mehr existierten. Die christlichen Gefilde der Seligen erscheinen nur in der Vision. Sie gehören zur himmlischen Welt und sie sind bevölkert. Denn die Zahl der Engel ist zwar nicht unendlich, kann aber mindestens in die Hunderttausende gehen.

---

[4] Offenbarung des Johannes 21,9–27.

[5] Dies erfährt in Ciceros „De re publica" der Militärtribun Scipio Aemilianus im Schlaf. Vgl. Konrat Ziegler (Hg.): M. Tulli Ciceronis scripta quae manserunt omnia, Fasc. 39: De re publica, Leipzig 1969.

Diese religiöse Welt ist durch die Astronomie zerstört worden, sollte man meinen. Aber ganz lässt sich anscheinend das Bild nicht abschaffen. Der Katechismus der katholischen Kirche, 1997 zuerst auf Lateinisch erschienen, weiß immerhin zu sagen: „In der Heiligen Schrift bezeichnet das Wortpaar ‚Himmel und Erde' alles was existiert: die gesamte Schöpfung. Es gibt auch das Band an, das innerhalb der Schöpfung Himmel und Erde zugleich vereint und unterscheidet: ‚die Erde' ist die Welt der Menschen; ‚der Himmel' oder ‚die Himmel' kann das Firmament bezeichnen, aber auch den eigentlichen ‚Ort' Gottes [...]. Schließlich bezeichnet das Wort ‚Himmel' den ‚Ort' der geistigen Geschöpfe – der Engel –, die Gott umgeben."[6] Im Artikel „Das Ewige Leben" wird definiert, dass die Seelen der Heiligen im vollkommenen Leben schon jetzt im „Himmel" sind. Es ist bemerkenswert, dass der Katechismus – maßgeblich verantwortlich war Joseph Ratzinger, später Papst Benedikt XVI. – hier exzessiv von so genannten Gänsefüßchen Gebrauch macht: „Der Himmel" bezeichnet den eigentlichen „Ort" Gottes. In der Auslegung des ersten Artikels des Credos können die Autoren sich nicht völlig der Sprache der Mythen entziehen, aber sie tun es gewissermaßen mit Vorbehalt. Das fast leere Universum der Astronomie, das einmal entstanden ist, sich ausdehnt und einmal nicht mehr sein wird, lässt sich nicht bevölkern, zumal die spärlichen Inseln im Universum, die Galaxien, genauso dem Prozess des Entstehens und Vergehens unterworfen sind, auf jeden Fall dort keine Wesen auffindbar sein werden, die diesem Prozess entzogen sind.

INDISCHE RELIGION UND DIE HIMMELSWELTEN
Leichter haben es da die bevölkerten Himmelswelten der Religionen, die zwar auch der Sichtbarkeit nicht unterliegen, aber harmonisierbar mit einer Weltsicht sind, in der es nichts Ewiges gibt. Im indischen Denken, das sich keineswegs konsistent über einen Zeitraum von Jahrtausenden entwickelte und veränderte, werden astronomische, astrologische und religiöse Weltbilder miteinander verwoben.[7] Auch die indischen Sonderentwicklungen, die in der Mitte des ersten vorchristlichen Jahrtausends entstanden, weisen später ähnliche Konzeptionen auf. Unter den verschiedenen Vorstellungen ist eine recht häufige, dass die Welt sowohl horizontal als auch vertikal siebengeteilt ist. In unserem Zusammenhang ist nur der obere Teil der vertikalen Ordnung von Interesse. Sind noch die drei ersten Welten gewissermaßen astronomisch plausibel – Erde, Raum zwischen Erde und Sonne, Raum zwischen Sonne und Polarstern –, so sind die folgenden vier Räume oder Welten nicht sichtbar zu machen, wenigstens was das moderne Wissenschaftsverständnis betrifft: Eine Welt der Heiligen, gefolgt von einer Welt der Söhne Brahmas, diese von einer Welt der Vairàja-Götter überwölbt, bis schließlich die Brahmawelt den Abschluss bildet. Wie schon in der Beschreibung angedeutet, sind diese Welten belebt, bev-

---

6 Dazu Michaels 1998. Immer noch unverzichtbar ist außerdem Willibald Kirfel: Die Kosmographie der Inder nach den Quellen dargestellt, Bonn u. a. 1920. Die Verbindung kosmologischer und sozialer Konzepte ist herausgearbeitet bei Brian Keith-Smith: Classifying the Universe. The ancient Indian Varna system and the origins of cast, New York u. a. 1994.

7 Helmuth von Glasenapp: Der Jainismus. Eine indische Erlösungsreligion nach den Quellen dargestellt, Berlin 1925, bes. S. 214–243; Kirfel 1920, S. 261–315.

ölkert, aber auch vergänglich, wenn auch in wesentlich längeren Zeiträumen als die irdische Welt. In späteren Texten werden Weltalterleben mit kürzeren und längeren Zyklen entwickelt, die teilweise über 300 Billionen Menschenjahre reichen können. Interessant ist die mögliche Verbindung der vertikal gedachten Gliederung der Welt mit Nachtodkonzeptionen, denn auch ein sich durchsetzender Glaube an die Wiedergeburt lässt sich mit dem Glauben harmonisieren, dass der Tote bis zur Wiedergeburt in verschiedenen Räumen verweilt, die bei aller Spiritualisierung immer auch in einem Oben und Unten, also als Himmel oder Hölle gedacht werden. Auf dem Weg zu den Ahnen verweilt der Tote, der nicht körperlos ist, obwohl er seinen grobmateriellen Körper verlassen hat, entweder im Himmel oder in der Hölle.

Eine weitere Variante soll nicht unerwähnt bleiben: Die Erlösungsreligion des Jainismus, die etwa zeitgleich mit dem Buddhismus entstanden ist, hat ein fast beispiellos komplexes Modell des Universums hervorgebracht, verbunden mit einer Zeitrechnung, gegen die die gerade erwähnte puranische fast sparsam erscheint. Das Universum hat zwar keinen Anfang und kein Ende, aber innerhalb dieser Endlosigkeit gibt es Aufwärts- und Abwärtsbewegungen. Keine Gottheit kontrolliert das Universum, was nicht heißt, dass es keine Götter gibt. Denn die Differenz zwischen Göttern und Menschen ist in den nicht-monotheistischen Religionen nicht absolut. Das Universum („loka") ist in einem nicht-loka verortet, in dem nichts ist. Das Universum ist von unten nach oben dreigeteilt: der Bereich der Höllen, in dem es auch Götter gibt, dann ein schmales Band von Kontinenten und Ozeanen, darüber der Bereich der Himmel. Man darf die mittlere Welt nicht nur mit unserer Erde gleichsetzen, auch der gestirnte Himmel über uns gehört zu dieser Welt: Planeten und Sterne sind die Fahrzeuge der Lichtgötter. Über dieser mittleren Welt befindet sich die obere Welt, die wiederum mehrere, nach Lehrart 26 oder 30 vertikal angeordnete Himmel umfasst. Und diese Himmel sind nicht leer, sondern von Göttern besiedelt, die in Palästen wohnen und wiederum hierarchisch geordnet sind, je nach möglicher Einsicht in die Prinzipien des Jainismus. Je höher die Götter gelangen, desto näher sind sie bei einer Geburt als menschliche Wesen, denn nur als solche können sie Erlösung erlangen. Diese für monotheistisch geprägtes Denken zunächst sehr schwer nachvollziehbare Vorstellung, dass Götter zwar glückselig, aber nicht erlösungsfähig und insofern den Menschen untergeordnet sind, ist im Konzept der Karmalehre einsichtig. Denn das Ziel, nicht mehr wiedergeboren zu werden, ist nur erreichbar, wenn das Anhäufen von Karma – auch gutem Karma – aufhört. Und dieses Ziel kann nur der Mensch durch Einsicht in diese Zusammenhänge erreichen. Alle, die die Befreiung erlangt haben und damit nicht mehr wiedergeboren werden, versammeln sich im obersten Himmel der oberen Welt und haben dort ihren permanenten Wohnsitz. Sie sind zahllos und ohne Körperlichkeit. Alles ist aus weißem Gold und oberhalb des Felsens in der Mitte dieser Welt ist das Ende des Universums.

Alle religiösen Mythologien und Spekulationen eint, dass sie keine leeren Welten mögen. Sie geben sich daher nicht mit der sichtbaren Welt zufrieden. Die imaginierten Welten hinter den sichtbaren werden räumlich oben gedacht, wenn auch die späteren Überlegungen diese als Bewusstseinszustände entmaterialisieren wollen. Gewiss ist dieser Himmel ein schöneres Bild, als das kalte, fast leere Universum der Wissenschaften – wenn man von den Höllen absieht.

FLORIAN FREISTETTER
WARUM DIE ASTROLOGIE NICHT FUNKTIONIEREN KANN

Wie untersucht man Astrologie am besten? Man kann ihre Entwicklung aus historischer Sicht betrachten. Man kann die Aussagen der Astrologie aus soziologischer, linguistischer oder statistischer Sicht analysieren und so herausfinden, ob sie das leistet, was sie verspricht, nämlich verlässliche, reproduzierbare und nachprüfbare Informationen. Man kann die Grundlagen der Astrologie aus naturwissenschaftlicher oder astronomischer Perspektive angehen, um festzustellen, ob sie eine logische Grundlage hat oder nicht.

Zweierlei ist einer derartigen Analyse vorwegzuschicken: Astrologie existiert seit langer Zeit, ist ein sehr komplexes Phänomen und kann daher in einem so kurzen Text auch nur unvollständig betrachtet werden. Weiterhin ist die Frage nach der Berechtigung einer kritischen Hinterfragung der Astrologie zu stellen. Ein Vorwurf, den Astrologen gegenüber Kritikern sehr oft äußern, ist folgender: Gerade weil die Astrologie so komplex ist, darf sie von jemandem, der kein Astrologe ist, nicht kritisiert werden. Man müsse sich erst jahrelang mit der Astrologie beschäftigen, sonst sei man als unwissender Laie nicht qualifiziert zu beurteilen, ob Astrologie funktioniert oder nicht. Selbstverständlich sollte man ein wenig Ahnung von dem haben, was man kritisieren möchte. Aber man muss nicht jahrelang als Astrologe gearbeitet haben, um feststellen zu können, ob sie funktionieren kann oder nicht. Man muss ja auch kein KFZ-Mechaniker sein, um zu überprüfen, ob das Auto, das man kaputt in die Werkstatt gebracht hat, danach wieder fahrtüchtig ist. Wiederum gestehen Astrologen ihrem Publikum – das im Allgemeinen keine professionellen Astrologen umfasst – zu, sich ein Urteil über ihre Arbeit zu bilden. Demgemäß kann man auch an dieser Stelle die Astrologie untersuchen und sogar kritisieren, auch wenn man selbst kein Astrologe ist.

Außerdem wird sich dieser Text ganz bewusst mit der Astrologie auf einem sehr allgemeinem Niveau beschäftigen, für das keine astrologischen Spezialkenntnisse nötig sind. Denn *die* Astrologie gibt es ohnehin nicht. Wenn man etwa die Horoskope in den Zeitungen und Magazinen kritisiert, dann würden Astrologen sofort dagegen halten, dass es sich dabei um keine echte Astrologie handle. So haben sich im Dezember 2010 die in der österreichischen Wirtschaftskammer organisierten Astrologen von der astrologischen Prophezeiung konkreter Ereignisse distanziert und diese als „unseriös"[1] bezeichnet. Würde man etwa die Astrologie der Hamburger Schule[2] infrage stellen, würden sich die Astrologen anderer Schulen nicht angesprochen fühlen. Die Astrologie ist in sich so zersplittert – und das gilt sowohl für die westlich-abendländische Astrologie als auch für die vielen anderen astrologischen Systeme, so aus Indien oder China –, dass die Kritik an einer einzigen Richtung kaum sinnvoll ist. Astrologen könnten diese Kritik dann immer mit der Variation eines logischen Fehlschlusses vom Typ „No True Scotsman"[3] beantworten: „Was kritisiert wird, ist nicht die wahre Astrologie". Jeder Astrologe macht sich im Prinzip seine eigene Astrologie.

Das ist dann auch schon das erste, was einen bei der Frage nach der Aussagefähigkeit der Astrologie stutzig machen könnte: Wenn die Astrologie so extrem uneinheitlich ist, wie kann man dann überhaupt zu verlässlichem Wissen gelangen? Genau an diesem Punkt will die Erklärung ansetzen: Die Astrologie ist nicht nur in ihrer aktuellen Ausprägung gänzlich heterogen. Schon ihre grundlegenden Annahmen und Aussagen, die allen astronomischen Richtungen gemeinsam sind, sind in sich völlig inkonsistent.

Grundlage jeder Astrologie ist die Behauptung, es gebe einen irgendwie gearteten Zusammenhang zwischen den Objekten am Himmel und dem Leben oder dem Schicksal der Menschen. Damit ist nicht unbedingt eine konkrete Kraft gemeint, die Sterne oder Planeten auf Menschen ausüben. Manche Astrologen vertreten zwar auch diese Meinung,[4] aber da sich relativ leicht beweisen lässt, dass keine der bekannten Kräfte – und auch keine unbekannte Kraft – in der Lage wäre, das von der Astrologie Verlangte zu leisten, ziehen sich viele Astrologen auf den Standpunkt zurück, dass die Dinge am Himmel nur eine Art Metapher für die Vorgänge am Erdboden sind: „Wie oben, so auch unten". Zwischen Himmel und Erde herrsche eine gewisse *Synchronizität*, weswegen man das Schicksal der Menschen auch an den Sternen und Planeten ablesen könne.

Auch wenn die Details sich extrem unterscheiden können, so ist dieser Zusammenhang zwischen Menschen und Himmelsobjekten doch diejenige Eigenschaft, die einer Astrologie immer zugrunde liegt und auf die sich dieser Text konzentrieren will. Heute kennt die Astronomie unzählige Himmelskörper. Unser Sonnensystem besteht aus einem Stern, acht Planeten, fünf Zwergplaneten, 168 Monden, Millionen von Asteroiden und Kometen und jeder Menge kleinerer Objekte wie interplanetarer Staub und interplanetares Gas. Außerhalb unseres Sonnensystems gibt es

---

[1] Vgl. http://www.ots.at/presseaussendung/OTS_20101227_OTS0045/gewerbliche-astrologen-distanzieren-sich-von-prognosen-konkreter-ereignisse [Stand: 09.03.2011].

[2] Als Hamburger Schule wird eine bestimmte astrologische Auswertungsmethode bezeichnet, die Anfang des 20. Jahrhunderts von Alfred Witten begründet wurde. Neben dem Postulat eines speziellen Häusersystems zeichnet sich die Hamburger Schule vor allem durch die Verwendung der sogenannten „Transneptune" aus. Dabei handelt es sich um acht zusätzliche Himmelskörper die im Horoskop verwendet werden – die aber in der Realität nicht existieren.

[3] Vgl. Antony Flew: Thinking About Thinking. Do I sincerely want to be right?, London 1975. Er verweist damit auf den logischen Fehlschluss, ein Argument gegen eine Behauptung dadurch entkräften zu wollen, dass man das genannte Beispiel als nicht zur Behauptung gehörig darstellt.

[4] Vgl. etwa Adrienne von Taxis: Astrologie. Das große, umfassende Nachschlagewerk zur Astrologie, Wien 1997, bes. S. 67f.

noch Milliarden anderer Sterne unserer Milchstraßengalaxie, von denen ebenfalls viele Planeten haben – über 500 davon sind mittlerweile bekannt –, und Milliarden anderer Galaxien im Universum. Wenn die Astrologie nun tatsächlich eine Lehre oder sogar eine Wissenschaft ist, die verlässlich und reproduzierbar konkrete Information liefert, dann muss auch ihre Grundlage eine gewisse Konsistenz aufweisen. Wenn die Astrologie keine Lehre der absoluten Beliebigkeit ist, dann muss es möglich sein, zu begründen, welche Himmelskörper man bei der Untersuchung des menschlichen Schicksals berücksichtigen muss und warum.

In der Wissenschaft ist das selbstverständlich. Will man mit der wissenschaftlichen Erforschung der Bewegung der Himmelskörper, der „Himmelsmechanik", zum Beispiel herausfinden, ob ein Asteroid mit der Erde kollidieren wird, dann muss man dessen zukünftige Bewegung berechnen. Diese Bewegung hängt von der Gravitationskraft ab, die auf den Asteroiden wirkt, in diesem Fall zuerst und hauptsächlich einmal die der Sonne; sie hat schließlich die meiste Masse in unserem Sonnensystem. Aber auch die anderen Planeten beeinflussen mit ihrer Masse die Bahn des Asteroiden. Sogar die größeren Monde und Asteroiden können einen relevanten gravitativen Einfluss ausüben. Da die Reichweite der Gravitation unendlich ist – sie wird mit der Entfernung zwar immer schwächer aber nie komplett null –, müsste man genau genommen jedes Objekt im Universum und dessen Gravitationskraft berücksichtigen. Aber natürlich ist der Einfluss, etwa des Jupiter, auf einen Asteroiden im Sonnensystem viel größer als der eines Sterns in der 2,5 Milliarden Lichtjahre entfernten Andromedagalaxie. Wenn man Asteroiden in der Nähe der Erde betrachtet, dann kann man sogar schon den Einfluss der Planeten Uranus und Neptun weitestgehend vernachlässigen. Man kann die Bewegung des Asteroiden mit und ohne die von ihnen ausgeübte Gravitationskraft berechnen und sieht dann, dass dies keinen Unterschied ergibt. Ihr Einfluss spielt für dieses Problem keine Rolle. Und so kann man für jedes himmelsmechanische Problem angeben, welche Himmelskörper Einflussfaktoren sind und welche nicht. Will man die Bewegung der Marsmonde untersuchen, kann man etwa den Zwergplanet Pluto ignorieren. Will man mehr über die Bewegung der Asteroiden im Kuipergürtel wissen, die sich in der Nähe des Pluto befinden, dann muss man Pluto berücksichtigen, um verlässliche Ergebnisse zu erhalten – braucht sich aber nicht um Mars zu kümmern. Man kann also immer präzisieren, welche Himmelskörper aus welchen Gründen eine Rolle spielen. Und wenn man entsprechende wissenschaftliche Ergebnisse veröffentlicht, muss man ebenso darauf verweisen. Jeder Gutachter würde sonst umgehend und zu Recht bemängeln, dass der Autor vergessen hat, die Wahl seines Modells und seiner Parameter – in diesem Fall eben die Wahl der berücksichtigten Himmelskörper – zu rechtfertigen.

Aber wie ist das nun in der Astrologie? Von den acht Planeten, fünf Zwergplaneten, 168 Monden und dem einen Stern werden in der Astrologie normalerweise sieben Planeten (Merkur, Venus, Mars, Jupiter, Saturn, Uranus, Neptun), ein Zwergplanet (Pluto), ein Mond (der Erdmond) und ein Stern (die Sonne) berücksichtigt. Dabei werden Uranus, Neptun und Pluto erst seit dem Zeitpunkt ihrer jeweiligen Entdeckung benutzt; davor ist man anscheinend immer gut ohne sie ausgekommen. Hier stellt sich nun die Frage, wie Astrologen die Wahl dieser Parameter rechtfertigen. Nach welchen Regeln wählen sie diese Himmelskörper aus und verwerfen andere? Es gibt übrigens Astrologen, die die Auswahl erweitert haben und auch einige größere Asteroiden berücksichtigen. Aber auch dann bleibt die Frage nach den Auswahlkriterien bestehen. Wenn die Astrologie keine Lehre der völligen Beliebigkeit ist, dann müsste sie eigentlich eine in sich konsistente Basis haben, mit der sich diese Fragen beantworten lassen.

Klar ist, dass es keine Frage der astronomischen Klassifikation ist. Die Astrologie verwendet zwar immer alle Planeten; vor 1781 vermisste jedoch kein Astrologe den Uranus, vor 1846 vermutete kein Astrologe die Existenz des Neptun (die Astronomen dagegen schon; sie hatten seine Existenz aus der Beobachtung von Bahnstörungen des Uranus vorhergesagt) und auch Pluto fehlte vor 1930 nicht. Selbst heute werden in den Horoskopen nur die acht Planeten in unserem Sonnensystem verwendet und nicht auch die extrasolaren Planeten, obwohl die Bedeutung der Himmelskörper gemäß astrologischer Logik eigentlich nicht entfernungsabhängig sein kann. Denn der weit von der Erde entfernte Pluto ist im Horoskop genauso wichtig wie die nahe Venus. Bei den Zwergplaneten wird überhaupt nur Pluto benutzt und mitunter der größte Hauptgürtelasteroid und kleinste Zwergplanet Ceres. Die restlichen Zwergplaneten – Eris, Haumea und Makemake – kommen in normalen Horoskopen so gut wie nie vor. Noch deutlicher ist es bei den Monden. In den Horoskopen wird generell nur der Erdmond im Horoskop in Betracht gezogen, die restlichen 167 Monde — davon sind Io, Ganymed, Callisto und Titan sogar größer als der Erdmond — werden ignoriert. Gleiches gilt für die Asteroiden: manche Astrologen verwenden bisweilen Asteroiden wie Ceres, Pallas, Vesta oder Chiron. Diese unterscheiden sich jedoch durch nichts von den Millionen anderen Asteroiden im Sonnensystem, die nicht in den Horoskopen auftauchen.

Auch physikalische Parameter sind bei der Auswahl der astrologisch relevanten Himmelskörper entscheidend. Der Einfluss des schweren und großen Jupiters im Horoskop ist genauso wichtig wie der des kleinen und leichten Monds oder des Pluto. Die gewaltige Sonne ist ebenso wichtig wie der winzige Mars. Wie der sonnennächste Planet Merkur muss auch der sonnenfernste Planet Neptun im Horoskop berücksichtigt werden.

Weiterhin kann die Sichtbarkeit mit bloßem Auge kein astrologisches Auswahlkriterium sein. Denn man kann zwar Sonne, Mond, Merkur, Venus, Mars, Jupiter und Saturn leicht sehen. Aber bei Uranus besteht die freiäugige Sichtbarkeit nur noch theoretisch, Neptun und Pluto sind ohne technische Hilfsmittel unsichtbar.

Viele Astrologen können auf die Frage nach der Auswahl der relevanten Himmelskörper keine Antwort geben. Aber einige, die es doch getan haben,[5] haben meistens und verständlicherweise nicht physikalisch-astronomisch argumentiert, sondern eher emotional: die im Horoskop verwendeten Himmelskörper seien eben genau

---

[5] Beispielsweise http://www.scienceblogs.de/astrodicticum-simplex/2009/01/astrologie-ist-immer-noch-unsinn-eine-nachlese.php [Zuletzt geprüft am 09.03.2011].

diejenigen, die für die Menschen auf irgendeine Art und Weise von besonderer Bedeutung wären. Das ist zweifelsohne eine äußerst schwammige Begründung – die noch dazu nicht frei von Widersprüchen ist. Pluto ist beispielsweise heute Teil von nahezu jeder astrologischen Analyse. Dass er mittlerweile nur noch als Zwergplanet klassifiziert wird und nicht mehr als Planet, spielt dabei keine Rolle. Pluto sei in der Astrologie deswegen von Bedeutung, weil er eben lange Zeit als Planet des Sonnensystems geführt wurde und deswegen Bedeutung für die Menschen hat und hatte.[6] Aber folgt man dieser Argumentation, dann müssten der Zwergplanet Ceres und die Asteroiden Pallas, Juno, Vesta und Hygiea ebenso wichtig sein wie Pluto. Denn bei ihrer Entdeckung Anfang des 19. Jahrhunderts wurden diese Himmelskörper ebenfalls als Planeten klassifiziert und erst Jahrzehnte später wieder „degradiert" – so wie Pluto. Da sie die ersten jemals entdeckten Asteroiden waren, hatten sie durchaus große Bedeutung für die Menschen. Ceres war vormals mindestens so bekannt wie Pluto heute. Der Mond der Erde wird laut manchen Astrologen deswegen als einziger der 168 bekannten Monde berücksichtigt, weil er eben der Mond der Erde und deswegen relevant ist. Nicht relevant ist aber der Asteroid 2002 AA99 obwohl er ebenfalls ein koorbitales Objekt der Erde ist (sich also wie der Mond ständig in ihrer Nähe aufhält). Aber auch die vier galileischen Monde des Jupiter – von denen drei größer als der Erdmond sind – haben in der Geschichte der Menschheit eine wichtige Rolle gespielt. Sie waren nämlich die ersten neuen Himmelskörper, die Galileo Galilei 1609 mit seinem Teleskop entdeckte, und ihre Beobachtung beeinflusste den Wandel zum heliozentrischen Weltbild.[7] Warum tauchen diese galileischen Monde jedoch nie in Horoskopen auf? Und was ist mit der Vielzahl an Sternen am Himmel, die für die Menschen ebenso relevant wie die Planeten waren? Sie dienen in der Astrologie nur als Hintergrund, vor dem sich alles abspielt. Egal wie man es betrachtet, es gibt keine objektiven Regeln, die klar darlegen, welche Himmelskörper für die Astrologie relevant sind und welche nicht.

Verständlich wird die Auswahl der Himmelskörper in der Astrologie freilich aus der historischen Entwicklung heraus. Sterne wurden in der Antike nicht als eigenständige Himmelskörper angesehen, sondern nur als Lichtpunkte oder Löcher in der äußersten Himmelssphäre. Von den übrigen Himmelskörpern waren damals nur solche bekannt, die mit direkt sichtbar waren und von denen man dachte, dass sie die Erde als Zentrum des Universums umkreisten. Das waren Sonne, Mond, Merkur, Venus, Mars, Jupiter und Saturn. Lange Zeit beschränkte sich die Astrologie daher auf diese Gruppe, bis zwischen 1781 und 1930 die neu entdeckten Planeten Uranus, Neptun und Pluto hinzu kamen, deren Existenz kein einziger Astrologe vorhergesagt hatte. Mittlerweile kennen wir eine Unmenge von verschiedenen Himmelskörpern. Im Gegensatz zum Weltbild der Antike, das immer noch die Grundlage der Astrologie bildet, wissen wir heute, dass die Sterne keine Punkte an einer Himmelssphäre sind, sondern weit entfernte Sonnen. Wir wissen, dass weder die Erde noch

---

[6] Hier: http://www.scienceblogs.de/astrodicticum-simplex/2010/07/zur-begruendung-der-astrologie.php oder hier: http://www.astrologie.de/astrologie/b/3945/ [Stand: 09.03.2011].
[7] Übrigens hat Galileo die vier Monde damals zuerst als „Planeten" bezeichnet.

die anderen Planeten unseres Sonnensystems etwas Besonderes darstellen, sondern dass es im Universum noch unzählige andere Planeten gibt. Wir wissen, dass neben den mit bloßem Auge sichtbaren noch unzählige Himmelskörper existieren, die nur mit technischen Hilfsmitteln beobachtbar sind.

Die Astrologie kann nun natürlich aus rein praktischen Gründen nicht alle Planeten, Zwergplaneten, Monde oder Asteroiden berücksichtigen. Da sie aber auch keine konkreten Regeln zur Auswahl anbieten kann, welche Objekte wann zu verwenden sind und wann nicht, erweist sich diese Lehre im Prinzip als arbiträr. Astrologie kann nicht funktionieren. Ein Astrologe kann sich bei seiner Arbeit entweder an die klassische Astrologie der Antike halten; er kann sich neuerer Himmelskörper bedienen oder sogar – wie in der Hamburger Schule – Himmelskörper verwenden, die überhaupt nicht existieren. Die Astrologie ist ein Wahrsage- und Assoziationssystem, das gänzlich von der physikalischen Realität abgekoppelt ist und dessen Elemente und Auslegungsregeln ausschließlich von den Vorlieben des jeweiligen Astrologen abhängig sind.

Gerade weil die Aussagen und *Analysen* der Astrologen diese Beliebigkeit widerspiegeln, funktioniert die Astrologie anscheinend für viele Leute: Mit einer Lehre, die mangels konsistenter Basis nichts erklären kann, kann man natürlich alles erklären. Je unspezifischer die theoretische Basis, desto unspezifischer sind auch die daraus abgeleiteten Aussagen und desto freier können diese vom Astrologen interpretiert werden. Wer astrologische Texte objektiv betrachtet, stellt fest, dass sie meist äußerst vage sind und als „Barnum-Texte"[8] im Prinzip fast beliebige Deutungen zulassen. Das macht es für den Rezipienten äußerst leicht, diese Aussagen mit seiner Selbstwahrnehmung in scheinbare Übereinstimmung zu bringen und so zur Überzeugung zu kommen, das Horoskop würde eine tatsächliche Beschreibung der Persönlichkeit liefern.[9]

Zusammenfassend bleibt festzustellen, dass aus logisch-naturwissenschaftlicher Sicht die Astrologie – egal welcher konkreten Ausprägung – über keine in sich schlüssige Grundlage verfügt, anhand der sich allgemeingültige und überprüfbare Regeln für die astrologische Arbeit ableiten lassen. Die astrologische Deutung bleibt somit beliebig; Astrologie funktioniert nicht.

---

8 Der „Barnum-Effekt" geht auf den Psychologen Bertram Forer zurück, der die menschliche Tendenz beschrieb, unspezifische und allgemein gehaltene Aussagen über die eigene Persönlichkeit als zutreffend anzusehen. Solche „Barnum-Texte" findet man unter anderem in Horoskopen.

9 Etwa Charles Richard Snyder: Why Horoscopes Are True. The Effects of Specificity on Acceptance of Astrological interpretations, in: Journal of Clinical Psychology 30 (1974), H. 4, S. 577–580; Bertram Forer: The Fallacy of Personal Validation. A Classroom Study of Gullibility, in: Journal of Abnormal and Social Psychology 44 (1949), S. 118–123. Die psychologische oder linguistische Analyse astrologischer Prognosen ist allerdings ein anderes Thema, für dessen detaillierte Untersuchung hier kein Platz bleibt.

STEFFEN ZIERHOLZ
DER ‚HIMMELNDE' BLICK NACH KOPERNIKUS UND DIE BILDKÜNSTLERISCHE ERNEUERUNG DES FIRMAMENTS

ZUR ANTHROPOLOGIE DER HIMMELSBETRACHTUNG

Die Fähigkeit zur Himmelsbetrachtung bezeichnete eine wesentliche Qualität der antiken Anthropologie, durch die sich der Mensch kategorisch vom Tier unterschied. Beim Blick in den Nachthimmel reflektierte er als „Contemplator Caeli"[1] seine Stellung im kosmischen Weltganzen und begründete darauf sein konkretes Welt- und Selbstverständnis.

Aristoteles berichtete in der Eudemischen Ethik, dass Anaxagoras auf die Frage, warum es besser sei, geboren zu werden als nicht geboren zu werden, geantwortet habe: „Damit man den Himmel und die Ordnung der Welt betrachte."[2] Xenophon baute diesen Gedanken zur Begründung für die aufrechte Haltung des Menschen aus: Die Götter gaben allein dem Mensch unter allen Lebewesen eine aufrechte Haltung, „wodurch er in Stand gesetzt ist, weiter vorauszuschauen, leichter zum Himmel aufzublicken und sich besser dem Ungemach zu entziehen."[3] Diese anthropologische Vorstellung übernahm Ovid im ersten Buch der Metamorphosen: „Während die anderen Lebewesen gebückt zur Erde sich neigen, ließ er [der Weltschöpfer] den Menschen das Haupt hoch tragen: er sollte den Himmel sehen und aufgerichtet den Blick nach den Sternen erheben."[4] Cicero erachtete die aufrechte Haltung und die damit einhergehende Möglichkeit zur Himmelsbetrachtung als die Grundlage der Gotteserkenntnis: „Sie haben zunächst einmal die Menschen vom Erdboden aufgerichtet und sie aufrecht und gerade stehen lassen, damit sie beim Blick auf den Himmel zur Erkenntnis der Götter gelangen können."[5]

Der Kirchenvater Laktanz formulierte im Rekurs auf Cicero und Ovid: „Lässt nicht schon die Stellung des Leibes und die Gestaltung des Antlitzes klar ersehen, daß wir nicht mit den stummen Tieren auf gleicher Stufe stehen? Die Na-

---

1 Hans Blumenberg: Contemplator Caeli, in: Dietrich Gerhardt u. a. (Hg.): Orbis Scriptus. Dimitrij Tschijewskij zum 70. Geburtstag, München 1966, S. 113–124, bes. S. 119.

2 Aristoteles: Die Lehrschriften, Bd. 7, 2: Eudemische Ethik, hg., übertr. u. erl. v. Paul Gohlke, Paderborn 1954, Buch I, Kap.1216a, S. 23.

3 Xenophon, Memorabilien oder Erinnerungen an Sokrates, übers. v. Adolf Zeising, Stuttgart 1855, Buch I, Kap. 4, §11, S. 27–28, hier S. 27.

4 Publius Ovidius Naso: Metamorphosen. Epos in 15 Büchern, hg. u. übers. v. Hermann Breitenbach, Zürich 1964, Buch II, S. 84–86.

5 Marcus Tullius Cicero: De natura deorum. Über das Wesen der Götter, Lateinisch–Deutsch, hg. u. übers. v. Ursula Blank-Sangmeister, Stuttgart 2006, Buch II, S. 140.

132 Giotti die Bondone: Deckenfresko in der Arenakapelle, 1304–1306, Padua

tur des Tieres ist abwärts zum Futter und zur Erde gerichtet und hat nichts mit dem Himmel gemein, zu dem sie nicht emporschaut. Der Mensch aber in seiner aufrechten Stellung, mit dem emporgerichteten Antlitz ist zur Betrachtung des Weltalls geschaffen und tauscht mit Gott den Blick, und Vernunft erkennt die Vernunft."[6] Der Topos der Himmelsbetrachtung findet sich seiner Bedeutung gemäß auch in der Heiligen Schrift, so etwa bei Jesaja 40,26: „Hebt eure Augen in die Höhe und seht wer dies geschaffen hat", oder in Psalm 19,2: „Die Himmel erzählen die Herrlichkeit Gottes, und das Werk seiner Hände verkündet das Firmament."

DIE AMBIVALENZ DER HIMMELSBETRACHTUNG

Wie die Skizze der Anthropologie der Himmelsbetrachtung verdeutlicht hat, war der Blick in den Himmel zunächst ein theologischer. Als Gegenstand der Naturphilosophie war er aber immer auch ein kosmologischer Blick. Dieser doppelte Charakter der Himmelsbetrachtung wurde bis Kopernikus als eine Einheit verstanden, der etwa in der malerischen Ausstattung von mittelalterlichen Sakralbauten Ausdruck verliehen wurde.

So zeigt das Deckengewölbe in der berühmten, von Giotto ausgemalten Arenakapelle in Padua ein goldenes Sternenzelt vor blauem Hintergrund (Abb. 132).[7]

---

6 Lucius Caelius Firmianus Lactantius: Vom Zorne Gottes, in: Des Lucius Caelius Firmianus Lactantius Schriften. Von den Todesarten der Verfolger. Vom Zorne Gottes. Auszug aus den Göttlichen Unterweisungen. Gottes Schöpfung, übers. v. Aloys Hartl; Anton Knappitsch, Kempten/München 1919, S. 67–126, hier Kap. 7, S. 79.

7 Karl Lehmann betont in seinem Aufsatz The Dome of heaven, in: The art bulletin 27 (1945), H. 1, S. 1–27, dass zunächst Kuppeln die zentralen Träger der Himmelsvisionen waren, dann aber auch Gewölbe oder flache Decken den himmlischen Bedeutungsgehalt adaptierten. Vgl. auch Lothar Kitschelt: Die frühchristliche Basilika als Darstellung des himmlischen Jerusalem, München 1938.

133 Raffael: Die Heilige Cäcilia, 1514, Pinacoteca Nazionale, Bologna

Die Darstellung des Deckengewölbes als bestirnter Himmel trägt der überlieferten Vorstellung vom Tempel als Abbild des kosmischen Weltgefüges Rechnung. Die einzelnen Gebäudeteile verweisen dabei als Abbreviaturen auf einen größeren kosmischen Sinnzusammenhang.[8] In dieser Deutung gewinnt die Darstellungsform für die hier behandelte Fragestellung an Relevanz: der gemalte Himmelsprospekt ermöglicht es dem Betrachter, seine Stelle in der Schöpfung zu reflektieren und über die Bewunderung des Kosmos seinen Gott zu verherrlichen. Deutlich treten bei Giotto die theologischen Bezüge zu Tage, zum einen motivisch in den Heiligenmedaillons, zum anderen funktional durch die Einbindung in einen Ort der christlichen Liturgie.

DER THEOLOGISCHE BLICK IN DER MALEREI

Der ‚himmelnde' Blick bezeichnet die mithin gängigste Ausdrucksgebärde in der italienischen Malerei, über die der theologische Blick realisiert wurde.[9] Raffael fand in seiner 1514 entstandenen Darstellung der heiligen Cäcilia zu einer Bildlösung, die für die nachfolgenden Künstlergenerationen prägend wurde (Abb. 133).

Cäcilia ist prominent in der Bildmitte platziert. Die Orgel in den Händen der Protagonistin verweist auf ihre Bedeutung als Schutzpatronin der Kirchenmusik. Sie wird halbkreisförmig von vier weiteren Heiligen umringt, die durch ihre Attribute als Paulus (Schwert), Johannes der Evangelist (Adler), Augustinus (Bischofsstab) und Maria Magdalena (Salbgefäß) identifizierbar sind. Zwar betonen diese Assis-

---

[8] Vgl. Günther Bandmann: Ikonologie der Architektur, in: Jahrbuch für Aesthetik und allgemeine Kunstwissenschaft 1951, S. 67–109, hier S. 97, auch Blumenberg verweist auf die Gleichsetzung von Sternenhimmel und Kosmos, vgl. Blumenberg 1966, S. 115.

[9] Vgl. dazu Andreas Henning; Gregor Weber: „Der himmelnde Blick". Zur Geschichte eines Bildmotivs von Raffael bis Rotari, Emsdetten 1998.

134 Justus Sustermans: Porträt Galileo Galileis, 1635, Uffizien, Florenz

tenzfiguren durch ihre mächtige körperliche Präsenz die Bildsenkrechten. Indem die verschiedenen horizontal ausgerichteten Blicke der Heiligen dieser Vertikalität entgegen wirken, verbinden die formalen Elemente im Werk den irdischen und himmlischen Bereich kaum miteinander. Umso mehr konstituieren die vertikale Blickrichtung der Cäcilia, ihr leicht nach hinten geneigtes Haupt und die nach oben gerichteten Augen, das Motiv des ‚himmelnden' Blicks. Raffael greift bei seiner Bildfindung auf Cicero und Laktanz zurück, indem er den nach oben gewendeten Blick Cäciliens als Prämisse und Indiz der sich vollziehenden göttlichen Offenbarung erkennbar macht. Sie ist als einzige der Bildfiguren privilegiert, das überirdische Engelskonzert zu erfassen.

DIE EMANZIPATION DES KOSMOLOGISCHEN BLICKS

Kopernikus bereitete eine Entwicklung vor, die erst Galilei durch seine revolutionären Entdeckungen vorantrieb und die den bis dato nicht hinterfragten doppelten Blick gefährdete.[10] Ein Porträt Galileo Galileis des Florentiner Hofmalers Justus Sustermans veranschaulicht das semantische Auseinandertreten des Blicks (Abb. 134). Das Bildnis aus dem Jahr 1615 – Galilei war bereits eine europäische Berühmtheit – wird von einem starken, auf Caravaggio zurückgehenden Helldunkel geprägt. Galilei ist vor schwarzem Hintergrund in Dreiviertelansicht abgebildet und wird durch ein schräg von links oben einfallendes Schlaglicht beleuchtet. Sein subtil psychologisierter Gesichtsausdruck changiert zwischen Nachdenklichkeit und Inspiration. Der ergraute Philosophenbart, die leicht angedeuteten Stirnfalten und das schüttere Haar zeigen einen gealterten Galilei, dessen Gesichtszüge ohne jegliche Idealisierung wiedergegeben sind. Bezeichnend für diesen caravaggesken Realismus sind auch die schattig verfärbten Augenringe, die auf seine nächtlichen Beobachtungen mit dem Teleskop zu verweisen scheinen.

Wenngleich im Bildnis die wesentlichen Elemente des ‚himmelnden' Blicks vorhanden sind, darf Galileis empor gerichteter Blick keinesfalls theologisch verstanden werden. Er erklärt sich vielmehr aus Galileis Bedeutung, als einer der ersten Menschen ein Fernrohr gen Nachthimmel gerichtet zu haben. Galilei überwand mit dem Teleskop den natürlichen Sichtbarkeitshorizont und drang in einen Raum ein, der theologisches Hoheitsgebiet war.[11] Da seine Aufsehen erregenden Entdeckungen die Vorstellung von der Vollkommenheit des Himmels erschütterten, war der kosmologische Blick schnell mit erheblichem Widerstand der Kirche konfrontiert. Im Sidereus Nuncius schrieb Galilei über den Mond: Man erkenne, dass „die Oberfläche des Mondes nicht glatt, regelmäßig und von vollkommener Rundung ist, […] sondern dass sie im Gegenteil uneben, rauh und ganz mit Höhlungen und Schwellungen bedeckt ist, nicht anders als das Antlitz der Erde selbst, das durch Bergrücken und Talsenken allenthalben unterschiedlich gestaltet ist."[12] Galilei betonte

---

10 Vgl. Blumenberg 1966, S. 121.

11 Vgl. Hans Belting: Himmelsschau und Teleskop. Der Blick hinter den Horizont, in: Philine Helas; Maren Polte u. a. (Hg.): Bild-Geschichte. Festschrift für Horst Bredekamp, Berlin 2007, S. 205–218, hier S. 206.

12 Galileo Galilei: Sidereus nuncius. Nachricht von neuen Sternen, hg. u. eingel. v. Hans Blumenberg, Frankfurt am Main 1980, S. 87f.

ausdrücklich die Ähnlichkeit von Himmelskörper und Erde und löst den klassischen antiken Antagonismus von vollkommenem Himmel und vergänglicher Erde auf. Dieser Schritt führte zu einer metaphysischen Enttäuschung, die folgenreicher war als die von Freud beschriebenen naturwissenschaftlichen Kränkungen der Menschheit durch Kopernikus, Darwin und Freud selbst.[13] Angesichts dieser spirituellen Ernüchterung ließ Brecht seinen Galilei sagen: „Heute ist der 10. Januar 1610. Die Menschheit trägt in ihr Journal ein: Himmel abgeschafft."[14]

Diese Entwicklung schloss Isaac Newton 1687 ab. Er fasste Keplers Himmelsphysik und Galileis terrestrische Mechanik zu einem einheitlichen physikalischen System zusammen, das die bestehenden ontologischen und religiösen Schranken zwischen Himmel und Erde endgültig einriss.[15] Die Gleichwertigkeit der kosmischen Sphären entwertete den Himmel radikal, indem sie ihn nicht mehr den topografischen Ort Gottes sein ließ. Spätestens mit Newton veränderte sich die Qualität der Himmelsbetrachtung – nicht wahrnehmungsphysiologisch, aber wahrnehmungspsychologisch: der Himmel blieb stumm, der menschliche Blick wurde nicht mehr, wie es noch Laktanz formulierte, erwidert. Er wurde durch einen kosmologischen Blick ersetzt, der dem Menschen seine Nichtigkeit vor Augen führte. In diesem Sinn muss auch Kants Ausspruch in der *Kritik der praktischen Vernunft* verstanden werden:

„Zwei Dinge erfüllen das Gemüth mit immer neuer und zunehmender Bewunderung und Ehrfurcht, je öfter und anhaltender sich das Nachdenken damit beschäftigt: der bestirnte Himmel über mir und das moralische Gesetz in mir. [...] Das erste fängt von dem Platze an, den ich in der äußern Sinnenwelt einnehme, und erweitert die Verknüpfung, darin ich stehe, ins unabsehlich Große mit Welten über Welten und Systemen von Systemen, überdem noch in grenzenlose Zeiten ihrer periodischen Bewegung, deren Anfang und Fortdauer. [...] Der erstere Anblick einer zahllosen Weltmenge vernichtet gleichsam meine Wichtigkeit, als eines thierischen Geschöpfs, das die Materie, daraus es ward, dem Planeten (einem bloßen Punkt im Weltall) wieder zurückgeben muss, nachdem es eine kurze Zeit (man weiß nicht wie) mit Lebenskraft versehen gewesen."[16]

Für die wissenschaftliche Welt wurde die menschliche Suche nach Sinnhaftigkeit angesichts des Strebens nach physikalischem Erkenntnisgewinn zusehends zweitrangig. Dennoch führte sie Kant zufolge dem Mensch seine Bedeutungslosigkeit vor Augen. Zu diesem Zeitpunkt konnte der theologische Blick in den Himmel nur noch visuell realisiert werden.

DIE BILDKÜNSTLERISCHE ERNEUERUNG DES THEOLOGISCHEN HIMMELS

Nach Galilei traten traditionell-bewahrende Kreise an, den theologischen Blick zu retten. Über dieses Unterfangen kann eine Analyse des Titelbildes aus dem Almagestum Novum des Jesuiten Giovanni Battista Riccioli genaueren Aufschluss

---

13 Sigmund Freud: Gesammelte Werke, 17 Bde., Frankfurt am Main 1917, Bd. 11, S. 294f.
14 Bertolt Brecht: Leben des Galilei, Frankfurt am Main 1963, S. 28.
15 Vgl. Eduard J. Dijksterhuis: Die Mechanisierung des Weltbildes, Berlin u.a. 2002, S. 534.
16 Immanuel Kant: Kritik der reinen Vernunft, Berlin 1908, S. 161f.

135 Francesco Curti (Stecher): Frontispiz in Giovanni Battista Ricciolis Almagestum Novum, erschienen 1651, Bologna

geben (Abb. 135). Es handelt sich dabei um eine 1651 in zwei Bänden in Bologna erschienene astronomische Enzyklopädie, die das kopernikanische System einer ausführlichen Kritik unterzieht. Das von Francesco Curti gestochene Frontispiz gehört zu den absoluten Höhepunkten der jesuitischen Propaganda gegen Kopernikus. Hierin verbinden sich kosmologische, mythologische und theologische Elemente zu einer komplexen antikopernikanischen Polemik, auf die hier nur verkürzt eingegangen werden kann.[17]

Das Bild beherrschen die Figuren Argus und Astrea, die das Frontispiz bis zur Hälfte ausfüllen. Astrea trägt ein sternenverziertes Gewand und ist durch die Armillarsphäre als Personifikation der Astronomie charakterisiert. In ihrer rechten Hand hält sie eine Waage, an der zwei schematische Darstellungen der Weltbilder nach Kopernikus und Riccioli befestigt sind. Den wortwörtlich offensichtlichen Befund, dass das kopernikanische Weltsystem in seinem Wahrheitsgehalt für zu leicht befunden wurde, kommentiert Astrea mit einem Bibelzitat aus Psalm 104,5, das im 17. Jahrhundert zu den Gemeinplätzen der Kritik an Kopernikus zählte: „Sie wird sich nicht neigen in Ewigkeit."

Von größerer Bedeutung ist allerdings die Figur des hundertäugigen Argus am linken Bildrand. Weil sich seine Augen der Legende nach paarweise zur Ruhe legen, ist er zum Sinnbild der achtsam beobachtenden Astronomie geworden. Er hält in seiner linken Hand ein Teleskop, durch das ein Auge auf seinem linken Knie die Sonne observiert und dadurch an die Entdeckung der Sonnenflecken durch Ricciolis Ordensbruder Christoph Scheiner erinnert, der in einen erbitterten Prioritätsstreit mit Galilei verwickelt war. Argus' Blick ist durch das Zusammenwirken von Text, Komposition und Ikonographie eindeutig als theologischer klassifizierbar. Im Profil gegeben, sieht Argus mit leicht geneigtem Haupt zum Himmel hinauf. Dabei weist er mit dem Zeigefinger auf die Hand Gottes am oberen Bildrand, die die Welt nach Maß, Zahl und Gewicht ordnet. Der von Argus rezitierte Text ist ein Fragment aus Psalm 8,4: „Ich sehe die Himmel, deiner Finger Werk." Besondere Aufmerksamkeit verdient seine ikonographische Gestaltung. Die Haltung ist wesentlich durch Cesare Ripas Iconologia inspiriert. Unter dem Begriff „Amore verso Iddio" ist in der Paduaner Ausgabe von 1611 ein Holzschnitt angebracht, der den ‚himmelnden' Blick als das grundlegende mimische Motiv kodifiziert, mit dem der Künstler die Liebe zu Gott physiognomisch zu visualisieren hatte (Abb. 136).[18] Die männliche Figur ist im klassischen Kontrapost dargestellt und hat das Haupt leicht nach hinten geneigt. Die Augen sind erkennbar nach oben gewendet. Der Zeigegestus der linken Hand unterstützt den ‚himmelnden' Blicks, die rechte Hand auf der Brust markiert einen traditionellen Beteuerungs- und Demutsgestus. Damit sind zwei zentrale Elemente aus Ripas Personifikation der Gottesliebe entnommen, die den forschenden Blick der Astronomie auf entschiedene Weise theologisieren.

---

17 Eine ausführliche Interpretation, welche die vielschichtigen exegetischen Bezüge aufzeigt, bei Volker Remmert: Widmung, Welterklärung und Wissenschaftslegitimierung. Titelbilder und ihre Funktionen in der Wissenschaftlichen Revolution, Wiesbaden 2005, S. 85–99.

18 Cesare Ripa: Iconologia. Overo descrittione di diverse imagini cavate dall'antichità, e di propria inventione, Hildesheim 1970 (Rom 1603), S. 21; vgl. Henning; Weber 1998, S. 34.

136 Holzschnitt aus Cesare Ripa: Iconologia, 1611

137 Andrea Pozzo: Apotheose des Heiligen Ignatius, Deckenfresko des Mittelschiffs in San Ignazio, 1684, Rom

DIE RETTUNG DES THEOLOGISCHEN BLICKS IN DER KIRCHE SANT' IGNAZIO

Die These der bildkünstlerischen Erneuerung stützt ein Hauptwerk der Kunst des Spätbarock: das Langhausfresko in der Jesuitenkirche Sant' Ignazio in Rom (Abb. 137). Der Jesuiten-Laienbruder Andrea Pozzo erhielt den Auftrag zur Ausmalung,[19] kurz nachdem Newton 1687 seine mathematischen Prinzipien der Naturphilosophie publiziert und dem metaphysischen den physikalischen Raum vorangestellt hatte. Die genaue Arbeitszeit wird von Pozzos Biografen unterschiedlich angegeben. Gesichert ist dagegen der Zeitpunkt der offiziellen Enthüllung am 31. Juli 1694, dem Festtag des Ordensgründers und Kirchenpatrons.[20]

Das Zentrum des Freskos ist die Licht umflutete, schwebende Gestalt Christi mit dem Kreuz, von dem aus ein Lichtstrahl in das Herz des Ordensheiligen Ignatius von Loyola trifft. Von ihm gehen in Form eines Andreaskreuzes vier dreigeteilte Flammenstrahlen aus, die zu den weiblichen Personifikationen der vier Weltteile führen. Sie befinden sich im Kampf mit monströsen Giganten, Sinnbildern des Unglaubens und der Häresie, die vom göttlichen Licht getroffen und besiegt werden. Ein fünfter Strahl trifft auf einen von einem Engel getragenen Wappenschild, worauf das „IHS", das Christusmonogramm und Emblem des Jesuitenordens, abgebildet ist. Das Bildprogramm verweist auf die weltumspannende Missionstätigkeit, die zu den zentralen Aufgaben der Societas Jesu zählt.

Ohne näher auf dieses Programm eingehen zu können, muss festgehalten werden, dass der eigentliche Bildgegenstand, wie allgemein in der barocken Monumentalmalerei, der Himmel ist.[21] In einer Komposition, die eine Vielzahl von bewegten, ineinander verschlungenen Figurengruppen zeigt, spielt die Einzelfigur eine untergeordnete Rolle. Die unübersehbaren Scharen, die scheinbar in den Raum strömen, dienen allein dazu, den Betrachter sinnlich zu überwältigen.

Um die Darstellung des theologischen Himmels überzeugend zu vermitteln, bediente sich Pozzo der Darstellung „di sotto in su" (ital., wörtlich: von unten nach oben). Hierbei handelt es sich um ein auf ausgeprägte Untersicht angelegtes Bildkonzept, das durch gesteigerte perspektivische Verkürzungen von Figur und Architektur einen qualitativ neuartigen Illusionismus erreicht. Vorstufen solcher Raumerweiterungen lassen sich bis ins 15. Jahrhundert zurückverfolgen, doch sind die barocken Himmelsvisionen des 17. und 18. Jahrhunderts, allen voran Pozzos Langhausfresko in Sant' Ignazio, von einer nie dagewesenen künstlerischen Virtuosität.

Pozzo brachte eine perspektivisch emporsteigende Scheinarchitektur an, die die Wölbung der Langhausdecke negiert und die architektonische Gliederung des Kirchenraums fortsetzt. Er erweiterte den Realraum nach oben und löste mit malerischen Mitteln das Deckengewölbe durch die spektakuläre Illusion des hereinbre-

---

[19] Erstmals untersucht Lindemann barocke Himmelsdarstellungen im Kontext zeitgenössischer Kosmologie, vgl. Bernd Wolfgang Lindemann: Bilder vom Himmel. Studien zur Deckenmalerei des 17. und 18. Jahrhunderts, Worms am Rhein 1994. Allerdings verzichtet er in seiner Analyse von Pozzos Werk auf eine Rückbindung an die kosmologischen Entwicklungen, vgl. dazu S. 109–122.

[20] Vgl. Bernhard Kerber: Andrea Pozzo, Berlin u.a. 1971, S. 69. Grundlegend zur Planungs- und Baugeschichte Richard Bösel: Jesuitenarchitektur in Italien (1540–1773), Wien 1985, S. 191–212.

[21] Vgl. Lindemann 1994, S. 11; vgl. Peter Vignau-Wilberg: Andrea Pozzos Innenraumgestaltung in S. Ignazio. Ein Beitrag zum Innenraum des römischen Spätbarocks, Kiel 1966, bes. S. 40–65.

chenden Himmels auf. Die gemalte Architektur ist auf einen einzigen Fluchtpunkt hin konstruiert, der symbolreich in Christus liegt. Wenn das Werk von einem durch Pozzo im Kirchenfußboden markierten Punkt im Langhaus betrachtet wird, ist die Verbindung von Bild- und Betrachterraum so vollkommen, dass es nicht mehr gelingt, die Übergänge zwischen Architektur und Malerei auszumachen.[22]

Da die perspektivische Darstellung den Realraum als Handlungsraum aktiviert, ist der Betrachter wirkungsästhetisch ein wesentlicher Teil des Bildkonzepts. Der auf einen bestimmten Standort ausgerichtete Bildraum weist dem Betrachter einen festen Ort zu. Hier äußert sich die Apellstruktur der perspektivischen Darstellung, die den Betrachter in eine demutsvolle Position drängt.[23] Pozzos Scheinarchitektur fokussiert die gesamte Aufmerksamkeit auf das Werk. Indem der Betrachter förmlich dazu gezwungen ist, den Blick nach oben zu heben, wird er selbst zum Ausführenden des ‚himmelnden' Blicks.

Akzeptiert der Betrachter diese vom Werk vorgegebene Perspektive als seinen eigenen Standpunkt, subjektiviert sich auch die Bildwirkung, mittels der ein Höchstmaß an Evidenzeffekten erreicht wird. Die sich ergebende Unmittelbarkeit und der Realismus des Deckengemäldes dienen dem wirkungsästhetischen Ziel der „persuasio", der Überzeugung des Betrachters.[24]

Die Besonderheit des Bildkonzepts besteht darin, dass es – wie der Name „di sotto in su" suggeriert – die vertikale Blickachse betont, die mit einem bestimmten Bedeutungsgehalt aufgeladen ist: Der emporgehobene Blick ist die anthropologisch begründete und biblisch legitimierte Grundlage der Gotteserkenntnis. Dass sich dieser Topos schließlich, wenn auch leicht modifiziert, auf die Autobiographie des Ignatius von Loyola niedergeschlagen hat, bezeugt die Relevanz des Himmelsblicks für die Societas Jesu: „Den größten Trost empfing er [Ignatius], wenn er den Himmel und die Sterne betrachtete, was er viele Male und über lange Zeit hin tat. Denn dadurch verspürte er in sich einen großen Eifer, unserem Herrn zu dienen."[25]

Das vorgestellte Bildkonzept begünstigt somit eine Sehweise, die der Rettung des theologischen Blicks auf geradezu ideale Weise entgegenkommt. Sie rückt den Betrachter und die gesamte Welt wieder in den Mittelpunkt des göttlichen Waltens. Das Bildkonzept verdichtet zusammen mit dem Bildthema den theologischen Blick und verhilft der anthropologischen Bestimmung des Menschen als „Contemplator Caeli" wieder zu ihrem ursprünglichen Recht.

---

22 Felix Burda-Stengel: Andrea Pozzo und die Videokunst. Neue Überlegungen zum barocken Illusionismus, Berlin 2001, S. 95.

23 Vgl. Frank Büttner: Perspektive als rhetorische Form. Kommunikative Funktionen der Perspektive in der Renaissance, in: Joachim Knape (Hg.): Bildrhetorik, Baden-Baden 2007, S. 201–231, hier S. 225.

24 Vgl. Büttner 2007, S. 225.

25 Ignatius von Loyola: Bericht des Pilgers, in: Ignatius de Loyola. Deutsche Werkausgabe, 3 Bde., Bd. 2: Gründungstexte der Gesellschaft Jesu, hg. v. Peter Knauer, Würzburg 1993–1998, S. 20.

ALEXANDER HONOLD
HÖLDERLINS HIMMELSWELT

HIMMELSBLICK UND WELTANSCHAUUNG

Wer den Himmel schauen will, muss sich in eine geeignete Beobachterposition begeben – hinaus ins Freie. Unter diese Losung kann die Verbindung von Astronomie, Dichtung und Politik um 1800, zur Zeit Hölderlins also, gebracht werden. Die vielzitierte Wendung: „Komm! ins Offene, Freund!",[1] mit der die Elegie Das Gasthaus (oder auch: Der Gang aufs Land) anhebt, lässt noch einmal das jugendliche Pathos des hymnischen Freundschaftsbegriffs aus Tübinger Studentenzeit anklingen. Der befreiende, emanzipative Impuls dieser Anrede ist, wie einst unter den Stiftlern, mit der Vorstellung astronomischer Weite verbunden, deren entgrenzende Dynamik dem stockenden Gang der Zeitläufte neue Schubkraft zuführen soll. Freilich dient der Blick zum Firmament im Gegensatz zu den frühen Tübinger Hymnen nicht mehr der allegorischen Überhöhung politischer Ideale, sondern der empirischen Überprüfung der meteorologischen Sichtbedingungen.

> Komm! ins Offene, Freund! zwar glänzt ein Weniges heute
> Nur herunter und eng schließt der Himmel uns ein.
> Weder die Berge sind noch aufgegangen des Waldes
> Gipfel nach Wunsch und leer ruht von Gesange die Luft.
> Trüb ists heut, es schlummern die Gäng' und die Gassen und fast will
> Mir es scheinen, es sei, als in der bleiernen Zeit.[2]

Der Himmel lastet von tiefhängenden Wolken; das Bild erinnert an die von Hesiod als Ära der Götterferne beschriebene „bleierne Zeit". Götterfern ist die entworfene Situation insofern, als die weitgehend geschlossene Wolkendecke keine Orientierung am Sternenhimmel gestattet. Es ist die – nach Hölderlins zeitgemäßer Vorstellung – ätherisch erfüllte Atmosphäre, welche die Sterne glänzen lässt und die Sangeswellen durch die Lüfte fortpflanzt; bei schlechtem Wetter allerdings ist eine astronomische Zeit- und Positionsbestimmung „auf Sicht" nicht möglich. Im Natur-

---

[1] Werke und Briefe Friedrich Hölderlins werden im Haupttext mitlaufend unter Angabe der Band- und Seitenzahl, gegebenenfalls auch der Verszahl, nach folgender Ausgabe zitiert und nachgewiesen: Michael Knaupp (Hg.): Friedrich Hölderlin: Sämtliche Werke und Briefe, 3 Bde., München 1992f. (= MA), hier: Das Gasthaus. An Landauer, MA Bd. 1, S. 308, V. 1. Zur Vertiefung der hier entwickelten Argumentation und für weitere Literaturhinweise vgl. Alexander Honold: Hölderlins Kalender. Astronomie und Revolution um 1800, Berlin 2005.

[2] Gasthaus, MA Bd. 1, S. 308, V. 1–6.

raum hat die Losung der Offenheit demnach eine dreifach auf die himmlische Sphäre ausgerichtete Bedeutung: sie führt erstens die Beobachter aus der Stadt hinaus ins freie Gelände, sie benennt zweitens das Kriterium eines wolkenfrei observierbaren Himmels und sie charakterisiert drittens den Sternenraum selbst als ein in alle Richtungen unbegrenztes pluridimensionales Gebilde.

Vom Blick ins offene All abgeschnitten zu sein, setzt die gewählte Stunde – auf der hier mit dem Vorsatz der Einweihung des neu errichteten Gasthauses besondere Erwartungen ruhen – dem Verdacht aus, unter einem ‚Unstern' zu stehen. Dennoch muss auch unter grauem Himmel auf das Wirken der Himmlischen Verlass sein, so dass am geplanten feierlichen Zusammensein hoffnungsvoll festgehalten wird: „Rechtglaubige zweifeln an Einer / Stunde nicht und der Lust bleibe geweihet der Tag." Eigentlich richtet sich die Erwartung nun sogar darauf, mit dem eigenen Feiern und der Bewirtung von Gästen die Mit-Anwesenheit der himmlischen Mächte förmlich herbeilocken zu können.

> Darum hoff ich sogar, es werde, wenn das Gewünschte
> Wir beginnen und erst unsere Zunge gelöst,
> Und gefunden das Wort, und aufgegangen das Herz ist,
> Und von trunkener Stirn' höher Besinnen entspringt,
> Mit der unsern zugleich des Himmels Blüthe beginnen,
> Und dem offenen Blik offen der Leuchtende seyn.[3]

Die Welt Hölderlins ist uns ein Rätsel, mehr noch als das von ihm hinterlassene Werk. Gewiss, auch dieses stellt die auf direktes und geradliniges Textverstehen erpichte Lektüre vor besondere Zumutungen. So sind etliche unter Hölderlins literarischen Arbeiten fragmentarisch geblieben, und viele, oft die vermutlich entscheidenden Textpassagen, erweisen sich als unabweisbar mehrdeutig. Im Rückblick schon der nachgeborenen Generation der schwäbischen Romantiker zugehörig, zieht sich durch sein Œuvre die Spur einer befremdlich anmutenden Schreibhaltung und Lebenseinstellung. Da ist ferner die bekannte, romanhafte Schicksalskurve mit ihren periodischen Wechseln von hochgestimmten, großartigen Aufschwüngen und gedrückter Heimkehr, die schließlich in psychischer Krankheit, physischer Internierung und gesellschaftlicher Vereinsamung endet. Nicht nur im umgangssprachlichen Sinne wird man sie exzentrisch nennen können, Spur eines Widerstreits zentrifugaler und gravitierender Tendenzen. Wird diese Lebenskurve aufgerechnet gegen die gefeierten Werke und ihre zeitlose Schönheit, gerät auch das Befremdliche oder Bedauernswerte leicht zum notwendigen Attribut der Größe. Will man die Nähe und Ferne Hölderlins ermessen, so gilt es, den Abstand von zweihundert Jahren zu bedenken, der seine geschichtliche Stelle von der gegenwärtigen trennt. Es geht dabei nicht um bestimmte Einzelheiten oder gedankliche Inhalte. Was uns nicht mehr zur Verfügung steht, ist die ungesagte, aber stets mitzudenkende dreidimensionale

---
3 Ebd., V. 7f.

Welt um die überlieferten Texte herum, ist der Raum, in dem Hölderlins Wahrnehmen, Denken und Schreiben sich bewegte.

Hölderlin gilt, gerade auch in seiner internationalen Rezeption, als ein Dichter der Natur; mit Recht, aber was genau heißt das? Die höchst labile Semantik solcher Konzepte wie „Natur" belegt, wie sehr nicht nur einzelne Phänomene, sondern vor allem die elementaren Koordinaten, in welche sie eingebettet sind, dem Wandel der Zeit unterliegen. Ein wirkliches Rätsel ist uns die Welt, wie Hölderlin sie sah. Haus und Stadt, aber auch Land und Fluss, Wälder und Gebirge, all diese Bausteine seines Welt-Raumes haben seit Ende des 18. Jahrhunderts ihr Gepräge und ihre Erscheinungsformen mehr oder minder stark verändert. In fundamentaler Weise angetastet aber haben die zwei Jahrhunderte gerade das scheinbar Konstanteste, die Anordnung und den Zusammenhalt des Naturraumes selbst, gleichsam den Rahmen des Bildes.

Mit diesem Rahmen verbindet sich das für Wissen und Anschauung gleichermaßen bedeutsame Ideal des sogenannten Totaleindrucks, und genau dieser kam unserem Naturbild abhanden und ist nicht mehr glaubwürdig zu restituieren. Bedeutet das, er sei um 1800 noch intakt gewesen? „Zu Zeiten aber / Wenn ausgehn will die alte / Tafel der Erde":[4] In solchen Zeiten befand sich auch Hölderlin. Aus der Position des teilnehmenden und betroffenen Beobachters beschäftigte er sich, teils sogar recht intensiv, mit den aktuellen und jüngstvergangenen Umwälzungen in den Elementarwissenschaften, mit Astronomie und Meteorologie, Geographie und Geologie. Nicht zu reden von energetischen Phänomenen wie Magnetismus, Elektrizität, Hirn- und Nervenströmen, die allgemeine Beachtung fanden und manchem phantasievollen romantischen Erzähler zu abenteuerlichen Versuchsanordnungen Anlass gaben. Die alte Weltordnung dankte ab, sie schien den neuen Wissenschaften das Tableau weiterzureichen. Auf der „alten Tafel" aber war für den Rahmen der Welt, für eine hinreichende, wissende und fühlende Verbindung des Menschen zu den Naturphänomenen jedoch bald kein Platz.

Die Allianz aus Wissenschaft, Industrie und Technik hat inzwischen mit ihren Fortschritten diesen Rahmen förmlich durchlöchert, doch eines kann sie nicht: den Stand ihrer Kenntnisse und Fertigkeiten zurückdrehen. „We can add to our knowledge, but we cannot subtract from it"[5], schreibt Arthur Koestler in „The Sleepwalkers", einer Ideengeschichte des astronomischen Denkens und Forschens. Zugleich aber schafft die explosionsartige Vermehrung des Wissens neue Formen des Nichtwissens, ebenso wie die Vermehrung der technischen Behelfe mit neuen Erfahrungen lähmenden Unvermögens einhergeht. Man wird also feststellen – und zwar um so mehr, je weiter man sich in die Dichtung Hölderlins begibt und ihre Motive und Denkfiguren zum Ganzen einer „Welt" zu verbinden sucht –, dass dieses unterstellte Ganze für den Kenntnis- und Bewusstseinsstand des 21. Jahrhunderts kategorial uneinholbar geworden ist.

---

4 Ebd., V. 13–18.
5 Griechenland, Dritter Entwurf, MA Bd. 1, S. 480, V. 36ff.

Merkwürdig ist der Abstand zu Hölderlins Welt auch deshalb, weil er ein Abstand innerhalb desselben Naturraumes ist. Der Himmel, den wir Heutigen vor Augen haben, unterscheidet sich hinsichtlich der astronomischen Faktenwelt nur graduell von demjenigen der Zeit um 1800 und zwar so, dass die Abweichungen einigermaßen rekonstruierbar sind. Gleichwohl ist das Gesamtphänomen der himmlischen Hemisphäre ein völlig anderes geworden; schon deshalb, weil einerseits die Beobachtungsbedingungen des Firmaments in der zivilisierten Welt durch optische Umweltverschmutzung sich rapide verschlechtert haben und weil andererseits das besonders Spektakuläre der nächtlichen Himmelskuppel an Faszination dadurch eingebüßt hat, dass andere Formen des Imaginären an seine Stelle getreten sind. Die platonischen Höhlenbewohner der globalisierten Gegenwart sitzen im Kino oder vor den Bildschirmen; schon die Ästhetik des 19. Jahrhunderts hatte begonnen, das Naturtheater durch die Idee des Gesamtkunstwerks zu ersetzen.

Noch in dem Begriff „Weltanschauung" ist, diesseits besonderer religiöser oder ideologischer Ausrichtungen, die Vorstellung enthalten, dass zur menschlichen Grundausstattung eine Position gehört, von der aus man tatsächlich die Welt anschauen kann. Und das wäre nichts weniger als: alles. Alles auf einmal, das Ganze: το παν, das All. „Physische Weltanschauung"[6] ist die bildgewordene Erkenntnis der Natur als eines in sich gegliederten, umfassenden Raumes, oder mit den Worten Alexander von Humboldts, „denkende Betrachtung der durch Empirie gegebenen Erscheinungen als eines Naturganzen." Der griechischen Naturphilosophie verdanken wir bis in den gegenwärtigen Sprachgebrauch hinein wirksame Konzepte einer allumfassenden Natur und deren Erforschung durch, so Humboldt, „vergleichende Erd- und Himmelskunde".[7] Sie waren und sind gebunden an eine unterstellte Korrespondenz von Weltganzem und irdischer Betrachterposition: die Erde darf Welt sich dünken, die Welt wird All genannt. Die Vorstellung einer Symmetrie der Schöpfungsdimensionen Himmel und Erde kannten viele der Früh- und Hochkulturen. „Himmel und Erde" bilden in der antiken Kosmogonie eine syntagmatisch zusammengeschlossene, stehende Formel, das Ganze zu umgreifen. Himmel, vom ätherischen Blau bis zum nächtlichen Sternenzelt, und Erde, die Land- und Meeresgebiete unter den Wolken, sind von einer Natur, und mit ihnen ist alles genannt. Das All ist Eins, und dieses Eine ist Alles. „Eins und Alles" lautet der Wahlspruch des liebenden, des enthusiastisch beseelten Hyperion. Er und Diotima sollen zusammengehören wie Erde und Himmel, ein Widerklang der vom Mythos überlieferten kosmogonischen Hochzeit. Einander Alles sein, in liebevoller Überkreuzung und Durchdringung: „Wir nannten die Erde eine der Blumen des Himmels, und den Himmel nannten wir den unendlichen Garten des Lebens."[8]

---

6 Arthur Koestler: The Sleepwalkers. A History of Man's Changing Vision of the Universe, London 1989 (11959), S. 19.

7 Zur Profilierung des Konzepts sei hier die unübertroffene Definition Humboldts angeführt: „Die Geschichte der physischen Weltanschauung ist die Geschichte der Erkenntnis eines Naturganzen, die Darstellung des Strebens der Menschheit, das Zusammenwirken der Kräfte im Erd- und Himmelsraum zu begreifen." (Hanno Beck (Hg.): Alexander von Humboldt: Kosmos. Entwurf einer physischen Weltbeschreibung, 2 Bde., Darmstadt 1993, hier: Bd. 2, S. 88; vgl. Humboldt 1993, Bd. 2, S. 94.

8 Beide Zitate Humboldt 1993, Bd. 1, S. 36.

Das εν και παν ist, wie man weiß, eine in der deutschen Aufklärung durch den sogenannten Pantheismusstreit in Umlauf gekommene Devise,[9] die im Kreise der Tübinger Stiftler zu einer revolutionär umgemünzten Parole wurde: „Die orthodoxen Begriffe von der Gottheit waren nichts für ihn. Er konnte sie nicht genießen. εν και παν! Anders wusste er nichts."[10] Diese Sätze, betreffend Lessings Verhältnis zur Religion, hatte sich Hölderlin als Tübinger Theologiestudent aus Jacobis Briefen über die Lehre des Spinoza herausgeschrieben. Zu dem Aufsehen erregenden Bekenntnis hatte Jacobis Bericht zufolge ein Gespräch über Goethes Gedicht Prometheus den Anstoß gegeben. Im griechischen Wortlaut findet sich die Formel in der vorletzten Fassung des Hyperion; in deutscher Übertragung auch in der Elegie *Brod und Wein*.[11] Dort allerdings antwortet ihr enttäuscht die Erkenntnis: „Aber Freund! wir kommen zu spät. Zwar leben die Götter, / Aber über dem Haupt droben in anderer Welt."[12] „Eines zu seyn mit Allem, was lebt, in seeliger Selbstvergessenheit wiederzukehren in's All der Natur"[13], ist in der Druckfassung des Hyperion ein Leitmotiv des exaltierten Naturschwärmers Hyperion, dessen sehnsuchtsvolle Hochgestimmtheit im nacherlebenden Erinnerungsdurchlauf früheren Glücks freilich einer brüsken Desillusionierung weichen muss. Bemerkenswert ist, wie sprachgenau dieses aus den Naturschilderungen des jungen Werther vertraute Schema von Höhenflug und Absturz in Hölderlins Durchführung die kosmogonische Weltanschauung der Griechen evoziert und in das Grundwort des „modernen" Subjektivismus überführt. Das in drei Steigerungswellen phrasierte „Eines zu seyn mit Allem" findet eine exakte Umkehrung seiner tragenden Silben in der die Klimax abbrechenden Bemerkung: „Ich denke nach und finde mich, wie ich zuvor war, allein".[14] Es ist, als würde der weit gewölbte griechische Welt-Raum von Himmel und Erde mit einem Wort in die trostlose Innenwelt eines gottverlassenen Ich implodieren.

Jenes Rätsel, das uns Hölderlins Welt aufgibt, bedeutete ihm selbst die Natur der griechischen Antike, ein zwar zeitgenössisch und lebensweltlich mit anwesendes, aber längst historisches Muster. Annäherung und Befremden, Bewegung und Gegenbewegung machen sich in den Umschwüngen von Hyperions pantheistischer Motivlinie bemerkbar. Bei Hölderlin richtet der vereinsamte Held sein Gebet himmelwärts „in's heitre Blau" und spricht: „O du, zu dem ich rief, als wärst du über den Sternen, den ich Schöpfer des Himmels nannte und der Erde, freundlich Idol meiner Kindheit, du wirst nicht zürnen, dass ich deiner vergaß!"[15] Der antike Himmel, wie ihn das späte 18. Jahrhundert in Deutschland durchaus kontrovers erörterte, war nicht götterlos, aber beunruhigend „diesseitig"; ein Echo irdischer Zustände.

Schönheit im Sinne eines harmonisch gegliederten Ganzen: das ist der Bedeutungsgehalt des griechischen Begriffes κοσμοσ. „Kosmos" meint in der ältesten

---

9 Hyperion, MA Bd. 1, S. 658.
10 Vgl. MA Bd. 3, S. 308f., 564.
11 MA Bd. 2, S. 39.
12 MA Bd. 1, S. 376f., V. 84.
13 Brod und Wein, 1. Fassg., MA Bd. 1, S. 378, V. 109f.; vgl. Der Weingott, MA Bd. 1, S. 317, V. 109f.
14 MA Bd. 1, S. 614f.
15 Ebd., S. 615.

Bedeutung „Schmuck" und „Ordnung", also die Schönheit und Zierde des Wohlgeordneten, das Zusammenstimmen einzelner Teile. Dieser Tradition war auch Alexander von Humboldt mit dem von ihm angestrebten „Entwurf eines allgemeinen Naturgemäldes"[16] verpflichtet, in dem die empirischen Daten zu einer bildhaften Gestalt zusammengeführt werden sollten. In der Rückbindung auf das mit dem Begriff „Kosmos" aufgestellte Prinzip der Schönheit des Wohlgeordneten lässt sich das sinnlich-ästhetische Verhältnis zur Natur, wie es seit der Aufklärung von Philosophie und Dichtung ausgearbeitet wurde, mit dem seither beschleunigt zunehmenden positiven Faktenwissen versöhnen, so Humboldts Grundgedanke. Zugleich wird damit der Wissenshorizont Hölderlins umrissen. Dass der Mensch gefordert ist, den gestirnten Himmel über sich und ebenso den Boden unter seinen Füßen zu erkennen, empirisch zu beobachten und systematisch zu beschreiben, ist für das 18. Jahrhundert eine geradezu moralische Gewissheit.

Um die Erde in ihren Eigenheiten ganz zu kennen, ist sie von außen her zu betrachten. Der Himmel als Sternenwelt, Uranos, liegt jenseits des Irdischen und geht allem Erdendasein voraus. Auf Erden lebt und bewegt sich nichts, so wussten die Menschen seit je, ohne die Kräfte der Sonne. Sie und die anderen Gestirne gaben der Oikumene, dem Raum menschlichen Lebens, den Rhythmus und das Maß seiner zeitlichen Abläufe. Um aber den Himmel zu betrachten, braucht es die Erde, und vielleicht sogar deren hybride Verwechslung mit der Welt. Denn sie stellt weit und breit das einzige für Menschen hinreichende Exemplar der dazu notwendigen Beobachtungsplattform dar.

„Es ist eine erstaunliche Unwahrscheinlichkeit, dass wir auf der Erde leben und Sterne sehen können, dass die Bedingungen des Lebens nicht die des Sehens ausschließen oder umgekehrt." Hans Blumenberg weist mit dieser Bemerkung auf die schon von den Aufklärern notierte glückliche Tatsache hin, dass die den Planeten umhüllende Atmosphäre einerseits „dicht genug" ist, „um uns Atem holen und nicht in Strahlungen aus dem All verbrennen zu lassen", andererseits aber „nicht so trübe, dass das Licht der Sterne vollends verschluckt und jeder Ausblick auf das Universum versperrt würde."[17] Daraus aber ergibt sich die letztlich tautologische Einsicht, dass der Himmel unser ist, weil wir ihn sehen. Anders gesagt: Den Himmel gibt es nur auf Erden.

Mit der Trennung von Himmel und Erde, deren Werden gemeinsam, geradezu im selben Atemzug die Schöpfung eingeleitet hatte, beginnt die Zeit, und damit die Geschichte dieser Schöpfung. Schon die erkenntnistheoretische Abhängigkeit beider Sphären voneinander begründet diese Gleichursprünglichkeit, wie sie von kosmogonischen Mythen vieler Kulturen „gewusst" und erzählend ausgestaltet wird.[18] Die Theogonie des Hesiod kommt mit anderen philosophisch-poetischen Entwürfen aus der Antike überein, die Weltentstehung nicht als Schöpfung aus dem Nichts zu denken, sondern als immanenten Differenzierungsprozess eines zuvor ungeschie-

---

[16] MA Bd. 1, S. 617.
[17] Humboldt 1993, S. 62.
[18] Hans Blumenberg: Die Genesis der kopernikanischen Welt, Frankfurt am Main 1975, S. 11.

denen Chaos. Vereinigung und Trennung von Himmel und Erde bedingen einander wie diese selbst. Die Erdmutter Gaia verbindet sich im hieros gamos, der heiligen Hochzeit, mit Uranos, den sie aus sich selbst hervorgebracht hat. Der Vermählungspakt besiegelt eine in diesem Elternpaar prekär ausbalancierte Gleichzeitigkeit von Selbsterzeugung und Differenz. Die nächsten Generationen aber buchstabieren die wechselnden Phasen von Zerschneiden und Vereinen allzu getreu mit ihren Körpern nach, bis sie mit dem ewigen Widerstreit zwischen Kronos und Zeus – Hölderlins Saturn und Jupiter – in einen geschlossenen Regelkreis von Fortzeugung und Einverleibung überführt werden.

Aus der Trennung von Himmel und Erde entstehen oben und unten, die Richtungen und die Abstände. Eine Topik vertikaler Hierarchien fordert immer neue Versuche heraus, diese zu überwinden. Zum ältesten Mythenbestand zählen die Abenteuer der Aszendenz und der Deszendenz, des Strebens nach und Empfangens von himmlischen Gaben. Was sie am Himmel haben, sammeln die Menschen nicht nur in Bildern und Erzählungen, sie schreiben es der Erde selbst ein. Natur macht Geschichte. Die Steine von Stonehenge und vergleichbare astronomische Anlagen früher Zeit holen den Lauf der Sterne auf den Boden herab.[19] Sie markieren den Strahlendurchgang der Sonne an den Tagen der Äquinoktien und Solstitien sowie weitere eminente Punkte eines regelmäßig sich wiederholenden siderischen Jahreslaufs. Die Himmelsbahnen und ihre irdischen Merkzeichen sind die ältesten Kalenderanlagen, deren Wissen von einer exklusiven Priesterkaste sorgfältig gehütet, vermehrt und weitervererbt wurde.

Astronomische Kenntnisse und deren Träger waren in den irdischen Hierarchien von hohem Rang; der Sternkundige im Vorhof der Macht lässt sich als Figur von Altägypten und der biblischen Josephs-Legende bis hin zu Keplers Horoskopen über die Feldherren-Fortüne Wallensteins verfolgen. Den Potentaten aber mahnt der Sternenlauf an die unendlich größere, unbeugsame Macht – die Zeit. Die Lebensfrist und die Arbeitsrhythmen der Menschen finden in den Himmelskörpern ihren Taktgeber. Sonne, Mond und Sterne bewirken und bezeichnen die vegetativen Zyklen der Landwirtschaft, die Regen- und Frostzeiten, Hochwasserfluten und Trockenperioden. Hesiods Werke und Tage, über die der 20-jährige Hölderlin eine Hausarbeit anzufertigen hatte, erklären mit allgemeinen Spruchweisheiten und praktischen Empfehlungen, wie man sich auf diese Naturrhythmen einstellen konnte. Sie verbinden die astronomischen Zyklen mit dem Biorhythmus und Lebenslauf, schildern vitale Auswirkungen jenes kosmischen Taktgebers, die den Alltag des größten Teils der Bevölkerung noch bis in die Moderne entscheidend bestimmten. Die Gestirne zeichnen mit ihren geometrisch wohlgeordneten, regelmäßigen Bahnumläufen am Himmel das Sinnbild einer alles Irdische übersteigenden und überwölbenden Verlässlichkeit. Umso alarmierender musste dann jedes Mal das überraschende Erscheinen von Kometen, Meteoren, neuen Sternen wirken, deren freilich seltene Auftritte den ‚kosmischen Kontrakt' aufzukündigen drohten.

---

19 Willibald Staudacher: Die Trennung von Himmel und Erde. Ein vorgriechischer Schöpfungsmythos bei Hesiod und den Orphikern, ²1968, Darmstadt 1968 (¹1942).

Kurzum, die Entstehung und Entwicklung der Sternenkunde und der Bilder des Universums ist die Geschichte einer fortgesetzten Kommunikation zwischen Himmel und Erde, und sie ist Ausdruck der menschlichen Bestrebungen, sich die Kräfte des Weltraums gewogen zu machen.

POETIK DER ASTRONOMIE

Das Werk Friedrich Hölderlins ist Zeit-Dichtung in einem besonderen Sinne – empfangene, geformte, bewahrte Zeit. Seit der frühen Beschäftigung mit Hesiods Werken und Tagen hatte Hölderlin einen Begriff der poetischen Praxis als Lebensbegleitung. Hölderlins zahlreiche Gedichte über den Frühling, über das Reifen der Früchte und die herbstlichen Erntezeremonien, die vielen Anspielungen auf den Auf- und Untergang der Gestirne, seine Bemerkungen schließlich über die winterliche Brachzeit, über Eisschmelze, Gewitter und Vulkanausbrüche sprengen den konventionellen Rahmen der Naturlyrik, in welchem die Phänomene der Landschaft und der Vegetation illustrativen oder metaphorischen Status haben. Für Hölderlin sind die genannten Erscheinungen Zeitzeichen, Manifestationen eines Natur und Menschenwelt umfassenden Zusammenspiels unterschiedlichster Schwingungen. Verse, die den periodischen Rhythmus von Aussaat und Ernte, das Kommen und Gehen der Jahreszeiten, die regelmäßigen Erscheinungen der Himmelskörper gestalten, sind zugleich ein stützendes Gerüst für jene Formen der Zeit, die keine verlässliche Wiederkehr kennen, sondern dem unweigerlichen Schwinden unterliegen – in erster Linie also für die befristete Existenz des Menschen.

Der Mensch.

Wenn aus sich lebt der Mensch und wenn sein Rest sich zeiget,
So ist's, als wenn ein Tag sich Tagen unterscheidet,
Daß ausgezeichnet sich der Mensch zum Reste neiget,
Von der Natur getrennt und unbeneidet.

Als wie allein ist er im andern weiten Leben,
Wo rings der Frühling grünt, der Sommer freundlich weilet
Bis daß das Jahr im Herbst hinunter eilet,
Und immerdar die Wolken uns umschweben.

d. 28ten Juli 1842
mit Unterthänigkeit Scardanelli[20]

Allein, aus der zyklischen Reproduktion der Natur herausgefallen, ist der Mensch nicht als sterbliches Wesen, wohl aber als einziges, das um diese Befristung weiß. Er ist ein ausgezeichneter Sonderfall der Schöpfung, weil ihm selbst sein Rest sich

---

20 MA Bd. 1, S. 932.

zeigt, der Mensch also seiner Befristung gewahr wird. Ohne das Bewusstsein der Sterblichkeit, in dem sich seine Getrenntheit von der Natur manifestiert, gliche ein Tag dem anderen, das Hilfsmittel eines ordnenden Kalenders wäre unnötig. Ohne die gleichförmige und auch monotone Repetition natürlicher Zyklen aber gliche kein Tag dem anderen, und das verbindliche Zeitmaß des Kalenders wäre unmöglich. Von den vielfältigen Formen der Nachahmung kosmischer Phänomene – zu ihnen zählen Tanz und Tragödie ebenso wie die Sprache der Geometrie – bündelt sich im abendländischen Kalenderwissen ein schmales, aber bedeutsames Segment. Was in kosmogonischen Mythen, in Religion und Wissenschaft zur Darstellung gebracht wird, sind kulturelle Verarbeitungen der kollektiven Erfahrung, dass das kalendarische Zeitmaß vom Himmel kommt. Der tägliche Bogen der Sonne und das im Jahreslauf wechselnde Band der Sternbilder sind im Kalender als natürliche Zeitgeber wirksam.

Die Antike beschrieb den Zusammenhang der Himmelserscheinungen als wohlproportionierte Schönheit, die Naturforschung des 18. Jahrhunderts verstand die hierarchischen und zugleich dynamischen Bahnfiguren im Sonnensystem als Ausdruck einer „Verfassung" (Kant). Zwischen den gegenstrebigen Neigungen der Fliehkraft und Anziehungskraft hält den Keplerschen Gesetzen zufolge nichts anderes die Planeten der Sonne in einer verlässlichen Mitte als der beständige Umschwung auf einer exzentrischen Bahn. Als Stabilitätsgarant dieser planetarischen Verfassung erwies sich somit gerade jener astronomische Begriff, der zum Grundwort für die fundamentalsten Erschütterungen der Epoche wurde – die „Revolution". Diese Bahnfigur der „Umwälzung" konnte um 1800 einerseits im Sinne einer zyklologisch verfassten Naturordnung verstanden werden – in Deutschland etwa bei Herder, der sie geschichtsphilosophisch in ein evolutionäres Modell zu überführen suchte –, zum anderen stellte sie der von Vernunftreligion und Sonnenkult dominierten Apotheose der politischen Revolution ein gleichsam unangreifbares Sinnbild der geometrischen Vollkommenheit zur Seite. Waltete im Kraftzentrum der gesellschaftlichen Veränderungen ein geschichtlich kontingenter, revolutionärer kairos, so verliehen ihm die himmlischen Zyklen gleichsam die natürliche Autorisierung. Kein im Priester- und Gelehrtenstand konzentriertes Herrschaftswissen sollte mehr sagen dürfen, was an der Zeit war – sondern die Sterne selbst.

Um 1800 fanden sich Astronomie und Revolution zu einer sonderbaren und historisch einmaligen Konjunktur vereinigt. Wie sich aus der Kreisfigur und dem emblematischen Rad der Fortuna die politische Semantik des Umsturzes hatte herausbilden können, so erlebte im revolutionären Frankreich die Astronomie als kulturelle Leitwissenschaft eine intensive Blüte. Deren Ausdruck war die in Architektur und anderen Künsten dominante Figurenordnung von Kugel, Kreis und sphärischer Symmetrie, aber auch das Unternehmen der wahrhaften Begründung einer neuen Zeitordnung, indem Jahreszählung und Jahreslauf nun auf eine neue, naturwissenschaftliche Grundlage gestellt wurden. Auch wenn das Experiment der revolutionären Zeitrechnung nur von kurzer Dauer und überdies in seinen mathematischen Dispositionen, etwa der Schaltjahrsregelung, fragwürdig war, gelang es ihm doch, die kulturgeschichtliche Bedeutung der Jahreszeiten und der astronomischen Zyklen anschaulich hervortreten zu lassen und das Thema der kalendarischen Zeitordnung als ein soziales und ideologisches Problemfeld ins Bewusstsein zu rücken. Erst vor diesem doppelt – nämlich zeitgeschichtlich wie epistemologisch – auszuleuchtenden Hintergrund gewinnt die Beobachtung, dass Hölderlins Werk immer wieder an den elementaren Wechsel von Tag und Nacht, von Sommer und Winter appellierte, jenseits der genretypischen Jahreszeiten-Lyrik eine besondere Signifikanz.

Wie keine andere Wissenschaft um 1800 bringt die Astronomie die politische Signatur der neuen Zeit zum Ausdruck. In der Figur des revolutionären Umlaufs verbindet sich das zyklische Ordnungsdenken mit dem singulären Moment des Ausnahme-Augenblicks. Dass schon in der Wort- und Begriffsgeschichte der revolutio ein astronomisches Erbe mitschwingt, wurde in den ersten Jahren der Französischen Revolution von der in der Formensprache quasi omnipräsenten Geometrie des Kreises deutlich vor Augen geführt.[21] Kein Zufall auch, dass sich unter den Akteuren der Revolutionsära, und zwar auf allen Seiten des Getümmels, eine beachtliche Zahl von Astronomen befand.

Bereits in Hölderlins zur Studienzeit verfassten frühen Tübinger Hymnen ist der gestirnte Nachthimmel ein epochaler politischer Symbolraum. Die Heraufkunft des Neuen musste so machtvoll und unaufhaltsam erscheinen wie der Tagesanbruch beim ersten Sonnenstrahl – oder, um Hölderlins Leitgestirn aufzurufen, wie der leuchtende Auftritt der Heldenbrüder, des Zwillingsgestirns von Castor und Pollux, hoch droben am Firmament des Frühjahrshimmels. In der zweiten Hymne an die Freiheit wird diese Konstellation folgendermaßen geschildert:

Mit gerechter Herrlichkeit zufrieden
Flammt Orions helle Rüstung nie
Auf die brüderlichen Tyndariden,
Selbst der Löwe grüßt in Liebe sie;[22]

Das Ensemble der drei vereinten Sternbilder ist dezidiert emblematisch zu lesen, wie ein Flügelaltar der Trinität. Die Brüderlichkeit der Söhne des Tyndareos prangt an höchster Stelle des nächtlichen Bogens am Südhimmel, ihm zur Seite links und rechts die Sternbilder des Jägers Orion und des Löwen. Das besagt: Anstelle von Herrschsucht, Militanz und wilder Aggression walten Liebe und Gerechtigkeit, kulminierend im Leitbild der fraternité. Diese wiederum steht im Zeichen einer selbst den Tod und die Sterblichkeit besiegenden Freundestreue, welcher es die beiden Zwillinge verdanken, als periodisch auf- und untergehende Gestirne Nacht und Tag, Himmel und Unterwelt brüderlich miteinander zu teilen. Soweit die emblematische Lektüre; ihr zur Seite aber gesellt sich eine astronomische Zeitchiffre. Präzise bezeichnet ist in dieser Konstellation der Meridiandurchgang des Sternbildes Gemini

---

21 Vgl. Jean Starobinski: 1789. Die Embleme der Vernunft, Paderborn 1981, S. 59.
22 MA Bd. 1, S. 138, V. 49–52.

am Südhimmel in den vorgerückten Abendstunden. Er ist optimal Mitte März gegen 21 Uhr zu beobachten, während im Osten die Jungfrau aufgeht und im Westen die Fische unter den Horizont tauchen. Dann befinden sich Löwe und Orion ein wenig unterhalb zu beiden Seiten der Zwillinge, und Orion hat bei dieser Anordnung in der Tat keine Möglichkeit mehr, sein Schwert „auf" die Tyndariden niederfahren zu lassen. In Hölderlins zweite Hymne an die Freiheit von 1792 hat also eine astronomische Momentaufnahme Eingang gefunden, die in mitteleuropäischen Breiten zwischen Mitte und Ende März beobachtet werden kann.

Ein Datierungsvorschlag für die Hymne entspringt aus diesem Befund, wenn man hinzunimmt, dass Hölderlin an anderer Stelle des Textes auf die Abschaffung der landwirtschaftlichen Kontributionen an den Adel durch die Französische Revolution anspielt, die am 29. Februar 1792 beschlossen wurde: „Aus der guten Götter Schoose regnet / Trägem Stolze nimmermehr Gewinn / Ceres heilige Gefilde seegnet / Freundlicher die braune Schnitterin."[23] Durch die Befreiung der Bauern von Abgaben und Frondiensten, so hofft das Gedicht, werde auch der natürliche Wachstumszyklus mit seinen „Cerealien" sich ungehemmter und üppiger entfalten können. Die Niederschrift dieser Hymne an die Freiheit ist also höchstwahrscheinlich Mitte März 1792 anzusetzen und geht demnach „d'accord" mit dem Neubeginn des astronomischen Jahreslaufs, den der Frühlingsanfang markiert. Der politische kairos – hier die Abschaffung der feudalen Privilegienwirtschaft – wird durch den Schreibakt mit einer exponierten, symbolträchtigen Zeitstelle auf der astronomischen Jahresuhr und durch diese wiederum mit dem Rhythmus der landwirtschaftlichen Produktion zu einem Zusammenklang verbunden.

Wir erleben hier das Handwerk des Poeten als eine Form der Synchronisierung, sein Produkt als Kalender-Dichtung im betonten Sinne. Wie das kulturelle Institut des Kalenders setzt Hölderlins Hymne mehrere Zeitskalen zueinander in Korrelation, denn die beschriebene Konstellation verbindet naturale, historische und persönliche Zeitbestimmung. Auch bei der kalendarischen Ordnung liegt in der Parallelführung heterogener Zeitformen der entscheidende Gewinn des Darstellungsverfahrens: vom Jahreslauf die vegetativen Zyklen und der menschliche Biorhythmus, vom Weltlauf die historischen Memorabilia und das Konzept der linearen Progression einer alternden Zeit, vom heidnischen und christlichen Festkalender schließlich die kollektiven Rituale und Rhythmen eines gemeinschaftlichen Zeiterlebens. Denn was sind Feste, Feierlichkeiten, Schwellenrituale und Ausnahmezustände anderes als herausragende Gelegenheiten, um die gemeinschaftsstiftende Wirkung eines von kalendarischen Rhythmen durchzogenen Lebens zu intensivieren und zu zelebrieren?

Hölderlins Konstellation der fraternité am Frühjahrshimmel 1792 gibt ein Beispiel dafür, wie ein astronomisches Wahrnehmungs- und Deutungsmuster mit bildhafter Prägnanz sagen konnte, was „an der Zeit" war. „Nur einen Sommer" und „einen Herbst" fordert die Stimme des Dichters in Hölderlins *Ode An die Parzen*, auf dass

---

23 MA Bd. 1, S. 140, V. 105–108.

ihm in dieser Zeit das Werk reifen möge. Auch die Poesie gewinnt ihren Puls aus dem astronomischen Jahreslauf. Das Gedicht zeigt exemplarisch, wie die Verspoetik in ihrer Makrostruktur den astronomischen Jahreslauf und den solaren Tagesbogen modellieren kann – durch die Verszahl Zwölf und ihre Zusammensetzung aus drei und vier. Vor allem in den Frankfurter und Homburger Oden treten astronomisch prägnante Zahlenverhältnisse verstärkt in Erscheinung, die sich aus dem altbabylonischen Sexagesimalsystem ableiten lassen. Natur und Kunst haben 24 Verse, ebenso die dritte Fassung der Ode *Diotima*, die Oden *Der Tod fürs Vaterland*, *Abendphantasie*, *Des Wiedersehens Thränen*, *Rückkehr in die Heimath* und *Der gefesselte Strom* weisen je 24 Verse auf, *Der Frieden* und *Gesang des Deutschen* dagegen je sechzig Verse. Der Zeilensprung ist, wie das von Stufe zu Stufe fallende Wasser in Hyperions Schicksalslied, ein Maß der vergehenden Zeit. Der ganze Briefroman Hyperion besteht, wenn man die einzelnen Briefe durchzählt, aus sechzig selbständigen Schreiben. Für das Spätwerk kann insbesondere „Andenken" mit seinen 59 Versen als formales Zitat der altbabylonischen Sexagesimalordnung genannt werden.[24] Gesetzt, Hölderlins Werk besingt, indem es von den Himmlischen redet, die Kräfte des Kosmos und die Himmelsbahnen der Gestirne und Planeten, so wäre nun zu fragen, inwieweit dafür auch die Lyrik eine geeignete Formensprache anzubieten hat. Kann verspoetische Dichtung den Newtonschen Handlungsraum wirkender Kräfte nachbilden? Sie verfügt dazu, dies meine These, sogar über besonders geeignete Möglichkeiten, da sie genuin gleichsam zwei Zeitordnungen zugleich anspricht, diejenige eines dynamischen linearen Fortgangs und diejenige einer synchronen Figuralität. Was damit gemeint ist, möge eine der Frankfurter Kurzoden verdeutlichen, die asklepiadeische Ode *Lebenslauf*:

Hoch auf strebte mein Geist, aber die Liebe zog
    Schön ihn nieder; das Laid beugt ihn gewaltiger;
        So durchlauf ich des Lebens
            Bogen und kehre, woher ich kam.[25]

Das Maß dieser Laufbahn ist die Figur des Bogens. Ein Leben, das an Höhe gewinnt durch die Kraft des aufstrebenden Geistes, lernt, sich unter die Liebe zu beugen. Ihre Macht wirkt als Anziehungskraft des Schönen; sie vermag des Helden Nachgiebigkeit hervorzulocken und führt ihn zur Erde zurück, auf den Boden der Sinnlichkeit. Wie zuvor der Bogen in die Höhe wies, muss er nun in die Sphäre der Unterwelt eintreten. Die vier curricularen Stationen der kurzen Ode entsprechen den Lichtphasen eines Tages, die vom morgendlichen Ausgangspunkt im Osten über die Klimax des Mittags zum westlichen Abendrot führen, an das sich die Nacht anschließt.

---

24 In seiner mikrostrukturellen Lektüre der Hymne „Andenken" hat Roland Reuß darauf hingewiesen, dass die Summe der ersten vier Strophen des Gedichts, ohne die auch in der Verszahl abweichende Schlussstrophe genau 360 Silben ergibt, wodurch das zu Beginn der Hymne eingeführte Orientierungssystem der Windrose mit ihrer 360 Grad-Einteilung und die ebenfalls rekurrente jahreszeitliche Topik auch numerisch zur Geltung gebracht werden. Roland Reuß: „[…]/ Die eigene Rede des andern". Hölderlins Andenken und Mnemosyne, Frankfurt am Main 1990, S. 108.

25 MA Bd. 1, S. 190.

Das Gedicht moduliert – als eine Art verspoetisches Uhrwerk – eine Schwingung, in der dreierlei Bewegungsformen übereinanderliegen und „konzertieren": die Dramatik aufeinanderfolgender Lebensphasen, die Parabel des täglichen Sonnenlaufs und schließlich die metrisch-syntaktische Spannungskurve der poetischen Form, eines Musterexemplars der in den Frankfurter Jahren von Hölderlin vielfach eingesetzten asklepiadeischen Odenstrophe. „Lebenslauf" erfüllt dieses Schema nicht nur, sondern benennt es auch; der rhythmische Bogen der beiden gleichartigen Verse der ersten Hälfte (Asklepiadeus) führt in der die Versmitte markierenden Zäsur zu einem Hebungsprall, der für diese Strophenform charakteristisch ist. Für die Strophe im Ganzen lässt sich die Duodezimalordnung als Grundgesetz ausmachen: Alle vier Verse beginnen mit einem identischen Rhythmus der ersten sechs Silben. Als mehrfach codiert erweist sich also die in der Metrik angelegte Kombinatorik von drei mal vier oder zwei mal sechs Elementen. Sie wird in diesem Falle zusätzlich motiviert durch den inhaltlichen Bezug auf den Lauf der Sonne und die damit verbundene Zeitordnung der Tages-, Monats- und Jahreskurven.

Odenform wie Sonnenlauf stiften als Spannungsbogen einen Zusammenklang von bemessener Frist und zyklischer Dauer. Das menschliche Lied formt den himmlischen Bogen nach, so wie die Menschen seit je in einer Haltung der Mimesis gegenüber dem Kosmos leben; ihre Tänze, ihre Chronometer, ihre Kuppeldächer, all das formt aus und ahmt nach, was unzähligen Generationen als nächtliches und tägliches Schauspiel am Himmel vor Augen stand. Und doch besteht zwischen der prosaischen und der poetischen Rede an diesem Punkt eine bedeutende Differenz. Im Prosadiskurs kann die additive diachrone Reihung ein semantisches Potential entfalten, das von der Disparität der einander folgenden Elemente lebt. Das Verspoetische dagegen appelliert an jeder Stelle seines Fortgangs an ein Bild des Zusammenhangs, an die virtuelle Präsenz einer synchronen Gestalt, etwa eben des vorgestellten Bogens. Als Bogen ist der Lebens- und Sonnenlauf in seiner Gesamtheit stets gegenwärtig, auch wenn jeweils immer nur ein einzelnes Segment besprochen oder beschrieben werden kann.

Bogeninhalte und ihre Berechnung übrigens stellten für die Mathematik eine besondere Herausforderung dar. Am einfachsten lassen sie sich zähmen, indem ihre Krümmung näherungsweise in Rechtecke zerlegt wird, in einzelne Säulen oder Treppenstufen mit regelmäßigem Flächeninhalt. Solchen Näherungsverfahren entsprechend kann auch das in Hölderlins Gedichten mehrfach begegnende Bild der Treppen gedeutet werden, an welchen die Himmlischen auf- oder absteigen. In einem sowohl architektonisch wie astronomisch zu verstehenden Bild ließ Hölderlin auch das Zwillings-Sternbild der Dioskuren sich mit seiner charakteristischen Doppelexistenz durch eine imaginäre Treppe verbinden: „[...] und othembringend steigen / Die Dioskuren ab und auf, / An unzugänglichen Treppen"[26].

Aszendenz und Deszendenz sind ein Schauspiel, das die Himmlischen im nächtlichen Reigen vorführen, den Menschen zum Erstaunen, aber auch zur Nachahmung.

---

26 „Wenn aber die Himmlischen [...]", MA Bd. 1, S. 401, V. 78ff.

Wie Tanz und Musik, so eifert auch die Architektur den Bewegungen und Formationen des Himmelsgewölbes nach. Ihre Ausdrucksform ist eine dreifaltige: umbauter Raum, gegliederte Bewegung und geronnene Zeit. In seiner „Hauptwiler Zeit" hatte Hölderlin mit kindlichem Entzücken beobachten können, „wie vom Aether herab die Höhen alle näher und näher niedersteigen".[27] An den stufenweise herabsteigenden Bergen, ebenso an den Halbbögen der Gestirne erkennt sich das Ich mit der Himmelswelt in Graden verbunden.

Ich fasse zusammen: Hölderlins Dichten und Denken ist grundiert vom Rhythmus der Gestirne, von den Zeit-Figuren der Planeten- und Sonnenbahn wie vom regelmäßigen Jahresband der Sternbilder. Auch das neu erfundene Kalendarium der Französischen Revolution, die Zeitrechnung nach Jahreszeiten und revolutionären Ereignissen, hat Hölderlin aufgenommen und poetisch in die deutsche Kultur übersetzt. Angeregt durch die kulturgeschichtlichen Einsichten französischer Astronomen, verstand Hölderlin die Mythen und Götter der Alten als „kollektive Mitschriften" langfristiger astronomischer Beobachtungsreihen. In den elementaren Zeitrhythmen der Natur, im Lichtwechsel der Gestirne verehrten die Menschen seit je die das irdische Leben bestimmenden Kalender-Gewalten. Die Geometrie von Tages- und Jahreslauf und der Reigen der Jahreszeiten prägen, wie aus dieser systematischen Analyse des Gesamtwerks hervorgeht, sowohl Hölderlins Lyrik wie auch den Briefroman Hyperion. In der Dramenfigur des sizilianischen Naturphilosophen Empedokles hat Hölderlin einen Kalender-Reformer nach dem Vorbild des zeitgenössischen Frankreich modelliert. Den entscheidenden Einsatz der Poetik Hölderlins bildet um 1800 der Versuch einer neuartigen „Synchronisierung" von Natur- und Geschichtszeit im Modus einer wiederum astronomisch konturierten Zeitordnung. Eine auf gemeinsame Rituale und Feste sich begründende politisch-religiöse Gemeinschaft, wie sie die hochkomplexen Spätwerke „Brod und Wein" oder „Friedensfeier" erträumen, formiert sich durch das bewusste Leben im Puls einer astronomischen Ordnung, in deren zeitgemäßer Darstellung der Dichter seine eigentliche Aufgabe findet.

---

[27] „An die Schwester", 23. 2. 1801; MA Bd. 2, S. 892.

MOEWIG

Perry Rhodan
der Erbe des U...
Die grosse WELTR...
von K.H. Scheer und...

Der Planet M...

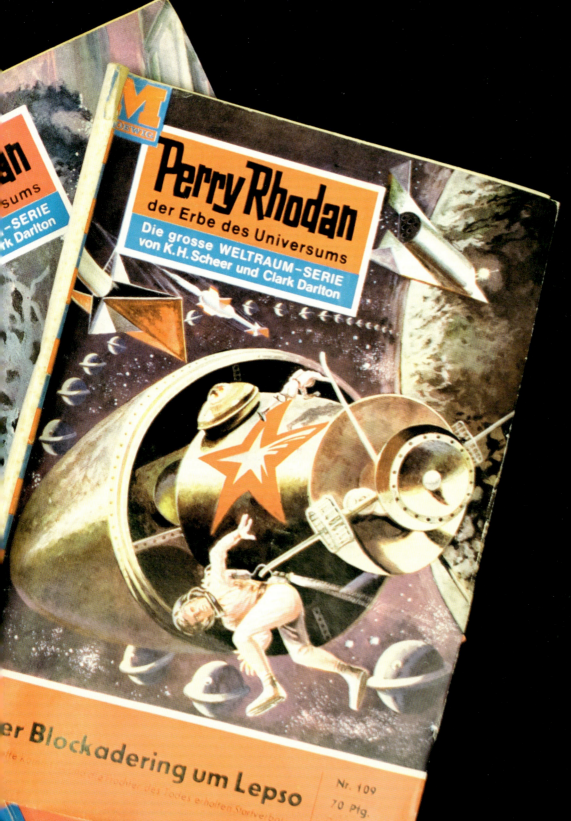

138 Perry Rhodan-Hefte, Sammlung der Empirischen Kulturwissenschaft

ANHANG

LITERATUR

Allgemeine Geographische Ephemeriden, hg. v. Friedrich Justin Bertuch u. a., Weimar 1798–1816

Archäologie in Sachsen-Anhalt, hg. v. Landesamt für Denkmalpflege und Archäologie Sachsen-Anhalt und der Archäologischen Gesellschaft in Sachsen-Anhalt, N. F. 1, Halle a. d. Saale 2002

Archiv des Protestantischen Seminars, Tübingen: K VIII, F. 37, 3 (Promotionsakten) 1793–1796/97; Testimonia Examinandorum, 1796

Aristoteles: Die Lehrschriften, Bd. 7, 2: Eudemische Ethik, hg., übertr. u. erl. v. Paul Gohlke, Paderborn 1954

Ashworth, William B.; Bruce Bradley: Out of this World. The Golden Age of the Celestial Atlas. An exhibition of rare books from the collection of the Linda Hall Library (Katalog zur gleichnamigen Ausstellung, Linda Hall Library Kansas City, November 1995–Januar 1996), Kansas City (Mo.) 1996

Bandmann, Günther: Ikonologie der Architektur, in: Jahrbuch für Aesthetik und allgemeine Kunstwissenschaft 1951, S. 67–109

Baumann, Eberhard: Bohnenberger und Altburg (II), in: Mitteilungen des Deutschen Vereins für Vermessungswesen, Landesverein Baden-Württemberg DVW BW 2 (2010), S. 78–113

Baumann, Eberhard: Bohnenberger und Altburg, in: Mitteilungen des Deutschen Vereins für Vermessungswesen, Landesverein Baden-Württemberg (DVW BW) 1 (2009), S. 90–101

Baumstark, Reinhold (Hg.): Von neuen Sternen. Adam Elsheimers Flucht nach Ägypten (Katalog zur gleichnamigen Ausstellung, Alte Pinakothek München, Dezember 2005–Februar 2006), München/Köln 2005

Belting, Hans: Himmelsschau und Teleskop. Der Blick hinter den Horizont, in: Philine Helas; Maren Polte u. a. (Hg.): Bild-Geschichte. Festschrift für Horst Bredekamp, Berlin 2007, S. 205–218

Betsch, Gerhard: Die Mathematischen Wissenschaften an der Universität Tübingen vom Anfang des 18. Jahrhunderts bis zu Bohnenbergers Tod, in: DVW BW 2 (2010), S. 27–45

Bialas, Volker: Johannes Kepler, München 2004

Bietkowski, Henryk; Zonn, Włodzimierz: Die Welt des Copernicus, Warschau 1973

Birnbaum, Karl; Julius Grimm: Atlas von Photographien mikroskopischer Präparate der reinen und gefälschten Nahrungsmittel, Stuttgart 1886

Blacker, Carmen; Michael Loese (Hg.): Ancient Cosmologies, London 1975

Blühm, Andreas (Hg.): Der Mond (Katalog zur gleichnamigen Ausstellung, Wallraf-Richartz-Museum und Fondation Corboud Köln, März–August 2009), Ostfildern 2009

Blumenberg, Hans: Contemplator Caeli, in: Dietrich Gerhardt u. a. (Hg.): Orbis Scriptus. Dimitrij Tschijewskij zum 70. Geburtstag, München 1966, S. 113–124

Blumenberg, Hans: Die Genesis der kopernikanischen Welt, Frankfurt am Main 1975

Bohnenberger, Johann G. F.: Über den im Jahr 1786 geschehenen Durchgang des Merkurs, nebst den in Paris, Montpellier, Löwen, London, Petersburg, Upsala oder Tübingen angestellten Beobachtungen, in: Astronomisches Jahrbuch für das Jahr 1786, hg. v. Johann Elert Bode, Berlin 1786

Bohnenberger, Johann G. F.: Anleitung zur geographischen Ortsbestimmung vorzüglich vermittelst des Spiegelsextanten, Göttingen 1795

Bohnenberger, Johann G. F.: Ebene Trigonometrie mit Anwendungen und Beiträgen zur Geschichte derselben, aus dem Lateinischen mit Ergänzung durch Zusätze und praktische Beispiele der Arbeit von Pfleiderer, Chr. Fr.: Analysis triangulorum rectilineorum (Pars I, 1784, Pars II, 1785), Tübingen 1802

Bohnenberger, Johann G. F.: Anfangsgründe der höhern Analysis, Tübingen 1811

Bohnenberger, Johann G. F.: Astronomie, Tübingen 1811

Borchardt, Ludwig: Die Geschichte der Zeitmessung und der Uhren, Berlin/Leipzig 1920

Bösel, Richard: Jesuitenarchitektur in Italien (1540–1773), Wien 1985

Brater, Pauline: Lebensbild einer deutschen Frau, München 1908

Brecht, Bertolt: Leben des Galilei, Frankfurt am Main 1963

Brons, Franziska (Hg.): Imagination des Himmels (= Bildwelten des Wissens. Kunsthistorisches Jahrbuch für Bildkritik, Bd. 5, H. 2), Berlin 2007

Burda-Stengel, Felix: Andrea Pozzo und die Videokunst. Neue Überlegungen zum barocken Illusionismus, Berlin 2001

Büttner, Frank: Perspektive als rhetorische Form. Kommunikative Funktionen der Perspektive in der Renaissance, in: Joachim Knape (Hg.): Bildrhetorik, Baden-Baden 2007, S. 201–231

Nikolaus Coppernicus: Über die Kreisbewegungen der Himmelskörper, übers. v. Carl Ludolf Menzzer, Leipzig 1939 (Thorn 1879)

Copernicus, Nicolaus: De revolutionibus orbium coelestium. Über die Kreisbewegungen der Weltkörper, Lateinisch–Deutsch, hg. u. eingel. v. Georg Klaus, Anm. v. Aleksander Birkenmajer, Berlin 1959
Crombie, Alistair C.: Von Augustinus bis Galilei. Die Emanzipation der Naturwissenschaft, München 1977 (Köln 1959)

Dernie, David: Ausstellungsgestaltung. Konzepte und Techniken, Ludwigsburg 2006

Des Lucius Caelius Firmianus Lactantius Schriften. Von den Todesarten der Verfolger. Vom Zorne Gottes. Auszug aus den Göttlichen Unterweisungen. Gottes Schöpfung, übers. v. Aloys Hartl, Anton Knappitsch, Kempten/München 1919

Dijksterhuis, Eduard J.: Die Mechanisierung des Weltbildes, Berlin u. a. 2002

Drake, Stillman: Galileo. Pioneer Scientist, Toronto 1990

Duerr, Frank: Ein Atelier als astronomisches Laboratorium. Wie ein Ölgemälde wieder zurück zu seinem Geburtshelfer gefunden hat, vorgefunden-vorgestellt (8), in: Schwäbisches Tagblatt, 21.01.2009

Engelhardt, Dietrich von: Schuberts Stellung in der romantischen Naturforschung, in: Alice Rössler (Hg.): Gotthilf Heinrich Schubert. Gedenkschrift zum 200. Geburtstag des romantischen Naturforschers, Erlangen 1980, S. 11–36

Eesti Ajalooarhiiv, Tartu: Best. 402, Reg. 3, N. 1374 (Acta des Conseils und Directoriums der Kaiserlichen Universität zu Dorpat betreffend Johann Wilhelm Pfaff)

Eesti Ajalooarhiiv, Tartu: Best. 402, Verz. 3, A. 1969

Flew, Antony: Thinking About Thinking. Do I sincerely want to be right?, London 1975

Ford, Brian J.: Images of Science. A History of Scientific Illustration, London 1992

Forer, Bertram: The Fallacy of Personal Validation. A Classroom Study of Gullibility, in: Journal of Abnormal and Social Psychology 44 (1949), S. 118–123

Freud, Sigmund: Gesammelte Werke, 17 Bde., Frankfurt am Main 1917

Friedlmaier, Karin: Johann Georg Bergmüller. Das druckgraphische Werk, Marburg 1998

Galilei, Galileo: Sidereus nuncius. Nachricht von neuen Sternen, hg. u. eingel. v. Hans Blumenberg, Frankfurt am Main 1980

Gebler, Karl von: Galileo Galilei und die römische Curie. Nach den authentischen Quellen, 2 Bde., Stuttgart 1877

Gerlach, Walther; Martha List: Johannes Kepler, München ²1980

Gieryn, Thomas F.: Cultural Boundaries of Science. Credibility on the Line, Chicago 1999

Gingerich, Owen: The Eye of Heaven: Ptolemy, Copernicus, Kepler, New York (NY) 1993

Glasenapp, Helmuth von: Der Jainismus. Eine indische Erlösungsreligion nach den Quellen dargestellt, Berlin 1925

Grant, Edward: Das physikalische Weltbild des Mittelalters, Zürich/München 1980

Hahn, Joachim; Hans Mayer: Das Evangelische Stift in Tübingen: Geschichte und Gegenwart – zwischen Weltgeist und Frömmigkeit, Stuttgart 1985

Handschriftensammlung Landesbibliothek Stuttgart, Cod. Math. Q. 31: Johann G. F. Bohnenberger: Astronomische und trigonometrische Beyträge zur Verfertigung einer genauen Charte von dem Herzogthum Wirtemberg (1793)

Harms, Volker: Museum Schloss Hohentübingen. Völkerkunde – fremde Völker verstehen, Reutlingen 2005

Harms, Volker; Gottfried Korff; Anette Michels (Hg.): Achtunddreissig Dinge. Schätze aus den Natur- und Kulturwissenschaftlichen Sammlungen der Universität Tübingen (Katalog zur gleichnamigen Ausstellung, Kleiner Senat der Universität Tübingen, Mai 2006), Tübingen 2006

Hawking, Stephen; Leonard Mlodinow: Der große Entwurf. Eine neue Erklärung des Universums, Reinbek 2010

Hawkins, Gerald: Stonehenge decoded, New York 1965

Henning, Andreas; Gregor Weber: „Der himmelnde Blick". Zur Geschichte eines Bildmotivs von Raffael bis Rotari, Emsdetten 1998

Hermann, Joachim: dtv-Atlas der Astronomie, München ¹⁵2005

Heßler, Martina; Dieter Mersch: Einleitung. Bildlogik oder Was heißt visuelles Denken?, in: Dies. (Hg.): Logik des Bildlichen. Zur Kritik der ikonischen Vernunft, Bielefeld 2009, S. 8–62

„Himmel über Norddeutschland. Mysteriöses Leuchten", in: Süddeutsche Zeitung, 14.10.2009

Hölderlin, Friedrich: Sämtliche Werke und Briefe, 3 Bde., hg. v. Michael Knaupp, München 1992f.

Honold, Alexander: Hölderlins Kalender. Astronomie und Revolution um 1800, Berlin 2005

Humboldt, Alexander von: Kosmos. Entwurf einer physischen Weltbeschreibung, 2 Bde., hg. v. Hanno Beck, Darmstadt 1993

Hunger, Hermann: Astrological Reports to Assyrian Kings, State Archives of Assyria VIII, Helsinki 1992

Hunger, Hermann; Abraham J. Sachs (Hg.): Astronomical Diaries and Related Texts from Babylonia, 6 Bde., Wien 1988–2006

Hunger, Hermann; David Pingree: Astral Sciences in Mesopotamia. Handbuch der Orientalistik, Leiden u. a. 1999

Hunger, Hermann (Hg.): Spätbabylonische Texte aus Uruk (= Ausgrabungen der Deutschen Forschungsgemeinschaft in Uruk-Warka, Bd. 9), 3 Bde., Berlin 1976–1988

Ignatius de Loyola. Deutsche Werkausgabe, 3 Bde., hg. v. Peter Knauer, Würzburg 1993–1998

Johann Wolfgang von Goethe: Zur Farbenlehre (1810), 3 Bde., hg. v. Gertrud Ott; Gerhard Ott, eingel. v. Rudolf Steiner, Stuttgart u. a. 1979

Kähni, Otto: Aus der Geschichte einer Reichsstadt. Offenburg 1951

Kant, Immanuel: Kritik der reinen Vernunft, Berlin 1908

Keith-Smith, Brian: Classifying the Universe. The ancient Indian Varna system and the origins of cast, New York u. a. 1994

Kerber, Bernhard: Andrea Pozzo, Berlin u. a. 1971

Kirfel, Willibald: Die Kosmographie der Inder, Bonn/Leipzig 1920

Kitschelt, Lothar: Die frühchristliche Basilika als Darstellung des himmlischen Jerusalem, München 1938

Klemm, Margot: Bohnenberger und die „Sattelzeit", in: DVW BW 2 (2010), S. 7–26

Knappich, Wilhelm: J. W. Pfaff, der „letzte deutsche Astrologe", in: Zodiakus: Erste deutsche Zeitschrift für wissenschaftliche Astrologie 2 (1910), S. 241–245

Koestler, Arthur: The Sleepwalkers. A History of Man's Changing Vision of the Universe, London 1989 (^{1}1959)

Kolde, Theodor: Die Universität Erlangen unter dem Hause Wittelsbach 1810-1910, Erlangen/Leipzig 1910

Koyré, Alexandre: The Astronomical Revolution. Copernicus, Kepler, Borelli, Ithaca (NY) 1973

Krafft, Fritz: Physikalische Realität oder mathematische Hypothese? Andreas Osiander und die physikalische Erneuerung der antiken Astronomie durch Nicolaus Copernicus, in: Philosophia naturalis 14 (1973), S. 243–275

Krohn, Wolfgang (Hg.): Ästhetik in der Wissenschaft. Interdisziplinärer Diskurs über das Gestalten und Darstellen von Wissen (= Zeitschrift für Ästhetik und Allgemeine Kunstwissenschaft, Sonderheft 7), Hamburg 2006

Kuhn, Thomas Samuel: Die kopernikanische Revolution, Braunschweig/Wiesbaden 1981

Kuhn, Thomas Samuel: Die Struktur wissenschaftlicher Revolutionen, Frankfurt am Main ^{2}1976

Lagler, Wilfried: Christoph Friedrich von Pfleiderer: Mathematiker und Professor 1736–1821, in: Lebensbilder aus Baden-Württemberg, im Auftrag der Württembergischen Kommission für Landesgeschichte, 23 Bde., Stuttgart 1940–2010, Bd. 19 (Stuttgart 1998), S. 173

Lehmann, Karl: The Dome of heaven, in: The art bulletin 27 (1945), H. 1, S. 1–27

Leitz, Christian: Altägyptische Sternuhren, Löwen 1995

Leube, Martin: Das Tübinger Stift 1770–1950, 2 Bde., Stuttgart 1921/54

Levitzkij, Grigori: Astronomy Yur'evskago universiteta s 1802 po 1894 god [Die Astronomen der Jurjewer Universität von 1802 bis 1894], Jurjew [Dorpat, Tartu] 1899

Lichtenberg, Georg Christoph: Schriften und Briefe, 4 Bde., hg. v. Wolfgang Promies, München 1968–1992

Lindemann, Bernd Wolfgang: Bilder vom Himmel. Studien zur Deckenmalerei des 17. und 18. Jahrhunderts, Worms 1994

Lorenz, Sönke u. a. (Hg.): Vom Schüler der Burse zum „Lehrer Deutschlands". Philipp Melanchthon in Tübingen (Begleitband zur gleichnamigen Ausstellung, Stadtmuseum Tübingen, April–Juli 2010), Tübingen 2010

Marci Tulli Ciceronis scripta quae manserunt omnia, Fasc. 39: De re publica, hg. v. Konrat Ziegler, Leipzig 1969

Mahoney, Michael: Computer Science. The Search for a Mathematical Theory, in: John Krige; Dominique Pestre (Hg.): Science in the 20th Century, Amsterdam 1997, S. 617–634

Marcus Tullius Cicero: De natura deorum. Über das Wesen der Götter, Lateinisch-Deutsch, hg. u. übers. v. Ursula Blank-Sangmeister, Stuttgart 2006

Meller, Harald (Hg.): Der geschmiedete Himmel. Die weite Welt im Herzen Europas vor 3600 Jahren, Stuttgart 2004

Merkel, Franz Rudolf: Der Naturphilosoph Gotthilf Heinrich Schubert und die deutsche Romantik, München 1913

Michaels, Axel: Der Hinduismus. Geschichte und Gegenwart, München 1998

Monatliche Correspondenz zur Beförderung der Erd- und Himmelskunde, hg. v. Franz Xaver v. Zach, Gotha 1800–1813

Mulisch, Harry: Die Entdeckung des Himmels (Roman), München 1993

Müller, Rolf: Der Himmel über dem Menschen der Steinzeit. Astronomie und Mathematik in den Bauten der Megalithkultur, Berlin u. a. 1970

Naturwissenschaftliche Abhandlungen, hg. v. Johann G. F. Bohnenberger u. a., Stuttgart 1826–1828

Neugebauer, Otto: History of Ancient Mathematical Astronomy, 3 Bde., Berlin 1975

Neugebauer, Otto: The Exact Sciences in Antiquity, New York 2. 1969 (1.1957)

Neugebauer, Otto; Richard Parker: Egyptian Astronomical Texts, 2 Bde., London 1960

Oestmann, Günther: Zur frühen Geschichte der Dorpater Sternwarte und ihrer instrumentellen Ausstattung, in: Jürgen Hamel; Inge Keil (Hg.): Der Meister und die Fernrohre: Das Wechselspiel zwischen Astronomie und Optik in der Geschichte. Festschrift zum 85. Geburtstag von Rolf Riekher, Frankfurt am Main 2007, S. 315–331

Ossendrijver, Mathieu: Babylonian Mathematical Astronomy. Procedure Texts, Berlin/New York 2011

Peters, Christian A. F. (Hg): Briefwechsel zwischen C. F. Gauß und H. C. Schumacher, 2 Bde., Altona 1860

Pfaff, Johann W. A.: Electrisch-magnetische Versuche, und Ankündigung eines Taschenbuchs für Astrologie, in: Annalen der Physik und der physikalischen Chemie 68 (1821), S. 426

Pfaff, Johann W. A.: Über das Wesen der Astrologie, in: Astrologisches Taschenbuch für das Jahr 1822, S. 115

Pfaff, Johann W. A.: Ueber Keplers Weltharmonie, in: Journal für Chemie und Physik 10 (1814), S. 36–43

Philippi Melanchthonis opera quae supersunt omnia (= Corpus Reformatorum, Bd. 4), hg. v. Karl Gottlieb Bretschneider, Leipzig 1846

Pieper, Christine; Frank Uekötter (Hg.): Vom Nutzen der Wissenschaft. Beiträge zu einer prekären Beziehung, Stuttgart 2010

Pohl, Friedhelm-Wilhelm: Die Geschichte der Navigation, Hamburg 3. 2009

Prowe, Leopold: Nicolaus Coppernicus, 2 Bde., Osnabrück 1967 (Berlin 1883)

Publius Ovidius Naso: Metamorphosen. Epos in 15 Büchern, hg. u. übers. v. Hermann Breitenbach, Zürich 1964

Reist, Hugo: Johann Gottlieb Friedrich von Bohnenberger. Gedanken zum 200. Geburtstag, in: Allgemeine Vermessung–Nachrichten 6 (1965), S. 218–241

Remmert, Volker: Widmung, Welterklärung und Wissenschaftslegitimierung. Titelbilder und ihre Funktionen in der Wissenschaftlichen Revolution, Wiesbaden 2005, S. 85–99

Reuß, Roland: „[…]/ Die eigene Rede des andern". Hölderlins Andenken und Mnemosyne, Frankfurt am Main 1990

Ripa, Cesare: Iconologia. Overo descrittione di diverse imagini cavate dall'antichità, e di propria inventione, Hildesheim 1970 (Rom 1603)

Rochberg, Francesca: Babylonian Horoscopes, in: Transactions of the American Philosophical Society 88 (1998), S. 1–164

Rochberg, Francesca: The Heavenly Writing. Divination, Horoscopy, and Astronomy in Mesopotamian Culture, Cambridge 2004

Röttel, Karl (Hg.): Peter Apian. Astronomie, Kosmographie und Mathematik am Beginn der Neuzeit (mit Ausstellungskatalog), Buxheim u. a. 1995

Schadewaldt, Wolfgang: Griechische Sternensagen, Frankfurt am Main/Hamburg 1956

Schilling, Carl (Hg.): Wilhelm Olbers. Sein Leben und seine Werke, 3 Bde., Berlin 1894–1909

Schlegel, August Wilhelm: Vorlesungen über Ästhetik (1803–1827). Kritische Ausgabe der Vorlesungen, 2 Bde., hg. v. Georg Braungart, Paderborn u. a. 2007

Schmid, Karl; Herbert Schmitt: Die astronomische Uhr am Tübinger Rathaus. Mit einem Beitrag von Martin Beutelspacher, Tübingen 2010

Schubert, Gotthilf Heinrich: Ansichten von der Nachtseite der Naturwissenschaft, Darmstadt 1967 (Dresden 1808)

Schubert, Gotthilf Heinrich: Der Erwerb aus einem vergangenen und die Erwartungen von einem zukünftigen Leben. Eine Selbstbiographie, 3 Bde., Erlangen 1854/56

Schwegler, Michaela: „Erschröckliches Wunderzeichen" oder „natürliches Phänomenon"? Frühneuzeitliche Wunderzeichenberichte aus der Sicht der Wissenschaft, München 2002

Schwegler, Michaela: Kleines Lexikon der Vorzeichen und Wunder, München 2004

Snyder, Charles Richard: Why Horoscopes Are True. The Effects of Specificity on Acceptance of Astrological interpretations, in: Journal of Clinical Psychology 30 (1974), H. 4, S. 577–580

Starobinski, Jean: 1789. Die Embleme der Vernunft, Paderborn 1981

Staudacher, Willibald: Die Trennung von Himmel und Erde. Ein vorgriechischer Schöpfungsmythos bei Hesiod und den Orphikern, Darmstadt 1968 (11942)

Steele, John M.: A Brief Introduction to Astronomy in the Middle East, London 2008

Taxis, Adrienne von: Astrologie. Das große, umfassende Nachschlagewerk zur Astrologie, Wien 1997

Teichmann, Jürgen: Wandel des Weltbildes. Astronomie, Physik und Meßtechnik in der Kulturgeschichte, Stuttgart/Leipzig 41999

Tischreden oder colloquia doct. Martin Luthers, so er in vielen Jaren gegen gelarten Leuten, auch frembden Gesten, und seinen Tischgesellen geführet, nach den Heubtstücken unserer christlichen Lere zusammengetragen von Johannes Aurifaber, Eisleben 1566, Faksimile-Ausgabe, hg. von Helmar Junghans, Leipzig 1981

Trierenberg, Andor; Jörg F. Wagner: Die „Maschine von Bohnenberger" und das Werk ihres Urhebers, in: Allgemeine Vermessungs-Nachrichten 3 (2008), S. 82–90

Trierenberg, Andor; Jürgen Kost: J. G. F. Bohnenberger (1765–1831) und seine Mechaniker, in: DVW BW 2 (2010), S. 60–69

Tübinger Blätter für Naturwissenschaften und Arzneikunde, hg. v. Johann G. F. Bohnenberger; Johann Heinrich Ferdinand v. Autenrieth, Tübingen 1815–1817

„Ufos? Mysteriöse Lichterscheinungen am Abendhimmel", in: Augsburger Allgemeine Zeitung, 31.10.2010

Valentiner, Wilhelm (Hg.): Atlas des Sonnensystems. 25 Abbildungen in Lichtdruck [Grimm's Atlas der Astrophysik, erschienen in zwei Lieferungen], Lahr 1881–1884

Vignau-Wilberg, Peter: Andrea Pozzos Innenraumgestaltung in S. Ignazio. Ein Beitrag zum Innenraum des römischen Spätbarocks, Kiel 1966

Vorgrimler, Herbert: Geschichte des Paradieses und des Himmels, München/Paderborn 2008

Wagner, Jörg F.; Andor Trierenberg: Ursprung der Kreiseltechnik – die Maschine von Bohnenberger, in: DVW BW 2 (2010), S. 46–59

Weingart, Peter: Die Stunde der Wahrheit? Zum Verhältnis der Wissenschaft zu Politik, Wirtschaft und Medien in der Wissensgesellschaft, Weilerswist 2001

Westfall, Richard S.: The Construction of Modern Science. Mechanism and Mechanics, Cambridge/Mass. 72007 (New York 11971)

Whitfield, Peter: The Mapping of the Heavens, London 1995

Wolf, Rudolf: Handbuch der Astronomie, ihrer Geschichte und Litteratur, 2 Bde., Zürich 1890/92

Wolff, Georg A.; Schweizer, Viktor (Hg.): Platens Werke, 2 Bde., Leipzig/Wien o. J. [1894]

Wolfschmidt, Gudrun (Hg.): Nicolaus Copernicus (1473–1543). Revolutionär wider Willen (Begleitbuch zur Copernicus-Ausstellung, Zeiss-Großplanetarium Berlin, Juli–Oktober 1994), Stuttgart 1994

Wolfschmidt, Gudrun: Tycho Brahes Instrumente. Historische Wurzeln, Innovation und Nachwirkung, in: Johann Anselm Steiger u. a. (Hg.): Innovation durch Wissenstransfer in der Frühen Neuzeit. Kultur- und geistesgeschichtliche Studien zu Austauschprozessen in Mitteleuropa, Amsterdam/New York 2010, S. 249–278

Xenophon, Memorabilien oder Erinnerungen an Sokrates, übers. v. Adolf Zeising, Stuttgart 1855

Zeitschrift für Astronomie und verwandte Wissenschaften, hg. v. Johann G. F. Bohnenberger; Bernhard v. Lindenau, Tübingen 1816–1818

Zibelius-Chen, Karola (Hg.): Museum Schloss Hohentübingen. Das Alte Ägypten, Tübingen 2002

Zinner, Ernst: Entstehung und Ausbreitung der copernicanischen Lehre, München ²1988

INTERNETRESSOURCEN

http://www.kepler.uni-tuebingen.de [Stand: 09.03.2011]

http://atlas.ch [Stand: 09.03.2011]

http://www.welt.de/wissenschaft/urknallexperiment/article5298849/Suche-nach-dem-Gottesteilchen-beginnt.html [Stand: 09.03.2011]

ABBILDUNGSNACHWEIS

Abb. 1 Copyright: NASA, ESA, M. Robberto (Space Telescope Science Institute/ESA) and the Hubble Space Telescope Orion Treasury Project Team
Abb. 2 Foto: Andrew Feustel, © NASA
Abb. 3 Foto: Juraj Liptak, © Landesamt für Denkmalpflege und Archäologie Sachsen-Anhalt
Abb. 4-7 MUT
Abb. 8 Institut für Astronomie und Astrophysik, © DLR/NASA
Abb. 9 Philip Loersch, 2007, © VG Bild-Kunst, Bonn, 2011
Abb. 10 Foto: Friedhelm Albrecht, MUT
Abb. 11 Foto: Hilde Jensen, Abteilung Jüngere Urgeschichte und Frühgeschichte
Abb. 13 Friedhelm Albrecht, MUT
Abb. 14-15 Foto: Friedhelm Albrecht, MUT
Abb. 16 Institut für Raumfahrtsysteme, Universität Stuttgart
Abb. 17-35 Foto: Friedhelm Albrecht, MUT
Abb. 41-42 Stadtarchiv Tübingen
Abb. 45 Stadtarchiv Tübingen
Abb. 46 Astronomische Vereinigung Tübingen e.V.
Abb. 47 Foto: Bettina von Gilsa
Abb. 48 Foto: Jürgen Kost
Abb. 49 Foto: Peter Frankenstein, Hendrik Zwietasch, Landesamt für Geoinformation und Landentwicklung, Stuttgart
Abb. 50 Foto: Alfons Renz
Abb. 53-54 Foto: Friedhelm Albrecht, MUT
Abb. 55 Foto: Privat
Abb. 56 Foto: Jürgen Kost
Abb. 57 Stadtmuseum Tübingen
Abb. 58 Rockwell Collins Deutschland GmbH
Abb. 59 Institut für Astronomie und Astrophysik, © DLR/NASA
Abb. 60 Astronomische Vereinigung Tübingen e.V.
Abb. 61 Institut für Astronomie und Astrophysik, © DLR/NASA
Abb. 62 Foto: Friedhelm Albrecht, MUT
Abb. 63 Institut für Astronomie und Astrophysik, © DLR/NASA
Abb. 66-67 Copyright: NASA, ESA, M. Robberto (Space Telescope Science Institute/ESA) and the Hubble Space Telescope Orion Treasury Project Team
Abb. 68 Foto: Friedhelm Albrecht, MUT
Abb. 69, 74 Foto: Hilde Jensen, Abteilung Jüngere Urgeschichte und Frühgeschichte
Abb. 70-72 Foto: Friedhelm Albrecht, MUT
Abb. 75-76 Foto: Friedhelm Albrecht, MUT
Abb. 78-79 Foto: Friedhelm Albrecht, MUT
Abb. 80-81 Foto: Wolfgang Gerber
Abb. 82-83, 85-86 Foto: Friedhelm Albrecht, MUT

Abb. 82-83, 85-86 Foto: Friedhelm Albrecht, MUT
Abb. 84 Foto: Grimm Family
Abb. 87-89 Space Telescope Science Institut (STScI), im Auftrag der NASA (NAS5-26555)
Abb. 90 NASA/WMAP Science Team
Abb. 91 CERN, European Organization for Nuclear Research, Genf
Abb. 92-93 Mathieu Ossendrijver
Abb. 94, 95 Foto: Hilde Jensen, Abteilung Jüngere Urgeschichte und Frühgeschichte
Abb. 97 Nicolaus Copernicus um 1580, Bild aus dem Rathaus in Thorn
Abb. 100 Tycho Brahe, Porträt auf Schloss Benatek
Abb. 101 Luigi Sabatelli, 1840, Museo di Storia Naturale, Florenz
Abb. 102 Johannes Kepler, 1610, Benediktinerstift Kremsmünster
Abb. 105-108 Roland Müller
Abb. 109 Landesmedienzentrum Baden-Württemberg, LMZ020175
Abb. 110 Friedhelm Albrecht, MUT
Abb. 111 Universitätsbibliothek Tübingen
Abb. 113 Stadtansichten, Stadtmuseum Tübingen
Abb. 115-117 Roland Müller
Abb. 120 Image credit: IAAT
Abb. 121 Image credit: IAAT
Abb. 122 mage credit: IAAT
Abb. 123 Image credit: ESA
Abb. 124 Image credit: IAAT
Abb. 125 Image credit: Carl-Zeiss AG
Abb. 126 Image credit: Dornier Systems GmbH
Abb. 127 Image credit: NASA, DLR
Abb. 128 Image credit: NASA, DLR
Abb. 129 Image Credit: INASAN
Abb. 130 Image Credit: Kayser-Threde GmbH
Abb. 131 Image credit: NASA, ESA, and G. Bacon (STScI)
Abb. 132 Steffen Zierholz
Abb. 133 Pinacoteca Nazionale, Bologna
Abb. 134 Galleria degli Uffizi, Florenz
Abb. 135 Universitätsbibliothek Tübingen
Abb. 137 Steffen Zierholz
Abb. 138 Foto: Friedhelm Albrecht, MUT

Trotz unserer Bemühungen, alle Rechteinhaber der Abbildungen zu recherchieren, können noch diesbezügliche Ansprüche offen geblieben sein. Ihnen kommen wir selbstverständlich gerne nach.

LEIHGEBER

Dr. Christel und Hansjörg Dauster, Leinfelden

Deutsches Sofia-Institut, Universität Stuttgart
Prof. Dr. Jörg Wagner

Evangelisches Stift Tübingen
Ephorus Prof. Dr. Volker Henning Drecoll

Jürgen Kost, Tübingen

Landesamt für Geoinformation und Landentwicklung LGL, Stuttgart
Dr. Hansjörg Schönherr

Landesmuseum für Vorgeschichte, Halle an der Saale
Prof. Dr. Harald Meller

Rockwell Collins Germany GmbH, Heidelberg
Armin Göckel

Sigrid Schumacher, Tübingen

Stadtarchiv Tübingen
Udo Rauch

Stadtmuseum Tübingen
Daniela Rathe, Dr. Evamarie Blattner

SAMMLUNGEN DER UNIVERSITÄT TÜBINGEN

Abgusssammlung des Instituts für Klassische Archäologie
Dr. Natascha Kreutz

Fundus Tübinger Wissenschaftsgeschichte am MUT

Gemäldesammlungen/Professorengalerie
Dr. Anette Michels

Graphische Sammlung am Kunsthistorischen Institut
Dr. Anette Michels

Mineralogische Schau- und Lehrsammlung
Dr. Udo Neumann

Sammlung der Abteilung für Ethnologie/Asien-Orient-Institut
Dr. Volker Harms

Sammlung der Abteilung für Jüngere Urgeschichte und Frühgeschichte
Dr. Jörg Petrasch

Sammlung des Fachbereichs Physik und
Sammlung des Instituts für Astronomie und Astrophysik, Abteilung Astronomie
Prof. Dr. Klaus Werner, Dr. Norbert Kappelmann

Sammlung des Ludwig-Uhland-Instituts für Empirische Kulturwissenschaft
Prof. Dr. Anke te Heesen

Universitätsarchiv
Dr. Michael Wischnath, Irmela Bauer-Klöden

Universitätsbibliothek
Dr. Marianne Dörr, Dr. Wilfried Lagler

sowie
private Leihgeber, die nicht genannt werden möchten.

AUTOREN

PHILIPP AUMANN, Dr. phil., Historiker, Museum der Universität Tübingen

ANGELA BÖSL, M.A., Kunsthistorikerin, Freie Universität Berlin

CHRISTIAN BORNEFELD, Student der Neueren Geschichte, Museum der Universität Tübingen

CAROLINE DIETERICH, Studentin der Empirischen Kulturwissenschaft, Museum der Universität Tübingen

FRANK DUERR, M.A., Rhetoriker, Museum der Universität Tübingen

FLORIAN FREISTETTER, Dr. rer. nat., Astrophysiker, Universität Heidelberg

ALEXANDER HONOLD, Prof. Dr. phil., Germanist, Universität Basel

NORBERT KAPPELMANN, Dr. rer. nat., Astrophysiker, Universität Tübingen

GÜNTER KEHRER, Prof. em. Dr. phil., Religionswissenschaftler, Universität Tübingen

JÜRGEN KOST, Dipl.-Geol., Wissenschaftshistoriker, Universität Hamburg/Astronomische Vereinigung Tübingen

CHRISTIAN LEITZ, Prof. Dr. phil., Ägyptologe, Universität Tübingen

ROLAND MÜLLER, Dipl.-Phys., Studiendirektor/Astronomische Vereinigung Tübingen

HERBERT MÜTHER, Prof. Dr. rer. nat., Theoretischer Physiker, Prorektor für Forschung der Universität Tübingen

GÜNTHER OESTMANN, Privatdozent Dr. phil., Wissenschaftshistoriker, Technische Universität Berlin

MATHIEU OSSENDRIJVER, Dr. phil., Dr. rer. nat., Altorientalist und Astrophysiker, New York University/Universität Tübingen

ERNST SEIDL, apl. Prof. Dr. phil. habil., Kunsthistoriker, seit 2008 Leiter des Museums der Universität Tübingen

GUDRUN WOLFSCHMIDT, Prof. Dr. rer. nat., Wissenschaftshistorikerin, Universität Hamburg

STEFFEN ZIERHOLZ, M.A., Kunsthistoriker, Bibliotheca Hertziana/Max-Planck-Institut für Kunstgeschichte, Rom/Universität Tübingen

MITARBEIT

PROJEKTLEITUNG
Ernst Seidl

MITARBEIT
Philipp Aumann
Angela Bösl
Christian Bornefeld
Joachim Brunßen
Caroline Dieterich
Frank Duerr
Sigrid Schumacher

GESTALTUNG
Frank Duerr
Marcel Heinz/Paul Bechstein GmbH, Rottenburg

RESTAURATOREN
Sönmez Alemdar (Klassische Archäologie)
sowie
Bettina von Gilsa
Alexandra von Schwerin

FOTOGRAFIE
Friedhelm Albrecht
Wolfgang Gerber
Hilde Jensen
Juraj Liptak
Jan Koch
Jürgen Kost
Peter Neumann
Martin Schreier
Thomas Zachmann

TECHNIK UND BELEUCHTUNG
Jens Maier/Maierlighting, Tübingen

TRANSPORTE
Fahrbereitschaft der Universität
Walter Umzüge, Reutlingen

sowie
Mitarbeiterinnen und Mitarbeiter des Museums Schloss Hohentübingen

KOOPERATIONSPARTNER

SPONSOREN

Erika Völter Stiftung Tübingen

Verein der Freunde
des Museums Schloss
Hohentübingen

Marabu

DANK

Wir möchten denjenigen Personen danken, die uns bei der Vorbereitung, Konzeption und Realisierung dieses Jahresthemas geholfen haben. Wir danken den zahlreichen Kooperationspartnern, Sponsoren, Pedellen, Aushilfskräften, Sammlungsleitern, Leihgebern für ihr Engagement.

Thorben Advena
Christina Alert
Dunja Al-Kayid
Prof. Dr. Martin Bartelheim
Dr. Klaus Bartsch/ZDV
Wencke Bauer/Architekturbüro Bauer, Augsburg
Irmela Bauer-Klöden/Universitätsarchiv
Prof. em. Dr. Eberhard Baumann, Stuttgart
Dr. Edgar Bierende
Wolfgang Binder
Martin Boerzel
Daniela Bohner
Ulrike Brlogar/Bruderhaus Diakonie, Reutlingen
Dr. Birgitta Coers
Grimm Family
Amanda Crain/Hochschulkommunikation
Dr. Christel und Hansjörg Dauster
Rahel Dipper/Universitätsbibliothek
Dr. Marianne Dörr/Universitätsbibliothek
Gabriele Eberle/Bürger- und Verkehrsverein, Tübingen
Dr. Helmut Eck
Friederike Esche/Universitätsstadt Tübingen
Thomas Fauser/ZDV
Wolf-Dieter Finck
Joel Fischer
Dr. Ralf Michael Fischer
Helmut Franzen
Jens Axel Frick
Prof. Dr. Dieter Fritsch/Institut für Photogrammetrie, Universität Stuttgart
Christina Häfele
Heike Haftstein/Ritter Sport
Dr. Michaela Hammerl, Bayerische Staatsbibliothek, München
Dr. Volker Harms
Iris Hegenscheidt/LGL, Stuttgart
Walter Hirschmann/Stadtarchiv Heilbronn
Myriam Hönig
Barbara Honner/Bürger- und Verkehrsverein, Tübingen
Hubert Hügel
Dr. Ludger Hüning/Universitätsbibliothek
Krishna-Sara Kneer
Jan Koch
Christoph Köhler
Dr. Frank Köhler

Dr. Wilfried Lagler/Universitätsbibliothek
Volker Lamm/Vereinigte Lichtspiele
Klaus Lehmann/Astronomische Werkstatt
Prof. Dr. Hermann Lichtenberger
Dr. Brigitte Löhr
Philip Loersch
Beate Martin/Evangelisches Stift
Uli Mattheus
Ulrike Mehringer/Universitätsbibliothek
Dr. Anette Michels
Prof. Dr. Herbert Müther, Prorektor für Foschung
Sarah Muschko
Dr. Udo Neumann
Pedellen der Universität
Prof. Dr. Ernst Pernicka
Beatriz Plechl
Dr. Roland Rappmann/Bibliothek der RWTH Aachen
Martin Reichart/Vereinigte Lichtspiele
PD Dr. Alfons Renz
Prof. Dr. Reinhold Rieger
Stephanie Schelle
Dr. Adelheid Schlott
Sabine Schmincke
Prof. Dr. Dr. h.c. Ivo Schneider
Christel Schreiber
Dr. Friedrich Seck
Michael Seifert
Markus Siegeris
Rolf Simon
Prof. Dr. Wolfgang Sternefeld
Heidi Schweizer/Universitätsstadt Tübingen, Fachbereich Bauen und Vermessen
Cornelia Szelényi/Künstlerbund Tübingen
Angelika Thieme
Tübinger Kunstgeschichtliche Gesellschaft
Erika Völter
Dieter Vogl
Ilse Vollmer/ZDV
Prof. Dr. Jörg Wagner/Deutsches Sofia Institut, Universität Stuttgart
Dagmar Waizenegger
Courtesy Galerie Rainer Wehr, Stuttgart
Verena Wenzelis/Campus TV
Prof. Dr. Klaus Werner
Margrit Wessling-Werner
Ronald Wulf/TBA
Angelika Zamoryn/ Vereinigung der Freunde der Universität Tübingen e. V.
Dr. Ann-Katrin Zimmermann

IMPRESSUM

DER HIMMEL. WUNSCHBILD UND WELTVERSTÄNDNIS
Diese Publikation erscheint anlässlich der gleichnamigen Ausstellung im Schloss Hohentübingen der Universität Tübingen
15. April – 31. Juli 2011

HERAUSGEBER
Ernst Seidl
Philipp Aumann
Frank Duerr

GESTALTUNG
Frank Duerr

SCHRIFT
Zwo OT, Calibri, Trajan Pro

PAPIER
LuxoArtSamt

DRUCK
Gulde Druck, Tübingen

© 2011 Die Künstler, die Autoren
© 2011 Museum der Universität Tübingen MUT

Museum der Universität Tübingen MUT
Wilhelmstraße 26
72074 Tübingen

Internetauftritt: http://www.unimuseum.uni-tuebingen.de
Internetauftritt: http://www.uni-tuebingen.de/museum-schloss

ISBN: 978-3-9812736-2-5